TUTELA DE EVIDÊNCIA:
COMBATE AO DANO MARGINAL DO PROCESSO

ESTER CAMILA GOMES NORATO REZENDE

TUTELA DE EVIDÊNCIA: COMBATE AO DANO MARGINAL DO PROCESSO

Del Rey editora

Belo Horizonte
2017

Impresso no Brasil | *Printed in Brazil*

EDITORA DEL REY LTDA
www.delreyonline.com.br

Editor: Arnaldo Oliveira

Editor Adjunto: Ricardo A. Malheiros Fiuza

Editora Assistente: Waneska Diniz

Revisão: RESPONSABILIDADE DA AUTORA

Diagramação: Lucila Pangracio Azevedo

Capa: Alfstudio

Editora / MG
Rua dos Goitacases, 71 - Centro
Belo Horizonte / MG - CEP: 30190-050
Tel.: (31) 3284-5845 | (31) 3284-3284
E-mail: editora@delreyonline.com.br

Rezende, Ester Camila Gomes Norato
R467t Tutela de evidência: combate ao dano marginal do processo. / Ester Camila Gomes Norato Rezende. Belo Horizonte: Del Rey, 2017.
xvi + 218 p.
ISBN: 978-85-384-0504-7
1. Brasil. [Código de processo civil (2015)]. 2. Tutela cautelar, Brasil. 3. Tutela antecipada, Brasil. 4. Tutela jurisdicional, Brasil. I. Título.
CDU: 347.919.6(81)

Ao meu marido Rodrigo e aos meus filhos Beatriz e Álvaro,
minha profunda gratidão pelos inestimáveis carinho, incentivo,
apoio e compreensão quanto às minhas ausências.

AGRADECIMENTO

A Deus, força sempre constante nesta caminhada.

Aos Profs. Drs. Fernando Gonzaga Jayme, Gláucio Ferreira Maciel Gonçalves, Érico Andrade, Edilson Vitorelli e Paulo Henrique dos Santos Lucon, meus sinceros agradecimentos pela atenção e disponibilidade em comigo compartilhar seus ensinamentos.

À Faculdade de Direito da Universidade Federal de Minas Gerais, casa eternamente estimada e que sempre me instiga ao prazeroso e desafiador estudo do Direito.

À minha família, em especial meus pais e minhas irmãs, e aos meus amigos, em especial do escritório Humberto Theodoro Júnior Sociedade de Advogados, pelo incentivo e torcida fundamentais na realização deste tão almejado projeto.

SUMÁRIO

PREFÁCIO

É, para mim, uma honra e uma grande satisfação assistir e atestar a significativa ascensão e o inquestionável sucesso de uma discípula e parceira da atividade acadêmica e advocatícia.

O estudo da Professora Ester Camila Gomes Norato Rezende ora publicado, sobre as novas roupagens da TUTELA DA EVIDÊNCIA, nos domínios do processo civil brasileiro, é a comprovação evidente do alto valor de seu preparo técnico-jurídico, exercitado sobre tema de alta relevância tanto no plano cultural, como no político e social.

Com efeito, a crescente e irreversível constitucionalização do direito processual, consolidou o enquadramento do acesso à tutela da justiça à categoria de um dos direitos fundamentais, integrando-o ao rol dos *direitos do homem* protegidos universalmente pelos mais importantes tratados firmados no mundo civilizado na pós-segunda grande guerra.

O mais notável traço dessa evolução institucional é que a primitiva característica da garantia de legalidade do procedimento desenvolvido perante o Poder Judiciário transformou-se na exigência de que a prestação jurisdicional se dê mediante um processo não apenas legal, mas sobretudo *justo.*

Esse processo *justo,* em tal perspectiva, deve ser o que se desenvolva e se ultime com a observância de todas as regras e garantias que, na ordem constitucional, asseguram, com ênfase, a *eficiência* da tutela prometida a todo aquele que se veja lesado ou ameaçado em seus direitos e legítimos interesses (CF, art. 5º, XXXV).

Sem dúvida, o *processo justo* se acha comprometido com o princípio da instrumentalidade, entendida esta como a aptidão da prestação jurisdicional a proporcionar ao litigante, quanto possível, tudo aquilo a que, na ordem jurídica material, faz juz o titular do direito ou da situação jurídica sob ameaça ou lesão.

Mais, porém, do que tal *efetividade*, o processo constitucionalizado tem de ser *eficiente* (CF, art. 37, *caput*, e CPC/2015, arts. 4º e 8). Em outros termos, além de ser completa e adequada princípios da instrumentalidade e da *efetividade*, a tutela ao direito material violado ou ameaçado necessariamente terá de ser concretizada em *prazo razoável* e segundo meios que garantam a *celeridade da tramitação* do processo (CF, art. 5º, LXXVIII).

O processo, para ser justo, tem, é óbvio, de assegurar tempo às partes para o contraditório e ampla defesa, criando assim, em regra, um *tempo de espera* em que o titular do direito lesado ou ameaçado permanecerá na expectativa da solução do litígio e da eventual e efetiva tutela jurisdicional.

Os males ou prejuízos que essa *demora natural* do processo, quando imediatos e graves, sempre se repararam, *provisoriamente,* por meio das tutelas de urgência cautelares ou satisfativas, deferíveis com fundamento na aparência do bom direito (*fumus boni iuris*) e na iminência da lesão, que ameaça consumar-se antes da resolução definitiva do mérito da causa (*periculum in mora*) (CPC, art. 300).

No entanto, a demora natural do processo, também compromete sua *eficiência* em situações que, mesmo inexistente o *perigo de dano* justificador das tutelas de urgência, tornam injustificável a longa espera da composição definitiva do litígio, para só então tutelar, de alguma forma, o direito da parte a que, evidentemente, cabe o bom direito, dentro da controvérsia deduzida em juízo.

É para proteger, de maneira justa e adequada, direitos em semelhante conjuntura, que o CPC/2015 disciplinou, com razoável amplitude, uma outra *tutela provisória* a que atribuiu o *nomen iuris* de *tutela da evidência* (arts. 294 e 311). O que se combate através dela é alguma coisa diferente do risco de dano remediado pelas tutelas de urgência; é a *injustiça* da demora natural da resolução do conflito, quando a situação concreta do objeto litigioso evidencia o direito do autor em confronto com a insustentabilidade da defesa do réu.

Medidas dessa natureza já eram conhecidas ao tempo do CPC de 1973, conforme se via de seu art. 273, § 6º, acrescentado pela Lei nº 10.444/2002. Seu campo de incidência, entretanto, no regime velho era bastante restrito, não indo além dos pedidos que, manifestados cumulativamente, se mostrassem incontroversos. Além disso, a doutrina de então não foi unânime no trabalho de distinguir o regime da tutela da evidência da sistemática do julgamento antecipado da lide, criando, com isso sérios problemas para a aplicação prática do instituto processual.

Agora, o CPC de 2015, instituiu uma disciplina própria e melhor sistematizada para as *tutelas provisórias,* na qual foi inserida a *tutela da evidência*, ao lado das clássicas *tutelas de urgência.* Afastou-se, de tal modo, claramente, a tutela da evidência do campo do julgamento antecipado da lide (sempre *definitivo*), ressaltando, assim, o caráter sempre *provisório* das providências tomadas à luz da evidência do direito do demandante.

Parte o primoroso estudo da Professora Ester Camila Gomes Norato Rezende, da circunstância de ter a lei nova ampliado a regulamentação da tutela da evidência, dando guarida não só à sua *generalização*, já autorizada pelo CPC/1973, mas também a uma *atipicidade*, presente no art. 311, IV, do CPC/2015.

Ressalta a autora que a novel disciplina processual há de ser interpretada "na esteira do fortalecimento da tutela do direito provável, entendendo que pela previsão legal o que se exige é *apenas a probabilidade do direito* para fins de concessão da tutela da evidência". E isto se justifica exatamente pelo fato de o legislador ter situado essa tutela entre as medidas deferíveis no âmbito geral das *"tutelas provisórias"*, e não do julgamento antecipado da lide.

Da perspectiva da atipicidade presente no inciso IV do art. 311, a autora, inteligentemente, extrai a dedução de que "a exigência de prova documental suficiente feita pelo legislador, [para autorizar a tutela da evidência] deve ser compreendida como *prova suficiente* para revelar a *probabilidade do direito alegado pelo requerente da tutela*, independente do meio de prova empregado para tal desígnio".

Argumenta a autora que a sumariedade com que se deferem as tutelas da evidência, de forma alguma causa prejuízo aos preceitos do devido processo legal "pois se alinham aos ditames do acesso à justiça e do justo processo constitucional, exatamente porque primam pela efetividade, não havendo, apriorística e de modo inerente, relação entre esta técnica cognitiva e violação a direitos fundamentais ou à segurança jurídica".

As conclusões a que chega o ensaio são importantes e altamente oportunas, visto que, entre nós, se acha em estágio incipiente a aplicação de um instituto remodelado pelo recente Código de Processo Civil brasileiro, cabendo à doutrina o significativo papel de bem analisá-lo e interpretá-lo de modo a dele extrair as benesses prestáveis à melhor tutela jurisdicional *realizável* dentro do projeto constitucional da garantia de um *processo justo, efetivo* e *eficiente.*

A obra está organizada, com rigor científico, dentro dos mais exigentes padrões acadêmicos, visto que suas corretas conclusões foram precedidas de quatro capítulos, nos quais suas premissas lógicas e jurídicas passaram por análise e demonstração, em terrenos como o das técnicas das cognições exaurientes e sumárias no âmbito do processo civil (cap. 1); do fortalecimento da tutela do direito provável (cap. 2); do papel da tutela de evidência no combate ao dano marginal (cap. 3); e do enfrentamento às controvérsias sobre tutela do direito provável e sua conformidade ao acesso à justiça e ao justo processo legal (cap. 4).

A linguagem empregada pela autora se prima pela aliança entre o rigor técnico e a elegância e clareza da exposição, tornando fácil e agradável a leitura, da qual defluem riquíssimas e oportunas informações, úteis tanto no mundo acadêmico sofisticado, como no plano prático da atuação jurídica profissional no foro civil.

Trata-se de obra fadada, sem dúvida, a ocupar lugar de destaque na literatura jurídica brasileira, mercê da valiosa contribuição que contém ao aprimoramento de uma prestação jurisdicional nos moldes idealizados pela Constituição.

Estão de parabéns a autora, pela excelência do ensaio, e o mundo jurídico, pelo enriquecimento do acervo doutrinário em boa hora acontecido.

Agosto de 2017.

HUMBERTO THEODORO JÚNIOR

INTRODUÇÃO

O reclame por maior efetividade do processo apresenta-se recorrente nos estudos de Direito Processual Civil e na prática forense, objetivando superar o exacerbado tecnicismo que imperou e ainda se faz presente na processualística brasileira, ultrapassando a visão do processo como fim em si mesmo e vislumbrando-o como instrumento para realização do direito material e consequente promoção da pacificação social.

A devida compreensão do processo como método para realização do direito material em situação de conflito impõe que se mire em seu aprimoramento não apenas pela via da celeridade e da quantidade de decisões, que são importantes, mas não suficientes para assegurar a almejada efetividade da prestação jurisdicional. Esta efetividade supera os lindes da resposta jurisdicional rápida e volumosa, exigindo mais: qualidade de se alinhar ao sistema jurídico pátrio, qualidade de proporcionar a real realização do direito, permitindo a desejada pacificação do litígio e, em última análise, sua prevenção, fomentando o adimplemento voluntário dos direitos.

Sem embargo da robusta dedicação de estudiosos e profissionais ao processo como instrumento para resolução dos conflitos, impende reconhecer que a crise que assola o sistema jurídico pátrio, prejudicando seriamente os direitos e, via de consequência, a cidadania, transcende e muito a prestação jurisdicional Estatal através do processo.

O crescimento geométrico das demandas judiciais, a incapacidade do Poder Judiciário de prolatar decisões no número cada dia mais incontrolável de processos, o aumento expressivo de demandas repetitivas, a insuficiência de magistrados para atuar neste cenário, dentre outros frequentemente referidos em notícias e debates, antes de serem concausas para a morosidade da prestação jurisdicional (e, por isso, precisarem sim ser diretamente combatidos), são reflexos de uma conjuntura de inefetividade: inefetividade do processo, inefetividade da prestação jurisdicional e, o que é mais grave, inefetividade de direitos.

A inefetividade é adjetivo que se define negativamente: ela qualifica (ou melhor, desqualifica) o instituto, a instituição ou qualquer outro substantivo que não detém efetividade. Nesta senda, é inefetivo o processo que não constitui método para salvaguarda dos direitos dos cidadãos.

No que toca a efetividade da prestação jurisdicional, desponta como concepção basilar a ideia de adequação da prestação jurisdicional ao direito material a que visa a tutelar. Em outros termos, tanto mais efetiva é a atividade jurisdicional do Estado quanto mais apropriada, sob a perspectiva, dentre outros, de tempo e método, para solucionar o litígio em observância às normas substanciais que o regem.

É notável que sobre a efetividade da prestação jurisdicional têm se centrado os atuais discursos e debates dos processualistas, apesar de não haver um consenso geral e unívoco acerca de sua compreensão. Contudo, sem aspirar aqui exaurir a definição de efetividade da prestação jurisdicional, indubitável que uma de suas facetas é a adequação do provimento ao direito material que, em última análise, objetiva tutelar. É certo, ainda, que a consecução da efetividade exige também a tempestividade da resposta jurisdicional. Dessa feita, é (dentre outros) com a ponderação no caso concreto entre tempestividade e segurança jurídica na realização do direito material que se garantirá a realização da efetividade.

É sabido que existem críticas aos processualistas denominados instrumentalistas que, em suma, aduzem haver prejuízo a direitos e garantias constitucionais ao desenvolver estudos na perspectiva da efetividade da jurisdição[1]. *Concessa venia*, não se comunga das críticas à expressão efetividade da jurisdição, porquanto se entende que essa locução não enseja a inobservância dos direitos fundamentais que regem o justo processo legal, ao contrário, é imprescindível que estes sejam obedecidos. Outrossim, abordagem acerca da efetividade do processo ou efetividade da prestação jurisdicional, mesmo tendo foco no Judiciário e no método que

---

1 Nesse sentido: "Essa noção de efetividade, assaz encontradiça nas teses instrumentalistas, conduz à ideia de que o juiz é a figura central do processo na medida em que este é o mero instrumento da jurisdição (Estado-juiz). Nesse passo, o direito consistiria naquilo que os órgãos do Judiciário disserem que o seja (interpretação solipsista). A rigor, portanto, a efetividade não seria do processo, mas da própria jurisdição, tendo em conta que lhe incumbe prestar a tutela jurisdicional para tornar efetivos os direitos face a ameaça ou lesão. Discorda-se, contudo, dessa perspectiva da efetividade da jurisdição, pois ela tem servido para propalar o pensamento de que o Judiciário existe para distribuir justiça aos indivíduos, bem como para solucionar, de pronto, todos os conflitos sociais, independente da obediência de direitos fundamentais que instituem o devido processo constitucional. (...) De modo conclusivo, portanto, pode-se consolidar o entendimento de que a efetividade diz respeito ao direito, o que significa dizer que ele é que deve ser efetivado a partir de sua concretização (fruição) resultante da aplicação dos conteúdos previstos e tutelados pela lei. A efetividade do processo também representa a efetividade do direito, na medida em que o processo "é, hoje, a própria lei atuando, pelos seus critérios". CASAGRANDE, Érico Prado. Efetividade do Direito e eficiência do Judiciário. In: TAVARES, Fernando Horta (Coord.). **Urgências de tutela**. Curitiba: Juruá, 2008, p. 85 e 87.

prioritariamente se vale para resolução de conflitos (o processo), não implica necessariamente restrição dos estudos a estes vieses, como se fossem exaustivos, o desiderato maior, a panaceia para todos os males. Igualmente, os recortes em efetividade do processo ou efetividade da prestação jurisdicional não ensejam inarredavelmente olvidar-se da participação das partes, tampouco esquecer do objetivo maior de realização de direitos.

A verdade, acredita-se, é que constitui opção metodológica referir-se a efetividade do processo, efetividade da prestação jurisdicional ou efetividade do direito. Como já destacado, a efetividade, como designativo de real geração de resultados, ou melhor, alcance do fim para o que foi instituído, é adjetivo que pode acompanhar qualquer dos substantivos arrolados, quais sejam, jurisdição, prestação jurisdicional, processo ou direito. Não se vislumbra nenhuma inadequação ou erro científico no uso dessas expressões, porquanto cada uma delas é adequada ao recorte metodológico que se empreende para estudo.

Não obstante, converge-se com a compreensão de que maior destaque deve-se empreender sobre a efetividade dos direitos. É que, sem embargo da grande valia de se buscar o aprimoramento do processo como método verdadeiramente efetivo, bem como de se visar ao crescente desenvolvimento da atividade jurisdicional (essencialmente estatal) objetivando a resolução de conflitos, a efetividade dos direitos é o fim último e maior daqueles (processo e atividade jurisdicional). O que se estima é a realização completa, plena e tempestiva de direitos, preferencialmente, com estímulo à sua satisfação voluntária, o que, neste trabalho (novamente sem pretensão de ser conceitualmente exauriente) se entende por efetividade dos direitos.

Assim, verifica-se que as críticas à efetividade do processo e à efetividade da prestação jurisdicional recaem, sim, sobre distorções desses estudos, à não percepção de que necessariamente eles se desenvolvem sobre um recorte metodológico específico, que os legitima nos limites que se propõem, mas que não os torna o mote único de aprimoramento do sistema jurídico para servir à cidadania[2]. Como existem várias causas concorrentes da crise de inefetividade, realmente medidas de determinado perfil não serão suficientes, por si, para resolver. Isso não quer dizer que elas não tenham a potencialidade de atingir, em alguma medida, as causas da crise.

Desse feita, efetividade do processo, efetividade da prestação jurisdicional e efetividade dos direitos conciliam-se numa relação de parte-todo, isto

2 A cidadania aqui referida ultrapassa o sentido de titular de direitos políticos, consistindo, sim, na consciência da pertinência à sociedade como titular dos direitos fundamentais, da dignidade como pessoa humana, da integração/ participação no processo do poder e do respeito à dignidade do outro.

é, processo efetivo e jurisdição efetiva são componentes para se alcançar a efetividade dos direitos, que também reclama uma gama ampla de outras vias, como, exemplificadamente: o reconhecimento legislativo de direitos individuais e coletivos, vocacionados à observar a igualdade substancial e atentos às necessidades sociais; o fomento e a valorização de soluções de conflitos não monopolizadas pelo Estado, como a arbitragem, a conciliação, a mediação, que primem pelo empoderamento e responsabilização dos cidadãos para e pela solução de seus conflitos; o investimento na formação dos cidadãos para pleno exercício da cidadania; o desenvolvimento de políticas públicas democráticas de implemento dos direitos.

Importa ter a consciência que as reformas processuais e judiciais não são substitutos suficientes para as reformas políticas e sociais. Na verdade, elas se inter-relacionam e, por isso, é salutar se atentar para as especificidades locais, de modo a não importar irrefletidamente modelos implantados em outras realidades. Pertinente é, aqui, a lição de José Afonso da Silva, segundo o qual "uma ordem social injusta não pode produzir um processo justo, nem, por certo, um sistema judicial de solução justa de conflitos de interesses"[3].

É nessa ordem de ideias que a expressão "acesso à justiça" passa, mormente a partir do último quartel do século XX, por significativa releitura, buscando superar a acepção estritamente institucional, de viés jurídico-formal, para alçar perspectiva ampla sob o prisma também socioeconômico. Assim, de direito apenas de buscar proteção judiciária – isto é, de recorrer ao Judiciário – impende compreender o acesso à justiça como direito, de sede constitucional, essencial à consecução dos demais, precisamente, como sinônimo de efetividade de direitos afeta ao exercício da cidadania, o que se ultima não apenas no Judiciário, ou na solução de conflitos pontuais, mas na propagação de cultura de implemento e respeito dos direitos individuais e sociais.

Em que pese a nova compreensão que vem sendo construída do acesso à justiça, vocacionado à efetividade dos direitos, persistem obstáculos multifatoriais à sua realização, de caráter estruturais, subjetivos e também normativos. Observa-se entre os agentes políticos e os profissionais e estudiosos do Direito uma maior concentração de esforços na promoção de alterações legislativas.

Tais alterações legislativas não estão imunes a reprimendas, pelo contrário, vêm sendo objeto de contundentes críticas, seja pela inabilidade para,

---

3 SILVA, José Afonso. Acesso à justiça e cidadania. **Revista de Direito Administrativo**, Rio de Janeiro, n. 216, abril a junho de 1999, p. 9-23.

por si, solucionarem todas as deficiências do acesso à justiça (que, como já dito, são multifatoriais), seja em vista do objetivo imediato de algumas alterações, inclinado mais aos interesses do Judiciário enquanto Poder e menos à efetividade de direitos.

Entende-se, no entanto, que as críticas procedem em alguma medida, mas não são suficientes para infirmar, por completo, a importância do aprimoramento do arcabouço legislativo pátrio, material e processual, para promoção da efetividade de direitos (sua observância e satisfação, a tempo e modo).

No que toca especificamente ao direito processual, reconhece-se que o aperfeiçoamento científico vivenciado no curso da história descortinou lhe uma faceta nociva, porquanto contrária à sua *ratio essendi*: o direito processual como fim em si mesmo, e não como um dos instrumentos para promoção da efetividade do direito material.

Ocorre que, ainda que não inteiramente absorvida na prática forense, já resta assente entre os estudiosos que o viés do processo como fim em si mesmo não pode subsistir. Indubitavelmente, o processo deve ser encarado como um dos instrumentos para efetivação de direitos, e como tal, seu aprimoramento deve objetivar a melhor consecução de seu desiderato.

Assim sendo, a constatação de que o processo não se justifica por si não contraria a necessidade de aprimoramento da técnica processual, ao revés, corrobora-a. É que a técnica processual, bem estabelecida e empregada, em atenção às especificidades do direito material a que serve, é relevante aliada para realizá-lo com maior precisão. Em análise macro, a boa técnica processual é parceira da efetividade dos direitos.

É inegável que, tendo em foco a efetividade de direitos, certamente o processo e a jurisdição não devem ser as vias principais para se alcançar tal efetividade, sobretudo porque não se pode olvidar dos efeitos perversos gerados pela crescente judicialização: o fomento de uma cultura demandista, de uma sociedade de litigantes, que deposita no Judiciário todas as esperanças, como se ele fosse o único capaz de responder todas as demandas e, pior, vulgariza a jurisdição, utilizando-a como mais um palco para insatisfação de direitos, restando por estimular o descumprimento de direitos, promovendo mais litígios, ao invés de gerar a pacificação social. É o que se constata, por exemplo, na conduta dos chamados litigantes habituais, sejam entes privados ou públicos, que não obstante o grande número de demandas judiciais em que estão envolvidos, não se inibem em sistematicamente descumprir direitos, o que os conduz a se imiscuírem cada vez mais em novas demandas judiciais, que convergem para inefetividade da atividade jurisdicional e alimentam um ciclo vicioso de inefetividade de direitos. Destarte, a litigiosidade é inversamente proporcional à efetividade dos direitos.

Por tudo isso, acredita-se que se deve visar ao fomento da cultura de adimplemento voluntário de direitos, lançando mão, a princípio, de solução de controvérsias por vias de auto composição ou hetero composição extrajudiciais, respectivamente, zelando-se, contudo, para que estes meios não impliquem mais um espaço de inefetividade do direito material. A prestação jurisdicional estatal através do processo deve ser vista como uma oferta residual, uma garantia subsidiária, disponibilizada para as controvérsias não-compostas ou mesmo incompossíveis pelos outros meios.

Ocorre que, para esse desiderato, é dizer, para se aproximar deste cenário ideal, é relevante que o processo deixe de ser proveitoso para quem deliberadamente descumpre direito alheio. Enquanto o processo representar a um jogo de "ganha-ganha" para o sujeito inadimplente com suas obrigações, permitindo-lhe auferir vantagem pelo descumprimento voluntário do direito, vantagem em imputar ao titular do direito desrespeitado os ônus do processo, vantagem ao protelar a solução de acertamento e, ainda, tardar também atos de execução coercitivos, dentre outros, o processo persistirá como principal via para solução (ou não solução...) de litígios, desestimulará maior desenvolvimento de métodos de composição extrajudiciais (notadamente os de auto composição) e terá restrita sua potencialidade para fomentar a cultura de pacificação, de cumprimento voluntário de direitos.

É sob este prisma que persistem valorosos os estudos processuais: visando ao aprimoramento da técnica processual para que ela seja via de efetividade dos direitos. Justifica-se, pois, a constituição do processo como instrumento desinteressante para aquele que visa ao descumprimento de direitos, de modo que o processo constitua via de prevenção especial e geral, impedindo que por meio dele se perpetue ou agrave a ofensa a direitos, bem como coibindo o sujeito específico e a comunidade em geral de descumprir direitos quando cônscios que o processo é palco para sua efetiva observância.

Na atual cena histórica, o mote de discussões teóricas e de modificações legislativas do direito processual civil vem sendo dotá-lo de instrumentos que conciliem este instrumento estatal com os reclamos das relações em constante evolução e da crescente necessidade de efetividade dos direitos. Falar, então, em efetividade da prestação jurisdicional, na relação do Direito e do processo com o tempo, na necessidade de efetivação da duração razoável do processo – alçada ao *status* de garantia constitucional –, dentre outras variáveis a eles afetas, pode aparentar lugar comum nos ensaios processualistas.

Não obstante, mesmo no recente contexto histórico de aceleradas modificações, a experiência revela que o Direito não segue a mesma toada; aliás, nem poderia, dada a necessidade de amplo debate e reflexão sobre as inúmeras proposições, além do período exigido para experimentação e avaliação dos resultados de alterações empreendidas no sistema jurídico.

Com efeito, faz-se ainda mister concretamente dotar a ordem processual de vias que consubstanciem na realidade o discurso aparentemente programático de efetividade, duração razoável, amplo acesso à justiça, etc. Alguns avanços já se fizeram e se fazem sentir na prática do processo: um exemplo, é a superação da dicotomia estanque entre cognição e execução, que revela evolução da técnica processual em convergência ao anseio do cidadão de obter não só o acertamento, mas também, e principalmente, a satisfação do direito reclamado por intermédio de uma única provocação da Jurisdição; a possibilidade de satisfação provisória do provável direito em vista de uma situação urgente, muito embora o alegado titular não disponha ainda de título executivo referente a direito certo, líquido e exigível, também é importante signo de progresso da técnica processual em prol da efetiva prestação jurisdicional.

Nota característica e comum a essas e outras recentes transformações da técnica processual é o caráter sumário que se lhes pretende conferir. Em outros termos, volta-se uma vez mais à tentativa do direito processual civil de acompanhar o caminhar da sociedade, de fazer com que no processo a sensação do transcurso do tempo se alinhe àquela experimentada na realidade, de modo que seja possível contribuir para a efetividade do processo e, assim, efetividade dos direitos.

A sumarização apresenta-se, então, em duas facetas[4] que podem estar ou não aliadas em uma mesma situação: a) a sumarização procedimental,

---

4 *"Con esta exposición, se aprecia claramente el error de Mittermaier, reuniendo a procesos sumarios y a procedimientos abreviados o rápidos; error en él, pero proveniente de confusas regulaciones y exposiciones doctrinales de siglos atrás. Briegleb, que somente a dura crítica a Mittermaier distingue por dos diversas pautas a los juicios realmente sumarios y a los simplesmente acelerados, con respecto a los ordinarios. Los procedimientos rápidos se diferencian del ordinario simplemente por su forma; en tanto que los sumarios, lo son por el contenido. La base de la confusión estaba en que las formas de unos y otros pasaron en muchas ocasiones a ser las mismas, pero profundizado algo más sobre este punto emerge clara la diferencia: la forma específica – acelerada por lo regular – de los sumarios, depende de que se trata de un camino específico para obtener una finalidad específica, a fin de alcanzar la cual es precisa la citada forma especial; pero en los procedimientos rápidos – plenarios –, su forma específica – también acelerada – se justifica sin necesidad de que tengan una finalidad diversa de la que se quisiere obtener por medio del procedimiento declarativo ordinario. Los medios de una simple aceleración formal del procedimiento, por su origen, estructura y fines, son tan diferentes de los aplicados para obtener un proceso sumario (restringiendo su contenido*

a partir da qual atos processuais que integram o procedimento ordinário são suprimidos ou têm seus prazos de execução reduzidos com o desiderato de se conformar às especificidades do direito material, bem como de se alcançar com mais brevidade a resposta jurisdicional, a pretendida tutela diferenciada; b) a sumarização cognitiva, que restringe o âmbito de exame da pretensão a matérias específicas – sumarização no plano horizontal – e ou a limita em profundidade, quando o conhecimento pelo julgador é superficial – correspondendo à sumarização no plano vertical[5].

São técnicas de sumarização procedimental já consagradas no sistema processual pátrio o julgamento antecipado da lide, o procedimento afeto às controvérsias de menor complexidade de competência dos Juizados Especiais, além da pretendida virtualização dos procedimentos em todas as searas, cujo anseio maior é eliminar os chamados "tempos mortos" do processo.

A sumarização cognitiva, ao seu turno, é marcada historicamente pela excepcionalidade em comparação com a cognição exauriente, que dominou quase com exclusividade o processo civil, mas que vem cedendo espaço para um exame sumário, que se pretende mais célere. Verifica-se que as medidas cautelares são o campo basilar da cognição sumária, que se expandiu para as medidas urgentes satisfativas, num primeiro momento, restrita a alguns procedimentos especiais (por exemplo, mandado de segurança, ações possessórias) e, posteriormente, alcançou a generalização através da denominada tutela antecipada ou antecipação de tutela, prevista no art. 273 do CPC/1973 (conforme redação determinada pela Lei nº 8.952/1994).

Registre que os mencionados exemplos foram e continuam sendo objeto de larga discussão teórica, pelo menos há duas décadas, revelando que o tempo é imprescindível para o devido amadurecimento desses instrumentos, mesmo em vista do aparente paradoxo de serem eles concebidos como soluções dos males do tempo no processo e promotores de efetividade.

---

material a través de una limitación de los derechos de las partes con respecto a los medios de defesa), que el colocar a unos y a otros unidos como iguales enfrente del proceso declarativo ordinario, es científicamente imposible. Las pautas de "sumariedad" – evitaremos de aquí en adelante en lo posible esta equívoca palabra en cuanto hagamos referencia a los procedimientos plenarios rápidos – son perfectamente diversas en ambos grupos de tipos; no se trata de dos subgrupos yuxtapuestos bajo la denominación común de "juicios sumarios"; pues esta "sumariedad", en los plenarios rápidos es simplemente de carácter formal, en tanto que en los sumarios propiamente dichos, tiene carácter material. De otra parte, por su finalidad, como hemos dicho, los procesos sumarios corresponden a una Parte específica de nuestra disciplina, en tanto que a los procedimientos plenarios rápidos no se les puede separar lógicamente del declarativo ordinario; ya que la aceleración del proceso es un principio que a todos ellos alcanza." GUILLÉN, Victor Fairén. **El juicio ordinário y los plenarios rápidos (los defectos en la recepción del derecho procesal común, sus causas y consecuencias em doctrina y legislación actuales)**. Barcelona: Bosch, 1953, p. 55-56.

5 WATANABE, Kazuo. **Cognição no processo civil**. 4. ed., São Paulo: Saraiva, 2012.

A despeito dos instrumentos já concebidos e com os contornos atualmente definidos, persiste aos estudiosos e profissionais do Direito o desafio (que já não é novo) de conferir ao processo a efetividade reclamada pelos cidadãos (que requer, dentre outros – ou seja, não exclusivamente – celeridade na resposta buscada na Jurisdição) e de constituí-lo como instrumento para efetividade dos direitos (e não via para quem visa perpetuar o descumprimento de direitos).

Nesta cena, emerge para reflexão o modelo jurídico-processual em que tradicionalmente embasamos a solução dos conflitos judicializados: realmente, apenas pela via da decisão fundada em cognição exauriente, que ao fim e ao cabo de todo o trâmite processual, recebe o manto da coisa julgada material, é possível alcançar segurança jurídica? Apenas decisão exauriente consubstancia a desejada certeza no âmbito processual, que seria imprescindível para alcançar a pacificação social? Ou é possível alcançar, através do processo, a desejada efetividade dos direitos, a solução de conflitos, sem os tradicionais pilares da cognição exauriente e, dela derivados, certeza, segurança jurídica e coisa julgada material?

Essas indagações conduzem à investigação sobre o cabimento do fomento da tutela do direito provável[6], isto é, aquela que se esteia em cognição sumária, produtora de um juízo de probabilidade sobre a matéria *sub judice*: afinal, não seria esse um caminho (sem prejuízo de outros necessários) para maior consecução da efetividade dos direitos, dado que os provimentos amparados nessa espécie de cognição, essencialmente mais célere, permitem execução imediata do direito material? A resposta para esse e outros questionamentos relacionados exige exame por várias perspectivas, mirando a realização justa dos direitos, em respeito a direitos e garantias de todos os envolvidos.

No caminhar evolutivo dos instrumentos processuais, é possível observar o desenvolvimento da trilha afeta os provimentos pautados em cognição sumária. Alcançou-se no Direito Brasileiro a concepção, notadamente nos últimos anos assentada, de que as medidas cautelares e a tutela antecipada

[6] Humberto Theodoro Júnior e Érico Andrade utilizam-se da expressão tutelas sumárias, como o faz a doutrina italiana: "A doutrina italiana destaca que as tutelas sumárias são assim denominadas porque fundadas, antes de tudo, na sumariedade da cognição ou acertamento que o juiz opera ao proferir decisões no processo, de modo que a cognição sumária pode apresentar-se sob a forma de cognição incompleta, quando a decisão se profere com base em atos de um processo ainda em curso, ou de cognição superficial, em que a decisão é baseada em valoração probabilística acerca da existência do direito objeto do processo." THEODORO JÚNIOR, Humberto; ANDRADE, Érico. A autonomização e a estabilização da tutela de urgência no projeto de CPC. **Revista de processo**, v. 37, n. 206, p. 13-59, abr. 2012.

integram o gênero das medidas urgentes, notabilizadas pela já referida cognição sumária e também pela urgência, isto é, a necessidade de uma resposta jurisdicional célere, que combata prontamente um perigo de inutilidade do provimento definitivo ou um risco que recaia sobre o próprio direito material. Assim, após muitos anos centrando-se nas diferenças que distinguem medidas cautelares de medidas urgentes satisfativas, voltaram-se os olhos para os pontos que as assemelham e as permitem sujeitar às mesmas disposições gerais (sem prejuízo de suas especificidades), acreditando-se, assim, contribuir para a consecução dos anseios do direito processual.

O Código de Processo Civil de 2015 traz como relevante alteração legislativa exatamente a identificação das medidas urgentes como gênero, o que, desde a divulgação da primeira proposta do novo digesto processual – elaborada pela Comissão de Juristas instituída especificamente para sugestão do texto legislativo – vem despertando muitos estudiosos para melhor reflexão desta temática.

Acreditamos que o Código de Processo Civil de 2015 não elimina o imperativo de ampla reflexão a respeito das disposições sobre as tutelas fundadas em cognição sumária, tutelas de urgência e a tutela de evidência, porquanto não exaure a necessidade de aprimoramento da técnica ali exposta.

A tutela de evidência é, com vênia pela redundância, evidência da necessidade de dilação reflexiva a seu respeito e, via de consequência, de aperfeiçoamento da técnica que lhe é afeta, a vista de seu potencial para contribuir com a almejada efetividade da prestação jurisdicional e, portanto, efetividade dos direitos. Destarte, o aprimoramento da tutela de evidência é medida que se insere no contexto de fortalecimento da tutela do direito provável.

O Código de Processo Civil de 2015 destacou a tutela de evidência, ao intitular um capítulo específico para sua disciplina e, ainda, ao propor cunhar na legislação codificada esta expressão, que até então tinha sede em doutrina e jurisprudência, mas não se encontrava positivada no Código de Processo Civil de 1973. Observa-se, no entanto, que as abordagens doutrinárias e as disposições legislativas a ela concernentes trazem-na a reboque das medidas urgentes, que há pelo menos duas décadas têm merecido expressivo debate por parte dos teóricos e já estão largamente incorporadas na praxe forense. À tutela de evidência são dedicadas algumas obras de referência, que, contudo, alcançaram maior projeção – especialmente de amplo debate na comunidade jurídica – no que tocam às medidas urgentes.

Nessa esteira, as lições afetas à tutela de evidência, em linhas gerais, limitam-se a enunciar que se trata de provimento jurisdicional pautado em cognição sumária, provisório e, então, inábil à formação de coisa julgada material, que tem por requisito elevado grau de probabilidade do direito invocado, prescindindo da urgência (perigo de dano) para seu deferimento. O art. 311, *caput*, do Código de Processo Civil de 2015 destaca a prescindibilidade do debate sobre o perigo de dano, ao prever que "a tutela de evidência será concedida, independente da demonstração de perigo de dano ou de risco ao resultado útil do processo".

O legislador já há muito identificou conflitos em que, pelas especificidades do direito material em debate, faz-se necessário tutelar de plano aquele direito alegado que se apresenta com elevada probabilidade de procedência, é dizer, que se mostra evidente, mesmo fazendo-o provisoriamente, quando não transcorrido o tempo necessário para a resposta jurisdicional definitiva. É o que se verifica, por exemplo, na previsão de liminar em ação possessória, na qual se exige do postulador a comprovação de fundada probabilidade de procedência do direito invocado, dispensando-se, ou melhor, prescindindo por completo da demonstração e, via de consequência, do debate acerca da existência ou não de perigo da demora. O mesmo se observa quanto às possibilidades de liminares em ação de despejo elencadas no §1º do art. 59 da Lei nº 8.245/91, que dispõe situações de direito provável, nada aludindo a situações de risco em desfavor do beneficiário da ordem para justificar a concessão do provimento liminar.

Acompanhando a generalização das medidas urgentes satisfativas, o legislador disciplinou no art. 273, II, do Código de Processo Civil de 1973 (acrescentado pela Lei n.º 8.952, de 13.12.1994) também de modo geral, ou seja, aplicável à generalidade dos procedimentos, hipótese de tutela de evidência, isto é, tutela satisfativa provisória que prescinde de urgência e que tem cabimento quando se constata o abuso no exercício do direito de defesa do réu. O Código de Processo Civil de 2015 veicula alterações na abordagem da tutela de evidência, ao, em comparativo de maior realce ao CPC/1973, ampliar suas hipóteses de cabimento[7].

---

[7] "O novo Código de Processo Civil segue elencando como hipótese de tutela de evidência quando "ficar caracterizado o abuso do direito de defesa ou o manifesto propósito protelatório da parte" (art. 311, I), devendo, é claro, haver juízo de probabilidade positivo sobre o direito alegado pelo autor. Assim é que a probabilidade do direito, aliada à defesa abusiva do réu, confere à pretensão autoral a possibilidade de ser tutelada provisoriamente, se assim pleiteado pelo autor.

Inova o novo Código ao positivar outras hipóteses gerais de tutela de evidência, diga-se, aplicáveis à generalidade dos procedimentos. Na linha do cotejo entre as alegações iniciais e as de defesa, sem, no entanto, exigir a constatação da abusividade desta, o NCPC prevê que cabe tutela de evidência quando "a petição inicial for instruída com prova documental suficiente dos fatos constitutivos do

Importa considerar, no seio do que aqui se discorre, que a sumarização cognitiva, além da celeridade da resposta estatal – mote maior da sumarização procedimental – objetiva, como reconhecem há muito os processualistas[8], repartir entre as partes o ônus que o tempo naturalmente representa no processo. Afinal, para aquele que tem sua pretensão resistida ou insatisfeita, o tempo flui em seu desfavor, laborando, lado outro, em benefício de quem resiste ou insatisfaz o direito de outrem.

Nessa senda, as medidas urgentes se revelam como via de transferir ao réu, em parte, o peso representado pela natural demora da resposta jurisdicional definitiva, quando há situação excepcional de perigo que, desamparada da medida urgente, imputaria ao autor mal maior que aquele imposto ao réu ao suportar a medida.

O mesmo se verifica quanto à tutela de evidência: é demasiadamente injusto atribuir àquele cujo direito é provável o ônus de aguardar o transcurso do tempo necessário para solução jurisdicional final, cumprindo, assim, a tutela de evidência o mister de repartir o gravame do tempo com o réu cujo direito aparenta improvável.

À luz desse desiderato auferido também na tutela de evidência – repartição do ônus do tempo entre as partes no processo –, outra indagação

---

direito do autor, a que o réu não oponha prova capaz de gerar dúvida razoável" (art. 311, IV). Sublinhe-se que, como tutela provisória que é, a tutela de evidência pauta-se em cognição sumária, o que comporta, portanto, convicção diversa do magistrado em sede de cognição exauriente.

No contexto de valorização do precedente judicial adotada pelo NCPC, cabe a concessão de tutela de evidência, inclusive liminarmente, quando "as alegações de fato puderem ser comprovadas apenas documentalmente e houver tese firmada em julgamento de casos repetitivos ou em súmula vinculante" (art. 311, II e parágrafo único). Novamente, importa frisar que como em sede de tutela de evidência, portanto, tutela provisória, a cognição que pauta a decisão judicial é sumária, pelo que não se está diante de juízo de certeza, tampouco de decisão definitiva da lide. Na análise exauriente da demanda, o julgador pode formar convicção diversa sobre as alegações de fato, bem como sobre a adequação do caso concreto à tese firmada em julgamento de casos repetitivos ou em súmula vinculante.

Outra hipótese de cabimento da tutela de evidência é destinada especificamente ao contrato de depósito, prevendo o legislador no art. 311, III, do NCPC que cabe tutela de evidência quando "se tratar de pedido reipersecutório fundado em prova documental adequada do contrato de depósito, caso em que será decretada a ordem de entrega do objeto custodiado, sob cominação de multa", em vista da qual o magistrado pode conceder a tutela provisória também liminarmente (art. 311, parágrafo único). O CPC/1973 disciplina como procedimento especial a ação de depósito (arts. 901 a 906 do CPC/1973), especialidade justificada sob a égide daquele diploma sobretudo em vista da possibilidade de concessão liminar de tutela provisória ordenando a entrega do bem custodiado. O novo Código, ao seu turno, não mais dispõe a ação de depósito no rol dos procedimentos especiais, pelo que a hipótese do art. 311, III, do NCPC visa exatamente suprir a liminar prevista no CPC/1973." THEODORO JÚNIOR, Humberto; OLIVEIRA, Fernanda Alvim Ribeiro de; NORATO REZENDE, Ester Camila Gomes (coord.). **Primeiras lições sobre o novo direito processual civil brasileiro (de acordo com o Novo Código de Processo Civil, Lei 13.105, de 16 de março de 2015).** Rio de Janeiro: Forense, 2015, p. 213.

8 Por exemplo, MARINONI, Luiz Guilherme. **Tutela antecipatória e julgamento antecipado: Parte incontroversa da demanda.** 5 ed. São Paulo: Revista dos Tribunais, 2002, p. 27-28.

emerge para reflexão: é cabível tutela de evidência na generalidade dos procedimentos, mesmo que não se constate o abuso no exercício do direito de defesa/manifesto propósito protelatório do réu, existência de precedente judicial ou outra hipótese típica, taxativamente prevista em lei? Em outros termos, é possível a concessão de tutela de evidência pautada apenas na probabilidade do direito invocado?

Esse questionamento surge no contexto em que se busca promover efetividade de direitos, especificamente quanto ao direito processual civil, dotando o processo de vias mais contundentes para a realização de seu escopo.

Em que pese a amplitude na modificação que se empreendeu para o sistema processual civil brasileiro, com o Código de Processo Civil de 2015, verifica-se que a tutela de evidência persiste relegada a plano secundário nos debates doutrinários, notadamente se comparada às medidas de urgência.

O breve cenário doutrinário e legislativo acerca da tutela de evidência, em contraposição às importantes finalidades a que serve, instiga ao aprofundamento e ao aprimoramento da técnica que lhe é pertinente, de modo que as disposições legislativas e as lições doutrinárias sobre a tutela de evidência possam com maior fidedignidade direcionar-se à consecução de seus fins, convergindo para o propósito de tornar o processo real sede de efetividade dos direitos.

Cumpre, para este propósito, analisar as bases cognitivas da tutela jurisdicional, investigando profunda e criticamente as técnicas da cognição exauriente e da cognição sumária, a fim de concluir sobre como se relacionam e como norteiam o processo como instrumento para efetividade de direitos.

Igualmente necessário é o confronto entre o fortalecimento da tutela jurisdicional fundada em juízo de probabilidade e os reclamos de acesso à justiça, bem como às determinações do justo processo constitucionalmente estabelecido, o que convergirá para o exame da potencialidade do fortalecimento da tutela do direito provável (isto é, tutela fundada em cognição sumária, em juízo de probabilidade) como contribuição para efetividade do processo e efetividade dos direitos.

Ainda, discutir-se-á medida para o aludido fortalecimento do direito provável, a saber: a análise da possibilidade de generalização e atipicidade da tutela de evidência. Então, investigar-se-á a atipicidade e a generalização da tutela de evidência que transcenda as hipóteses taxativamente elencadas pelo legislador. Verificar-se-á se estará mais próximo de uma prestação jurisdicional de fato efetiva e direcionada à útil e tempestiva satisfação do direito material ao permitir, na generalidade dos procedimentos e não restrito às hipóteses típicas trazidas pelo legislador, atribuir à parte que resiste à pretensão altamente provável os efeitos nocivos do tempo sobre o processo.

Para tal, imperativo analisar a finalidade e as características que individualizam a tutela de evidência, com o fim de se verificar quais as hipóteses em que realmente é cabível, qual a técnica de julgamento adequada e os atributos do provimento que a veicula para solucionar o conflito.

São tais, pois, as inquietudes a amparar a presente obra e que servirão como balizas para seu desenvolvimento.

1

PREMISSAS CONTEXTUAIS E CONCEITUAIS

1.1 TÉCNICAS COGNITIVAS NO PROCESSO CIVIL

A solução de litígios através do processo é atividade que necessariamente envolve a apreensão por um terceiro sujeito, não partícipe da lide em pauta, dos contornos fáticos e jurídicos que delineiam a controvérsia. Em outros termos, a esse terceiro sujeito necessariamente devem ser apresentados os fatos e os fundamentos que consubstanciam a controvérsia para, então, após analisa-los, ele alcançar a solução que será imposta aos litigantes.

Assim é que o processo fundamentalmente constitui uma reconstrução da realidade, com vistas a alcançar um resultado final que coincida (é dizer, que pelo menos melhor se aproxime) da verdadeira ocorrência fática havida e da justa solução jurídica para o litígio.

Nesse quadro, é central a atividade intelectiva do julgador, terceiro ao litígio a quem compete, pela via do processo, a elaboração da solução do caso, decidindo a quem entre os contendores compete razão em suas posições.

A cognição é a atividade mestra da prestação jurisdicional, porquanto é inafastável que o magistrado examine as postulações das partes e sobre elas se pronuncie, o que dele exigirá a emissão de um juízo, ou seja, de seu entendimento e conclusão sobre as pretensões deduzidas, acolhendo-as ou rejeitando-as, fundamentadamente[1]. A atividade que conduz à prolação

---

[1] "Toda essa linha evolutiva do direito processual, que ao longo dos séculos pôs os juristas sempre diante do binômio cognição-execução, explica, por si só, as marcas indeléveis que a cognição deixou nos vários sistemas jurídicos e nas formulações teóricas dos processualistas.

Mas a importância da cognição não decorre somente desse fato. Resulta ela muito mais da própria natureza da atividade do juiz, que para conceder a prestação jurisdicional precisa, na condição de terceiro que se interpõe entre as partes, conhecer primeiro das razões (em profundidade, ou apenas superficialmente, ou parcialmente, ou definitivamente, ou em caráter provisório: tudo isso se põe no

desse juízo é exatamente a cognição, o exame sobre as alegações das partes e demais elementos do processo (provas, manifestações de terceiros intervenientes, etc.).

Semanticamente, cognição é o ato ou processo mental de aquisição do conhecimento, pelo qual o sujeito apreende elementos do meio exterior e, conjugando-o com caracteres que compõem a sua subjetividade[2] – por exemplo, o conhecimento que acumulou ao longo de sua vida, seu raciocínio etc. –, alcança o produto da cognição, o conhecimento.

Na técnica processual[3], a cognição é conceituada também com os mesmos contornos delineados em sua compreensão semântica, acrescendo-se a especificidade de os elementos sujeitos à cognição serem aqueles constantes do processo, competindo ao julgador (aquele que empreende a atividade cognitiva no processo com o desiderato decisório) externar fundamentadamente o resultado de sua cognição, seu juízo, assegurando o controle racional de sua decisão. Kazuo Watanabe[4], em sua obra referência sobre o tema, bem sintetiza o conceito de cognição:

> A cognição é prevalentemente um ato de inteligência, consistente em considerar, analisar e valorar as alegações e as provas produzidas pelas partes, vale dizer, as questões de fato e as de direito que são deduzidas no processo e cujo resultado é o alicerce, o fundamento do *judicium,* do julgamento do objeto litigioso do processo.
>
> "O juízo – observa Frederico Marques – é fruto e resultado, sobretudo, da cognição do juiz, o que vale dizer que o elemento lógico e intelectual constituiu o seu traço predominante e fundamental". E acrescenta: "A imperatividade do julgado se subordina, sempre, ao ato de inteligência que o precede e lhe dá substância, visto que provém das indagações

---

plano da técnica de utilização da cognição) para depois adotar as providências voltadas à realização prática do direito da parte. E decorre também da intensa utilização que o legislador dela faz para conceber procedimentos diferenciados para a melhor e a efetiva tutela de direitos." WATANABE, Kazuo. **Cognição no processo civil**. 4. ed., São Paulo: Saraiva, 2012, p. 35-36.

2 Não se está a admitir, é claro, que o magistrado empreenda julgamento subjetivista. Neste sentido: "Despiciendo, nesta altura, lembrar que, quando critico o 'solipsismo judicial' ou, o que é a mesma coisa, as 'decisões conforme a consciência do julgador', tenho em mente a tese de que as decisões judiciais não devem ser tomadas a partir de critérios pessoais, isto é, a partir da consciência psicologista. Insisto, pois, que se trata de uma questão relacionada à superação do paradigma daquilo que se denomina de 'filosofia da consciência'. A justiça e o Judiciário não podem depender da opinião pessoal que juízes e promotores tenham sobre as leis ou os fenômenos sociais, até porque os sentidos sobre as leis (e os fenômenos) são produtos de uma intersubjetividade, e não de um indivíduo isolado." STRECK, Luiz Lênio. **O que é isto – decido conforme minha consciência?** 4 ed. Porto Alegre: Livraria do advogado, 2013, p. 117.

3 Sobre síntese do significado, origem e evolução do vocábulo *cognitio*, em matéria jurídica, ver WATANABE, Kazuo. **Cognição no processo civil**. 4. ed., São Paulo: Saraiva, 2012, p. 37-41.

4 *Op. cit.*, p. 35-36.

realizadas pelo órgão jurisdicional para investigar e resolver a respeito das questões jurídicas de fato focalizadas no processo".

Compreendida a cognição nessa esteira, tem-se sua presença em qualquer pronunciamento judicial de carga decisória, em qualquer procedimento, comum ou especial, de conhecimento ou de satisfação.

Destarte, muito embora o processo de conhecimento seja a sede por excelência da cognição, visto que nele se visa ao acertamento do direito em conflito, a cognição referida na presente obra não se adstringe a esta via de prestação jurisdicional. O vocábulo é empregado, ainda tecnicamente, em sentido lato, revelando o exame, a atividade intelectiva do magistrado que terá como resultado um juízo (entendimento) sobre determinada matéria.

Voltar olhos à cognição, acredita-se, é expediente de proeminente relevo no propósito de efetividade dos direitos, notadamente na promoção dessa efetividade pela via do processo civil. É que, vislumbrando a cognição como a atividade basilar do processo, erige-se necessariamente a conclusão que a prestação jurisdicional, o processo e o direito que se pretende através dele realizar serão tão efetivos quanto dotada dessa qualidade for a cognição, é dizer, quanto a cognição se empreender de modo mais adequado e específico à consecução da finalidade última da efetividade dos direitos. Há, pois, um círculo virtuoso, pelo qual há efetividade na cognição se ela é direcionada à melhor consecução dos direitos e há efetividade dos direitos quando a cognição empreendida para solução de dada controvérsia é dotada de efetividade.

Cumpre, nesse quadro de referências, o aprofundamento a respeito da cognição, a destacar de suas variações, a fim de compreender a possibilidade de estabelecimento de técnicas processuais diferenciadas pela cognição, dotando de efetividade a atividade cognitiva e vocacionando o processo à efetividade dos direitos.

O exame da efetividade pelo prisma da cognição não é novo, tanto que são numerosas as tutelas diferenciadas, como técnicas processuais que são, que têm como elemento basilar diferenciador a cognição, a qual é cabível que se conciliem aspectos de direito material e técnicas procedimentais distintas com o fito de compor as tutelas diferenciadas.

No cenário nacional, Kazuo Watanabe se propõe ao aprofundamento dos estudos da cognição e os sistematiza por meio de viés teórico que distingue a cognição em dois planos, o horizontal e o vertical.

No plano horizontal, a cognição tem por limite os elementos objetivos do processo estudados no capítulo precedente (trinômio: questões processuais, condições da ação e mérito, inclusive questões de mérito; para alguns: binômio, com exclusão das condições da ação; Celso Neves: quadrinômio, distinguindo pressupostos processuais dos supostos processuais). Nesse plano, a cognição pode ser plena ou limitada (ou parcial) segundo a extensão permitida.

> No plano vertical, a cognição pode ser classificada, segundo o grau de sua profundidade, em exauriente (completa) e sumária (incompleta).
>
> (...) o critério que procuramos levar em conta é a distinção da cognição em segundo dois planos distintos, o da extensão (horizontal) e o da profundidade (vertical). De sorte que, segundo a nossa visão, se a cognição se estabelece sobre todas as questões, ele é horizontalmente ilimitada, mas se a cognição dessas questões é superficial, ela é sumária quanto à profundidade. Seria, então, cognição ampla em extensão, mas sumária em profundidade. Porém, se a cognição é eliminada "de uma área toda de questões", seria limitada quanto à extensão, mas se quanto ao objeto cognoscível a perquirição do juiz não sofre limitação, ela é exauriente quanto à profundidade. Ter-se-ia, na hipótese, cognição limitada em extensão e exauriente em profundidade. Reservamos somente àquela (...) a expressão cognição sumária.[5]

Com vistas à distinção da cognição em planos, horizontal e vertical, Kazuo Watanabe classifica[6] a cognição em: Cognição plena e exauriente; cognição parcial e exauriente; cognição plena e exauriente *"secundum eventum probationis"*; cognição eventual, plena ou limitada e exauriente; cognição sumária ou superficial.

Oportuno também referir à lição de Ovídio A. Baptista da Silva:

> ... o direito processual pode valer-se das seguintes técnicas para reduzir o campo da cognição judicial, de modo a *sumarizar* a demanda: "a) permitir-se que o juiz decida com base em cognição apenas *superficial* sobre todas as questões da lide, como acontece com as decisões (sentenças) liminares; b) permite-se que o juiz decida com base em *cognição exauriente* as questões próprias daquela lide, mas veda-se que ele próprio investigue e decida fundado em determinadas questões previamente excluídas da área litigiosa a ela pertencente. É isto o que ocorre com as ações cambiárias e possessórias, para mencionar apenas os exemplos mais notórios; c) sumariza-se, também, impedindo que o juiz se valha de

---

5 WATANABE, Kazuo. Cognição no processo civil. 4. ed., São Paulo: Saraiva, 2012, p. 84.

6 Adota semelhante classificação MARINONI, Luiz Guilherme. **A antecipação da tutela.** 7. ed. São Paulo: Malheiros, 2002, p. 31-43.

> certa espécie de prova, como acontece nos chamados *processos documentais*, de que, aliás, o cambiário foi o exemplo mais eminente, mas que encontram na ação de mandado de segurança uma espécie típica do moderno direito brasileiro; finalmente d) pode dar-se sumarização, ao estilo dos antigos processos sumários, com verdadeira "reserva de exceções", por exemplo, em certas ações de despejo (*convalida di sfratto*) do direito italiano e nos processos *d'inguinzione* também existentes no direito peninsular, nos quais a sentença liminar torna-se desde logo executiva se o demandado não oferecer prova escrita contrária, reservando-se para uma *fase* subsequente da própria ação o exame das questões que exijam prova demorada e complexa.[7]

Destarte, com vistas à efetividade dos direitos, é possível que se institua que em dado processo a atividade intelectiva do julgador ficará constrita a questões de direito material taxativamente estabelecidas – o que Kazuo Watanabe denomina de cognição limitada ou parcial –, obstando o alargamento do debate e evitando o delongar que necessariamente desse alargamento decorre. É o que se verifica, por exemplo, nas ações possessórias, restritas às discussões de posse.

Nos procedimentos ordinários, diversamente, a cognição é a chamada plena ou ilimitada, não havendo aprioristicamente, no estabelecimento da técnica processual, restrição às questões de direito material controvertidas hábeis a serem solucionadas por esse instrumento.

Identifica-se na ordem processual pátria também a tutela diferenciada pela cognição eventual, pela qual a atividade intelectiva do julgador a respeito da existência ou não de direito alegado pela parte é eventual/não necessária, condicionando-se a provocação específica da parte interessada, sem o que a ordem jurídica reputa existente o direito alegado e faculta ao titular do direito a via executiva. Exemplos de cognição eventual são os títulos executivos extrajudiciais, bem como a ação monitória.

A doutrina também menciona a classificação da cognição *secundum eventum probationis*, pela qual a atividade cognitiva do julgador atém-se aos meios probatórios admitidos em certa via procedimental, de modo que a improcedência da pretensão inicial por ausência de prova não faz coisa julgada material, permitindo que o autor por procedimento mais largo, que comporte outros meios probatórios, busque a tutela reclamada. O mandado de segurança é recorrentemente lembrado como procedimento diferenciado

---

7 BAPTISTA DA SILVA, Ovídio A. O contraditório nas ações sumárias. In: BAPTISTA DA SILVA, Ovídio A. **Da sentença liminar à nulidade da sentença.** Rio de Janeiro: Forense, 2001, p. 254-255.

pela cognição *secundum eventum probationis*[8], dado que o exame do julgador direcionado ao alcance de juízo sobre a questão controvertida limita-se às alegações das partes e às provas documentais do chamado direito líquido e certo, isto é, provas das alegações que já acompanham de plano a postulação e são suficientes à finalidade colimada.

Ademais, é possível que a cognição empreendida pelo magistrado conduza a juízo de certeza ou a juízo de probabilidade, diferenciando-se a cognição conforme conduza a um ou a outro. É, pois, majoritariamente nomeada cognição exauriente aquela que redunda em juízo de certeza e denomina-se cognição sumária, ao seu turno, aquela que resulta em juízo de probabilidade.

Diz-se acima majoritariamente porque se encontra na doutrina a adoção do adjetivo sumária também para qualificar a cognição em que é vedado ao julgador examinar determinadas alegações, o que, segundo a lição de Kazuo Watanabe, denomina-se cognição limitada. Exemplo de dissidência quanto ao emprego do vocábulo é Ovídio A. Baptista da Silva[9], que assim esclarece sua posição:

> A partir dessa premissa, Watanabe, como seria previsível, só concebe, como forma de cognição sumária, aquela que ele próprio indica como sumariedade superficial. Em outras palavras: "Na classificação acima apresentada, o vocábulo 'sumária' ficou reservado, unicamente, à cognição superficial que se realiza em relação ao objeto cognoscível constante de um dado processo. Portanto, traduz a ideia de limitação no plano vertical, no sentido da profundidade" (p. 91).

---

8 "O mandado de segurança, como é curial, exige o chamado 'direito líquido e certo', isto é, prova documental anexa à petição inicial e suficiente para demonstrar a afirmação da existência do direito. Quando o direito afirmado no mandado de segurança exige outra prova além da documental, fica ao juiz impossível o exame do mérito. No caso oposto, ou seja, quando apresentadas provas suficientes, o juiz julgará o mérito e a sentença, obviamente, produzirá coisa julgada material. Como está claro, o mandado de segurança é processo que tem o exame do mérito condicionado à existência de prova capaz de fazer surgir cognição exauriente. (...)
Observe-se, ainda, que a técnica da cognição exauriente *secundum eventum probationis,* além de permitir a construção de um processo célere e ao mesmo tempo de cognição exauriente, não elimina a possibilidade de o jurisdicionado, que lançou mão do mandado de segurança mas necessitava de outras provas além da documental, recorrer ao procedimento ordinário. Deveras, de acordo com a Súmula 304 do STF, a 'decisão denegatória do mandado de segurança, não fazendo coisa julgada contra o impetrante, não impede o uso da ação própria". Este enunciado quer dizer que fica aberta a via ordinária àquele que teve denegado o mandado de segurança por ausência de direito líquido e certo; isto porque a sentença que afirma a ausência de direito líquido e certo não declara que o direito subjetivo material não existe." MARINONI, Luiz Guilherme. **Antecipação da tutela.** 7 ed. São Paulo: Malheiros, 2002, p. 36 e 39-40.

9 BAPTISTA DA SILVA, Ovídio A. O contraditório nas ações sumárias. In: BAPTISTA DA SILVA, Ovídio A. **Da sentença liminar à nulidade da sentença**. Rio de Janeiro: Forense, 2001, p. 254.

Essa sumariedade superficial que se dá "em relação ao objeto cognoscível de um dado processo" é forma através da qual se expressam todas as liminares. Pode haver, no entanto, *sumarização* (restrição, limitação, corte) da cognição judicial mesmo nos casos em que o "objeto cognoscível" de uma determinada lide seja apreciado em sentença final de mérito, sempre que ao juiz seja vedado o conhecimento de certas defesas que a natureza da causa tornara impossível suscitar".

Ou seja, para Ovídio A. Baptista da Silva é cognição sumária não apenas a superficial, mas também aquela em que o objeto da discussão é limitado no plano do direito material, como acontece no mandado de segurança, nas ações possessórias. Quanto a esse segundo viés, o autor fala em sumariedade material e esclarece:

> Pois bem, valendo-nos do conceito carneluttiano de lide ou "processo integral" e dos ensinamentos de Chiovenda e de Pontes, tratamos como sendo ações de *cognição incompleta* essas em que o "direito material só admite algumas exceções", embora, como diz Pontes, peça "cognição completa", uma vez que, como ele diz, embora "completa", a cognição é parcial, em oposição à *total*, da terminologia de Carnelutti.
>
> Lemos a proposição do jurista como significando que, embora no plano processual se diga que a cognição é tratada como completa (como se diz "exauriente"), o "corte" das exceções faz com que a lide se torne parcial ("processo parcial" de Carnelutti).[10]

Na presente obra, adota-se a expressão cognição sumária para designar a cognição superficial, por se acreditar ser mais difundido o emprego da expressão neste sentido, bem como inexistir séria impropriedade na denominação.

Assim, seguindo a já mencionada lição de Kakuo Watanabe, a doutrina nacional majoritariamente identifica a cognição exauriente como aquela profunda no plano vertical, ao passo que a cognição sumária é a superficial neste referido plano. O que se verifica no cenário nacional sobre a temática é que os trabalhos doutrinários limitam-se, em sua larga maioria, a reproduzir a teorização de Kazuo Watanabe, estabelecendo-se um círculo de remissões, sem, todavia, avançar fundada e criticamente para além das lições ali postas[11].

---

10 BAPTISTA DA SILVA, Ovídio A. O contraditório nas ações sumárias. In: BAPTISTA DA SILVA, Ovídio A. **Da sentença liminar à nulidade da sentença**. Rio de Janeiro: Forense, 2001, p. 260.

11 Exemplo é o que discorrem TUDA, Cláudio Takeshi; CÂMARA, Helder Morini; BARBOSA, Rafael Vinheiro Monteiro. O paradigma racionalista nas tutelas de urgência. In: ARMELIN, Donaldo. **Tutelas de urgência e cautelares**. São Paulo: Saraiva, 2010, p. 271: "Ninguém duvida do acerto da proposição de que a tutela provisória é calcada em cognição sumária, no tocante à sua profundidade, sendo conferida à base de juízos de probabilidade e verossimilhança. Em obra clássica, Kazuo

Na mesma esteira, com referência à profundidade e à supercialidade para distinção entre cognição exauriente e cognição sumária, é a lição estrangeira sobre o tema, valendo destacar que a doutrina italiana ainda mencionada que na cognição exauriente é necessariamente observado o contraditório prévio, ao passo que na cognição sumária o contraditório seria geralmente diferido, bem como que àquela se atribui a autoridade da coisa julgada e à cognição sumária não[12].

No que toca ao produto cognição, o juízo, igualmente não se verifica maior aprofundamento teórico, sendo uníssona a lição segundo a qual o juízo de certeza é fruto da cognição exauriente e o juízo de probabilidade, ao seu turno, advém da cognição sumária.

Muito embora seja recorrente a referência de que no processo se objetiva o alcance da certeza na solução de determinada controvérsia, é sabido por todos e inconteste que a certeza a que se alude é aquela possível no plano jurídico-processual, com contornos restritos que o instrumento utilizado e a inerente falibilidade humana permitem. Não se trata, pois, de noção psicológica e/ou sociológica de certeza – o que exigiria exata correspondência à realidade, tida por muitos como inalcançável, em decorrência das variadas percepções humanas sobre o mundo. Cuida-se, sim, daquele entendimento que é possível pela trilha jurídica alcançar, em vista do procedimento estabelecido para tal[13].

Watanabe vaticina que a 'cognição sumária é uma cognição superficial, menos aprofundada no sentido vertical'. A menor profundidade está estabelecida comparativamente, por óbvio, à cognição exauriente, necessária ao atingimento da tutela definitiva, com a qual guarda a tutela provisória uma relação de dependência e vinculação".

12 Noticiando sobre entendimento de parte da doutrina italiana sobre cognição sumária e cognição exauriente, Lea Querzola discorre: *"Ad avviso di uma parte di essa, il valore dela cognizione piena risiederebbe nel fatto che le modalità di realizzazione del principio del contraddittorio non sono rimesse alla determinazione discrezionale del giudice, bensì predeterminate nella loro massima parte dalla legge, quanto a forme, termini e corrispondenti attribuzioni di poteri, doveri e facoltà in capo alle parti ed in capo al giudice, sia per ciò che concerne l'allegazione di fatti, domande ed eccezioni, sia per quanto riguarda i mecanismi di conoscenza del fatto, quindi l'istruzione vera e propria. Per contro, l'essenza della cognizione sommaria (perché superficiale e non perché parziale) consisterebbe non in un minor grado di razionalità dell'acertamento logico compiuto dal giudice, ma nel fatto che l'accertametno è il frutto di un processo svoltosi secondo forme e termini rimessi per la massima parte alla discrezionalità del giudice; è quindi ben possibile che la cognizione sommaria, proprio perché non vincolata la lacci predeterminati, possa risultare in concreto più razionale dela cognizione piena."* QUERZOLA, Lea. **La tutela antecipatoria fra procedimento cautelare e giudizio di merito.** Bologna: Bononia University Press, 2006, p. 179-180.

No mesmo sentido, PROTO PISANI, Andrea. **Le tutele giurisdizionali dei diritti: studi,** Napoli: Jovene, 2003, p. 360-361.

13 *"(...) cioè all'insegnamento del Wach secondo il quale nel processo ogni giudizio di verità si riduce ad un giudizio di verosimiglizanza, che può dare la certezza giuridica, ma non quella psicologica e sociologica"* CALAMANDREI, Piero. Verità e verosimiglianza nel processo civile. In: CALAMANDREI, Piero. **Studi sul processo civile**. v. 6. Padova Cedam, 1957, p. 135.

No mesmo sentido: "O risco de errar é inerente a qualquer processo e a obsessão pela verdade é utópica. Ainda quando se prescindisse por completo do valor celeridade e se exacerbassem as salvaguardas para completa segurança contra o erro, ainda assim o acerto não seria uma certeza absoluta".

Com a consciência uníssona de que é inalcançável certeza na perspectiva psicológica e/ou sociológica é que se afirma que o juízo de certeza, fruto de um pronunciamento judicial no processo é, na essência, também a externação de um entendimento de elevada probabilidade. Destarte, o que se denomina no processo de juízo de certeza, nada mais é, no plano psicosociológico, que juízo de probabilidade[14].

Contudo, na perspectiva processual, é salutar a distinção objetiva entre juízo de certeza e juízo de probabilidade, em vista das diversas consequências jurídicas atribuídas pelo legislador a um e a outro, a destacar a opção legislativa de potencialmente conferir ao juízo de certeza o atributo da coisa julgada material, imutabilidade que obsta nova discussão da mesma controvérsia[15].

Piero Calamandrei, em seu importante texto intitulado "*Verità e verosimiglianza nel processo civile*", de 1957, já assinalava que psicologicamente verdade é verossimilhança[16], fazendo-se, no entanto, mister distingui-las em vista da contraposição entre elas estabelecida pela lei. Segundo Calamandrei, a prova é o elemento que aproxima a verossimilhança da certeza, ou melhor, que reduz as imprecisões aproximando o juízo do que se imagina ser a certeza.

> Aller Beweis ist richting verstanden nur Wahrscheinlich-keitsbeweis: tutte le prove, a bem guardare, non sono che prove di verosimiglianza. Questa affermazione di relativismo processuale, fatta per il processo civile da un grande giurista [Wach], può valere ugualmente non solo per il processo penale, ma, anche fuori dal campo più direttamente processuale,

---

DINAMARCO, Cândido Rangel. **Instituições de Direito Processual Civil.** v.1. 8ª ed. São Paulo: Malheiros, 2016, p. 142.

14 "Sendo a verdade objetiva e relativa, a questão que se coloca diz respeito à obtenção da verdade possível no processo. Todo juízo de verdade encerra um juízo de probabilidade. A verdade não é absoluta, de modo que o máximo que se pode oferecer é a sua reconstrução ou prospecção em grau mais ou menos aproximado da realidade." MITIDIERO, Daniel. **Antecipação de tutela: Da cautelar à técnica antecipatória**. São Paulo: Editora Revista dos Tribunais, 2013, p. 96.

15 Sobre o tema, Calamandrei leciona que a coisa julgada não transforma a verossimilhança em certeza no sentido psicológico, mas, sim cria a certeza jurídica: *"Ma questi residui di incerteza psicológica, che possono ristagnare nella conscienza del giudice, con margine più o meno largo, secondo i mezzi di indagine di cui dispone, non hanno alcuna rilevanza giuridica. Al momento in cui la sentenza passa in giudicato, le crisi di coscienza del giudice perdono ogni significato: la incertezza psicologica del giudicante non lascia traccia nel giudicato, il quale crea in ogni caso la certezza giuridica. (...) Non sarebbe dunque esatto dire che il passaggio in giudicato transforma il giudizio di verosimiglianza in giudizio di verità: l'efetto della cosa guidicata cade sui rapporti giuridici, non sui fatti. I fatti, anche dopo il giudicato, rimangono quelli che erano: nonostante l'antigo aforisma, ache dopo il passagio in giudicato il bianco resta bianco e il quadrato non diventa retondo. La cosa giudicata non crea soltanto la irrevocabilità giuridica del comando, senza prendersi cura di distinguere se le premesse psicologiche da cui questo comando è nato siano premesse de verità, o solo di verosimiglianza."* CALAMANDREI, Piero. Verità e verosimiglianza nel processo civile. In: CALAMANDREI, Piero. **Studi sul processo civile**. v. 6. Padova Cedam, 1957, p. 114.

16 *Op cit.*, p. 111-139.

per ogni giudizio storico su fatti che si dicono accaduti: quando si dice che un fatto è vero, si vuol dire in sostanza que esso ha raggiunto, nella conscienza di chi tale lo giudica, quel grado massimo di verosimiglianza che, in relazione ai limitati mezzi di conoscenza di cui il giudicante dispone, basta a dargli la certezza soggettiva che quel fatto è avvenuto. Parlo, si intende, non delle verità logiche o morali, ma delle verità dei fatti accaduti, delle verità cosiddette storiche, per le quali già Voltaire avvertiva che "les verités historiques ne sont que dse probabilités.[17]

Anzi è facile accorgersi che que il margine di approsimazione varia da caso a caso, secondo i mezzi di prova di cui il giudice ha potuto servirsi per arrivare alla decisione: se il giudizo si fonda su una convessione che ha tutte le apparenze di esser veritiera, il margine di incertezza è minore di quello che resta se il giudizio si fonda su semplici presunzioni; e vi possono essere perfino certi casi, como quello delo processo che si chiude col giuramento decisorio, in cui il giudice è constretto a decidere in quel modo, nonostante che nella sua conscienza rimanga il sospetto, e magari la convinzione, che il vincitore ha giurato il falso.[18]

Assim é que, para o mesmo autor, certeza, em seu conceito jurídico, é o resultado da comparação entre o alegado e o provado: "*Il giudizio definitivo di verità è dunque il resultato di un raffronto tra la rappresentazione di parte (tema) e le rappresentazione date dalle prove (dimonstrazione)*"[19].

Calamandrei refere-se ao que denomina de verossimilhança, que, segundo o autor, tem em vista um cenário potencial, que vislumbra futura certeza[20]. Ainda,

---

17 Sobre o tema, Calamandrei leciona que a coisa julgada não transforma a verossimilhança em certeza no sentido psicológico, mas, sim cria a certeza jurídica: "*Ma questi residui di incerteza psicológica, che possono ristagnare nella conscienza del giudice, con margine più o meno largo, secondo i mezzi di indagine di cui dispone, non hanno alcuna rilevanza giuridica. Al momento in cui la sentenza passa in giudicato, le crisi di coscienza del giudice perdono ogni significato: la incertezza psicologica del giudicante non lascia traccia nel giudicato, il quale crea in ogni caso la certezza giuridica. (...) Non sarebbe dunque esatto dire che il passaggio in giudicato transforma il giudizio di verosimiglianza in giudizio di verità: l'efetto della cosa guidicata cade sui rapporti giuridici, non sui fatti. I fatti, anche dopo il giudicato, rimangono quelli che erano: nonostante l'antigo aforisma, ache dopo il passagio in giudicato il bianco resta bianco e il quadrato non diventa retondo. La cosa giudicata non crea soltanto la irrevocabilità giuridica del comando, senza prendersi cura di distinguere se le premesse psicologiche da cui questo comando è nato siano premesse de verità, o solo di verosimiglianza.*" CALAMANDREI, Piero. Verità e verosimiglianza nel processo civile. In: CALAMANDREI, Piero. **Studi sul processo civile**. v. 6. Padova Cedam, 1957, p. 114.

18 *Idem*, p. 113-114.

19 CALAMANDREI, Piero. Verità e verosimiglianza nel processo civile. In: CALAMANDREI, Piero. **Studi sul processo civile**. v. 6. Padova Cedam, 1957, p. 119.

20 "*Il giudizio di verosimigliazna è dato in via preventiva, sulla allegazione non sulla prova, e serve a rendere ammissibile la prova. Ma que sto non pregiudica l'esito dela prova: uma volta ammessa ed assunta la testimonianza, può darsi che il giudice si convinca che i fatti dedotti a prova sono veri, ma può darsi anche che si convinca del contrario. Il giudizio di verosimiglianza è soltanto un biglietto d'ingresso, un lasciapassare della prava testimoniale altrimenti vietata.*

para Calamandrei, a verossimilhança é juízo pautado apenas na alegação da parte e na máxima da experiência (possibilidade ou impossibilidade de um fato)[21].

A despeito de ser comum, até por influência das lições de Calamandrei, utilizar a expressão verossimilhança como sinônimo ou, pelo menos, um dos níveis de probabilidade, há na doutrina dissidência a respeito, como se identifica na obra de Michele Taruffo[22], que aponta substancial distinção entre verossimilhança e probabilidade: a primeira refere-se à verificação da correspondência da alegação com os hodiernos acontecimentos da realidade, isto é, com o que normalmente acontece, o que não necessariamente corresponde a uma medida de certeza para o caso concreto; ao passo que a probabilidade se refere à correspondência das alegações com as provas de um caso específico[23], sendo, esta sim, efetivamente correspondente a um nível de certeza quanto àquela alegação em exame (mormente visto que mesmo nas lições de Calamandrei, certeza é o resultado da comparação entre o alegado e o provado)[24].

Si deve notare che questo giudizio di verosimiglianza deve sere dato non in abstratto, ma in concreto: cioè "tenuto conto della qualità delle parti, della natura del contratto e di ogni altra circostanza". Op. cit., p. 125-126.

21 CALAMANDREI, Piero. Verità e verosimiglianza nel processo civile. In: CALAMANDREI, Piero. **Studi sul processo civile**. v. 6. Padova Cedam, 1957, p. 119.

22 TARUFFO, Michele. **La prova dei fatti giuridici: nozioni generali**. Milano: A. Giuffre, 1992, p. 159.

23 Michele Taruffo alude a espécies de probabilidade, denominando-as probabilidade quantitativa objetiva, probabilidade quantitativa subjetiva e probabilidade lógica, sendo esta última, sim, aquela que mede a conexão lógica entre a alegação e as provas, sendo, portanto, a adequada para lastrear decisão judicial. *Op. cit.*, p. 119-215.

24 No mesmo sentido, em crítica à confusão dos vocábulos verossimilhança e probabilidade, MITIDIERO, Daniel. **Antecipação de tutela: Da cautelar à técnica antecipatória.** São Paulo: Editora Revista dos Tribunais, 2013, p. 97-98. "A probabilidade constitui descrição em maior ou menor grau aproximada da verdade. Afirmar que determinada alegação é provável significa dizer que a proposição corresponde em determinada medida à verdade. Isso quer dizer que a probabilidade concerne a uma alegação concreta e indica a existência de válidas razões para toma-la como correspondente à realidade. A verossimilhança, de outro lado, não diz respeito à verdade de determinada proposição. A verossimilhança apenas indica a conformidade da afirmação àquilo que normalmente acontece (*id quod plerumque accidit*) e, portanto, vincula-se à simples possibilidade de que algo tenha ocorrido ou não em face de sua precedente ocorrência em geral. A confusão entre os dois termos, no entanto, é muito comum na doutrina processual civil. Trata-se de identificação indevida que remonta a um clássico ensaio de Piero Calamandrei: nele a verossimilhança ora aparece como conceito ligado àquilo que normalmente acontece, ora comparece como termo atinente àquilo que é corroborado mediante prova *prima facie*, provas *leviores* – que Calamandrei chegou a chamar de verossimilhança qualificada. Segundo observa a doutrina, trata-se de equívoco cuja raiz está em uma incompleta tradução do termo *Wahrscheinlichkeit*, que significa em língua alemã tanto probabilidade como verossimilhança. E é fácil perceber que as duas acepções apontadas por Calamandrei são completamente distintas – a verossimilhança conta como parâmetro com a normalidade, com aquilo que normalmente acontece em casos semelhantes, ao passo que a probabilidade concerne à correspondência de determinada proposição com a realidade, com aquilo que de fato ocorreu em determinado caso. O objetivo da verossimilhança é diverso daquele da probabilidade. É verdade que se pode argumentar em favor de Calamandrei que "dizer que algo é verossímil pressupõe algum saber sobre a

Sem embargo desse dissenso quanto ao conceito dos vocábulos, observa-se que a análise de Calamandrei sobre verossimilhança, em "*Verità e verosimiglianza nel processo civile*", refere-se à determinação de admissibilidade de uma prova e ao ônus probatório; quando se trata de probabilidade que embasa decisão judicial, Calamandrei admite que há necessidade de pelo menos início de prova e denomina o juízo de probabilidade nessa hipótese não de verossimilhança, mas de credibilidade[25]. Pela necessidade de prova para fundar decisão judicial mesmo em sede de cognição sumária, é uníssona a posição da doutrina[26], seja denominando o juízo daí decorrente

realidade". No entanto, saber algo sobre a realidade não significa necessariamente saber algo sobre a alegação que se pretende provar. É claro que a verossimilhança pressupõe "conhecimento mínimo da realidade histórica por parte do julgador", mas isso não infirma a diferença conceitual proposta, já que o conhecimento da realidade histórica pode ter fontes, objetos e acontecer de formas diferentes. Tem razão Michele Taruffo, portanto, na aguda crítica que dirige ao conceito de verossimilhança proposto por Piero Calamandrei". Também assim se manifesta CARRATA, Antonio. **Profili sistematici dela tutela anticipatoria**. Torino: G. Giappichelli Editore, 1997, p. 244.

25 *"Un fenonmeno processuale diverso da quelli esaminati fin qui si ha in quei procedimenti sommari, in cui la stessa legge, allo scopo di semplificare e accelerare la emanazione di provvedimenti di carattere provvisorio ed urgente, autorizza il giudice ad accontentarsi di un giudizio di verosimiglianza, fondato su prove leviores, o, come anche si dice, su prove prima facie.*
Per casi come questi la dottrina, piuttosto che di prova, preferisce parlare di credibilità, di giustificazione (Glaubhaftmachung del diritto tedesco): alla stessa nozione si ricorre anche per spiegare le numerose disposizioni del processo ordinario, nelle quali, per il compimento di un singolo atto o per evitare le conseguenze di una omissione di attività, basta, invece della prova, la verosimile allegazione di un "giustificato motivo" (es. art. 232, 239 Cod. proc. civ.)." CALAMANDREI, Piero. Verità e verosimiglianza nel processo civile. In: CALAMANDREI, Piero. **Studi sul processo civile**. v. 6. Padova Cedam, 1957, p. 133-134.

26 *"Intanto, il giudizio di verosimiglianza riguarda il primo momento del processo, quello delle allegazioni, quando ancòra il procedimento probatorio non è iniziato; il giudizio finale di verità, anche se in ultima analisi si riduce ad un giudizio di verosimiglianza, verte sui risultati delle prove e può intervenire soltanto a chiusura del procedimento probatorio. Infatti, il giudizio di verosimiglianza non attende le rappresentazione probatorie del fatto da provare, perché esso si basa, prima dell'indagine in concreto, su una massima di esperienza che riguarda la frequenza con cui nella realtà si producono fatti del tipo di quello allegato. Partendo da questi presupposti, laddove li si assumano evidentemente como correti, si potrebbe affermare che anche il giudizio sui fatti oggetto della cognizione sommaria, cautelare o non cautelare, se avvenga dopo il procedimento probatorio e quindi dopo che le prove sono state assunte, è qualificabile como giudizio di verità (in senso positivo o negativo a seconda dell'esito della prova) e non como giudizio di verosimiglianza. In fondo, come ha sottolineato autorevole dotrina a proposito della funzione di accertamento della realtà materiale dei fatti, conisderato il mezzo di prova como il solo strumento che può raccordare il noto e l'ignoto fra ciò che la parti affermano essere avvenuto nel passato e ciò che il giudice stabilisce nel presente essere avvenuto, anche quando si ragioni in termini di cognizione piena, ci si muouve tuttavia pur sempre nella zona grigia del possibile, perché non esiste giudizio nel quale l'impegno ricostruttivo sia illimitato; in qualsiasi processo, infatti, si avverte l'esigenza di escludere una fascia più o meno ampia di fatti dalla necessità del controllo probatorio, onde si può affermare che non vi sia cognizione del giudice che non si presenti ad un tempo parziale e superficiale."* QUERZOLA, Lea. **La tutela antecipatoria fra procedimento cautelare e giudizio di merito.** Bologna: Bononia University Press, 2006, p. 163-164. Na doutrina brasileira, por exemplo, MITIDIERO, Daniel. **Antecipação de tutela: Da cautelar à técnica antecipatória**. São Paulo: Editora Revista dos Tribunais, 2013, p. 98-99: "Quando existe a necessidade de aproximação à verdade, como há quando o juiz tem de decidir

de credibilidade, como faz Calamandrei, seja nominando-o de probabilidade, como defende Michele Taruffo e também se adota na presente obra.

A doutrina também reconhece a existência de níveis distintos de juízo de probabilidade, inclusive, Calamandrei se arrisca a trazer o conceito de possível, provável e verossímil, mas resta por concluir que todos são meras gradações da certeza, inexistindo uma métrica objetiva[27], ao revés, cuida-se conceitos marcados por caráter eminentemente relativo e subjetivo, segundo cada julgador[28].

O estudo da cognição e de seus variados níveis tem destaque no processo civil também no âmbito da teoria das provas, mormente considerando os variados sistemas conhecidos na história do direito processual para apreciação e consideração das provas produzidas, objetivando nelas, dentre outros, embasar a emissão de juízo veiculado em uma decisão judicial.

A fundamentação das decisões judiciais também é temática afeta ao ato de decidir, basilar à Jurisdição. Em matéria de prova, no que toca à

---

a causa provisória ou definitivamente, já que constitui condição para uma decisão justa a adequada verificação da verdade a respeito das alegações de fato do processo, importa empregar o conceito de probabilidade e não de verossimilhança. A propósito, é equivocada a alusão que o legislador faz ao termo no art. 273, *caput*, CPC".

27 *"Ancora più arduo è stabilire una precisa differenza, che sia praticamente utilizzabile in sede giudiziaria, tra le nozioni di possibilità, verosimiglianza, probabilità. Non è questa la sede per ricarcere, attraverso le etimologie e l'uso dei buoni autori, le sfumature di significato che distinguono propriamente queste tre espressioni, spesso usate nel comune linguaggio como sinonimi. Possibile è ciò che puó esser vero; verosimile è ciò che ha l'apparenza di esser vero. Probabile sarebbe, etimologicamente, ciò che si può provare como vero; ma nel linguaggio filosofico e teologico la parola si trova adoperata nel senso di ragionevole, "ciò che a crederlo è conforme alla ragione" ("Opinione probabile dicono i teologi quella che ha per fondamento ragioni di qualche importanza, che è sostenuta da qualque autore accreditato", Manuzzi): e non manca nelle registrazioni dei lessici l'uso della parola probabile como sinonimo di verosimile.*
Ma queste differenze no hanno un preciso riscontro nel vocabolario dei giuristi: tutt'al piu, se si prende como termine di riferimento l'accertamento della verità, si può dire che queste tre qualificazioni (possibile, verosimile, probabile) constituiscono, in quest'ordine, una graduale approssimazione, una progressiva accentuazione verso il riconoscimento di ciò che è vero. Chi dice che un fatto è verosimile, è più vicino a riconoscerlo vero di chi si limita a dire che è possibile; e chi dic che è probabile, è ancora più innanzi di chi dice che è verosimile, perchè va al di là del-l'apparenza, e comincia ad ammettere che si vono argomenti per far ritenere che all'apparenza corrisponda la realtà. Ma si tratta di sfumature psicologiche, che ogni giudicante intende a suo modo." CALAMANDREI, Piero. Verità e verosimiglianza nel processo civile. In: CALAMANDREI, Piero. **Studi sul processo civile**. v. 6. Padova Cedam, 1957, p. 118.

28 *"È evidente come tutti questi giudizi di possibilità o impossibiità, verosimiglianza o inverosimiglianza, abbiano un carattere eminentemente relativo: non solo perché la conclusione può esser diversa secondoché si giudichi in abstrato o in concreto (cioè tenendo conto della qualitá soggettiva della persona alla quale il fatto è attribuito: impossibilità oggettiva e impossibilità soggettiva); ma anche perché i limiti tra possibilità e impossibilità, o tra verosimiglianza e inverosimiglianza, sono sempre variabili, secondo il livello di cultura del giudicante, com'è dimostrato dal progresso della scienza che di giorno in giorno fa entrare nel dominio della possibilità o della verosimiglianza quello che fino a ieri la esperienza volgare riteneva impossibile e assurdo." Op. cit*, p. 117.

fundamentação, há basicamente dois sistemas possíveis, o que admite a ausência da externalização dos fundamentos do julgador, denominado de livre convicção, e o que, lado outro, exige a publicidade dessas razões, com revelação do exame que empreendeu sobre as provas colacionadas ao processo, denominado convencimento motivado. Todavia, o que detém relevo na obra ora em desenvolvimento é antecedente lógico à fundamentação: como o julgador realiza a atividade intelectiva que constitui o julgamento, como valora as provas, é antecedente, cujo consequente é a externalização dessa atividade pela via da fundamentação judicial.

Quanto à cognição, por sua vez, é também possível distinguir em matéria de provas dois vieses: aquele em que o legislador fixa aprioristicamente a relevância de cada prova para o julgamento, estabelecendo entre elas escala hierárquica – denominado critério ou tarifação legal –, e aquele que, ao seu turno, a relevância de cada prova é determinada pelo julgador no caso concreto, inexistindo, pois, hierarquia apriorística entre elas[29].

Ocorre que mesmo no sistema de convencimento, onde é propriamente dado referir à cognição empreendida pelo julgador, o que se observa é que quando se trata do exame de uma prova específica não cabe objetivamente distinguir espécies de cognição que deem ensejo a juízos de níveis distintos. É dizer, quando o julgador examina, por exemplo, uma prova pericial, objetivamente seu exame em relação a essa prova específica será completo, exaustivo. Não se imiscui aqui no debate afeto à subjetividade, ou seja, não se perquire aqui se subjetivamente a análise empreendida pelo sujeito foi atenta e minuciosa ou se, ao revés, foi rasa. E tal se dá porque verdadeiramente a seara subjetiva é imensurável. Diversamente, no prisma objetivo, é perfeitamente possível identificar qual foi o objeto da atividade cognitiva, razão pela qual se afirma que, objetivamente, tendo em vista dada prova específica, focando isoladamente nesta, o exame do julgador será mesmo exauriente.

---

[29] O processo civil brasileiro adota o sistema de convencimento quanto à matéria probatória, pelo que o exame e a valoração das provas são afetos exclusivamente ao convencimento do julgador, isto é, ao juízo que forma a partir da atividade cognitiva/intelectiva que tem por objeto as alegações trazidas pelas partes e as provas produzidas nos autos. Ainda, quanto ao prisma da fundamentação, adota-se o sistema da motivação, que exige a publicização pelo julgador das razões que convergiram para seu convencimento, notadamente a valoração conferida às provas produzidas. No Código de Processo Civil de 2015, a necessária fundamentação das decisões judiciais ganha especial realce, não porque configure novidade no sistema, mas, sim, porque os contornos dessa exigência passaram a contar com regras expressas e explícitas cunhadas na legislação, a destacar a necessidade de enfrentar todos os argumentos deduzidos no processo. Muito embora seja mera explicitação de norma já com sede constitucional e que decorre do contraditório, basilar ao processo civil, o Código de Processo Civil de 2015 perdeu a oportunidade de expressamente dispor sobre a fundamentação em matéria de provas, mormente sobre a necessidade de o julgador expor em seu ato decisório os critérios de valoração de cada uma das provas produzidas e, por conseguinte, a medida que cada uma delas influenciou na sua conclusão.

Conclusão outra se alcança quando se passa a considerar o processo, como conjunto encadeado de atos que é; nessa perspectiva, a cognição do julgador tem em conta não apenas atos isolados (por exemplo, uma prova específica), mas, sim, o conjunto de elementos presentes no processo até então (manifestações das partes e provas até aquele momento produzidas), pelo que, nesse quadro, é sim possível distinguir espécies de cognição com níveis distintos de profundidade, precisamente, a cognição sumária e a cognição exauriente.

1.2 O PREVALECIMENTO DA COGNIÇÃO EXAURIENTE NA TUTELA JURISDICIONAL

A distinção processual entre certeza e probabilidade alça patamar relevante no modelo de processo civil secularmente adotado no Brasil e nos sistemas estrangeiros que significativamente o inspiram. É porque há uma associação, sabidamente imprópria, entre certeza processual e verdade, como se houvesse uma correspondência entre elas. Diz-se que se cuida de confusão sabidamente imprópria porque é cediço que "a 'verdade dos fatos' não é jamais absoluta, mas é dada pela hipótese mais provável, sustentada pela maioria dos elementos que a confirme"[30].

Não obstante, consolidou-se a concepção de que, através do processo, precisamente por meio do juízo de certeza, alcançar-se-ia a verdade e, por conseguinte, o ideário de justiça[31]. Como lastro dessa concepção pode-se identificar dois elementos, que influenciaram e seguem influenciando significativamente o processo civil.

O primeiro deles são os preceitos do Estado Liberal, que, objetivando resguardar a individualidade, mormente salvaguardar as conquistas da recém constituída burguesia frente ao Estado e também frente aos demais indivíduos, erigiu a certeza processual ao nível maior da verdade e da justiça (não obstante a ontológica diferença entre os conceitos, aquele de sede processual e esses de lastro psicossocial).

Procedimentalmente, o Estado Liberal cultuou a ordinariedade e a cognição exauriente como caminhos necessários ao alcance da, também entendida como necessária, certeza processual, porquanto essa seria correspondente à verdade e à justiça.

---

30 TARUFFO, Michele. Modelli di prova e di procedimento probatório. **Rivista de Diritto Processuale**, v. 45, p. 420-448, 1990, p 432.

31 Que, aliás, também é concepção relativa, mutante no tempo, no espaço e conforme percepções subjetivas, não comportando isolar uma definição absoluta.

A rigor, a correspondência da certeza processual à verdade e à justiça, antes de ser uma crença real, era sim uma mera justificativa retórica para uma necessidade prática: a necessidade de segurança. O propósito, pois, de um processo civil que se desenvolve numa cadeia exaustiva de atos e em que as decisões são proferidas apenas após e em vistas de todos esses e, ainda, com alto grau de previsibilidade, é erigir-se como bastião do patrimônio individual, retardando e, assim, dificultando o acesso a este, pelo Estado e por outros indivíduos que se valham do aparato estatal[32].

Assim é que o processo civil estabeleceu a cognição exauriente como regra, porque dela deriva o juízo de certeza e sobretudo porque, como ela exige tempo para seu alcance – o tempo indispensável à realização de todos os atos do processo (alegações das partes e provas) –, ela está a serviço da segurança, compreendida na perspectiva de dificultar o alcance à esfera patrimonial de um indivíduo.

Ainda, num modelo em que se buscou reduzir sobremaneira a esfera de atuação estatal em prol da preservação da individualidade, notadamente de sede patrimonial, o juiz, como agente estatal que é, igualmente tinha sua atuação não só condicionada à precedente exaustão de atos processuais, mas também estritamente vinculada à lei, de caráter altamente minucioso e restritivo a variações de convencimento, objetivando a consecução da previsibilidade.

---

[32] "O procedimento ordinário, ao não permitir ao juiz, através de liminar, qualquer interferência no conflito de interesses, não só mantém a postura de "neutralidade" que era esperada do magistrado como, também, faz valer a hipótese de que o juiz não pode julgar com base em verossimilhança. O julgamento com base em verossimilhança era incompatível com um julgador que se esperava "neutro", o que evidencia uma nítida relação entre "busca da verdade" e neutralidade. É fácil perceber, portanto, que os juízos de verossimilhança eram temidos exatamente à medida que abriam margem ao "subjetivismo" do julgador.
O princípio que expressa a proibição dos julgamentos fundados em plausibilidade e esconde o mito da neutralidade do juiz dá sustentação à teoria do processo de conhecimento, ou melhor, à tentativa de se separar processo de conhecimento de processo de execução. O princípio da *nulla executio sine titulo*, ao supor que não é possível execução enquanto não houver título, levou Chiovenda a chamar a execução provisória da sentença de "figura anormal", com base na justificativa (que para nós tem um conteúdo extremamente expressivo) de que ela "apresenta uma ação executória descoincidente, de fato, da certeza jurídica".
A impossibilidade de uma verdadeira execução anterior à declaração definitiva parte da premissa de que não é possível execução sem o encontro da verdade. Parte-se da ideia de que o juiz, ao final do processo, porque o contraditório já se desenvolveu, julga com base na verdade. Se erro houver, esse é provocado pela parte, que não trouxe aos autos as provas necessárias, à elucidação da matéria fática. Imagine-se que o juiz, mantendo-se inerte, não prejudica ninguém, e certamente estará iluminado pela verdade quando proferir a sentença, já que a verdade do processo civil seria a verdade resultante da realização plena e integral do princípio do contraditório." MARINONI, Luiz Guilherme. **Antecipação de tutela.** 7 ed. São Paulo: Malheiros Editores, 2002, p. 137-138.

Acrescente-se que o sistema processual liberal primava pela tutela ressarcitória, essencialmente substitutiva de uma prestação específica originalmente descumprida. É que, na perspectiva de preservação da individualidade, nos lindes compreendidos no Estado Liberal, a vontade do indivíduo residia acima de qualquer alcance estatal, hábil, no máximo, a atingir a esfera patrimonial do indivíduo. Assim é que, em regra, rechaçava-se a imposição de tutelas específicas consistentes em obrigações de fazer e não fazer, notadamente as de caráter inibitório[33].

O segundo amparo da associação entre certeza processual e verdade é a extensão do racionalismo próprio das ciências exatas ao direito, precisamente, ao processo civil, como se os modelos científicos da matemática e da física detivessem o monopólio da cientificidade e como se, por conseguinte, apenas se valendo daqueles modelos se alcançasse patamar científico[34].

Também por força do racionalismo, impôs-se no processo civil a ordinariedade e a menor intervenção do juiz no procedimento, ambos entendidos como necessários ao alcance da certeza, desejada pelo modelo científico que se impunha. A lição de Ovídio Baptista a esse respeito é elucidativa:

---

33 Sobre a repercussão do ideário Liberal no processo civil, discorre Arruda Alvim: "Paralelamente, foram desenvolvidas normas processuais correspondentes aos paradigmas daquele momento histórico. Amparado na premissa de que as soluções jurisdicionais deveriam declarar o direito com o mais elevado grau de certeza possível, o processo tornou-se alvo de um cientificismo conceitual extremo, e o procedimento foi subdividido em diversas fases e exaustivamente regulamentado.
A estrutura rígida e o caráter moroso do processo de conhecimento herdado desse período é ainda perceptível em nossos códigos – abstraídos naturalmente, os mecanismos posteriormente implementados, tendentes à abreviação do procedimento. A premente necessidade de uma resolução mais segura do que célere da situações litigiosas constitui, certamente, a razão do preciosismo científico e do alto grau de regulamentação do processo de conhecimento, assim como também foi a causa da sobrelevação da coisa julgada à realização prática do direito material e à consecução de uma decisão justa.
As questões dirimidas no Judiciário eram de índole eminentemente patrimonial e, à luz dos princípios liberais, não poderiam ser solucionadas senão mediante ampla observância dos direitos e liberdades individuais (garantias dos contraditório, da ampla defesa e do devido processo, considerados sob a perspectiva da igualdade formal).
Solucionada, de forma irrecorrível, a questão levada ao Poder Judiciário, só então poderia a sentença ser efetivada, e convinha à segurança das instituições (sobretudo da burguesia dominante) que a solução ali contida não mais viesse a ser modificada.
A efetivação dos direitos reconhecido no processo de conhecimento, quando se tratasse de sentença condenatória, operava-se necessariamente mediante excussão patrimonial (solução em perdas e danos), já que a intangibilidade da vontade humana obstava à realização especifica das obrigações de fazer e não fazer, ainda que se reconhecesse um ilícito, ou seja, seu inadimplemento.
Cuidava-se, em suam, de um sistema processual voltado à consecução das garantias individuais burguesas e à declaração dos direitos com maior certeza e segurança possíveis." ALVIM, Arruda. A evolução do direito e a tutela de urgência. In ARMELIN, Donaldo. **Tutelas de urgência e cautelares**. São Paulo: Saraiva, 2010, p. 154 e 155.

34 CARNELUTTI, Francesco. **Metodologia Del Derecho**. Bogotá/Colômbia: Editorial Temis, 2011.

> O compromisso de nosso sistema processual com o racionalismo lança ramificações em todas as direções. Uma delas é a submissão ao procedimento ordinário, instrumento capaz de permitir que o juiz se mantenha 'neutro' durante o curso do procedimento e, além disso, passivo, para somente declarar a 'vontade da lei' na sentença final. Tudo é feito para que o julgador possa proferir a sentença apoiado num juízo de certeza, como recomendara Descartes.[35]
>
> Foi o racionalismo – herdado do direito romano imperial – que impôs a necessidade de que o juiz somente estivesse autorizado a julgar com base em juízos de certeza. Esta exigência, por sua vez, fez com que o sistema adotasse o velho procedimento privado romano da *actio*, representado pelo procedimento ordinário. Este é o instrumento capaz de manter o juiz passivelmente neutro, no curso da relação processual, de modo que ele – cartesianamente –, somente no momento de produzir a sentença, revele (declare) a 'vontade da lei'.
>
> O procedimento ordinário assenta-se no princípio de que o juiz não poderá pronunciar-se senão depois de ouvir ambas as partes. É o contraditório prévio, pressuposto da ordinariedade.
>
> As demais formas de contraditório são incompatíveis com o procedimento ordinário, especialmente o chamado 'contraditório eventual'. Todas estas premissas obedecem uma mesma cadeia lógica. São coerentes entre si, a ponto de a própria Constituição Federal 'ordinarizar-se', consagrando o contraditório prévio como uma exigência de todo o sistema processual (art. 5º, LV). Isto é expressão da força do paradigma sob o qual nos formamos.[36]

A coisa julgada, nesse cenário, constitui pedra angular, dado que é signo maior da certeza, caracterizando a certeza jurídica, conforme lição de Calamandrei[37]. Ainda, essa máxima certeza jurídica necessariamente embasa a composição de título executivo, requisito processual entendido como basilar à prática de atos executivos, isto é, de cunho satisfativo do direito material e, por conseguinte, modificador da esfera patrimonial do indivíduo[38].

---

35 BAPTISTA DA SILVA, Ovídio A. Réquiem para a tutela preventiva. In CIANCI, Mirna (Coord.); QUARTIERI, Rita (Coord.); MOURÃO, Luiz Eduardo (Coord.); GIANNICO, Ana Paula Chiovitti (Coord.). **Temas atuais das tutelas diferenciadas: estudos em homenagem ao Professor Donaldo Armelin**. São Paulo: Saraiva, 2009, p. 634.

36 *Op. cit.*, p. 642.

37 CALAMANDREI, Piero. Verità e verosimiglianza nel processo civile. In: CALAMANDREI, Piero. **Studi sul processo civile**. v. 6. Padova Cedam, 1957, p. 114.

38 "Na linha do que se esclareceu sobre a proeminência do valor segurança jurídica no âmbito do Estado Liberal, a coisa julgada representava manifestação profunda desse valor no campo do processo. Desse modo, era praticamente inconcebível a produção de efeitos jurídicos satisfativos, i. e., o ingresso no patrimônio do demandado, no âmbito do processo de execução, antes do trânsito em julgado, porque só a partir da coisa julgada havia certeza do direito. A execução provisória de

Em suma, o que se constata é que a concepção, ainda vigente, do processo civil fundada em ordinariedade, contraditório prévio, menor intervenção do juiz, cognição exauriente, juízo de certeza, tutela essencialmente ressarcitória, coisa julgada material repousa em juízo de certeza e a necessidade de título executivo para amparar ato executivo/satisfativo tem a marca do racionalismo e do Estado Liberal[39]. Não se está aqui a afirmar que são elementos negativos e que devem ser superados, e sim que é importante ter consciência de que eles serviram à concepção racionalista e liberal do processo,

---

então possuía alcance limitado, pois não se podia chegar às últimas consequências – a prática de atos estritamente expropriatórios era vedada, nesta sede, pela redação original do art. 588." ALVIM, Arruda. A evolução do direito e a tutela de urgência. In ARMELIN, Donaldo. **Tutelas de urgência e cautelares**. São Paulo: Saraiva, 2010, p. 155.

39 "Temos insistido, tanto na cátedra quanto em obras anteriores, em denuncia as raízes racionalistas que presidem, como um autêntico paradigma, nosso sistema processual civil. Entretanto, o que se deve entender por paradigma, no sentido dado por THOMAS KUHN a este conceito, é questão que devemos relegar para tratamento em outra oportunidade. Basta-nos, no momento, averiguar as consequências desse paradigma através de suas expressões ideológicas mais evidentes. Elas são incontáveis. Tomemos algumas como exemplo. Como é sabido, o Racionalismo procurou transformar o Direito numa ciência lógica, tão exata e demonstrável quanto uma equação algébrica. LEIBNIZ dizia que a moral era uma ciência capaz de demonstração, como qualquer problema matemático.
(...) detendo-nos no exame do outro componente da ilusão racionalista, na verdade um corolário do anterior, ou seja, a suposição de que, sendo o Direito uma ciência tão exata quanto uma equação algébrica, as soluções judiciais teriam de ser necessariamente 'certas' ou, ao contrário, 'erradas', como o resultado de qualquer problema matemático. Esta suposição está tão entranhada em nossa formação, que tanto os leigos quanto os juristas práticos não vacilam em dizer que o julgador produzira uma sentença certa quando o resultado lhes é favorável; ou então que o juiz errara, ao julgar a causa a favor do adversário. Este modo de compreender o fenômeno jurídico, porém, tornou-se inteiramente anacrônico. Hoje ninguém mais duvida que o processo não produz verdades e que a lei admite duas ou mais soluções legítimas, como já proclamara KELSEN.
Depois de haver FRAÇOIS GÉNY, nos albores do século XX, denunciado a ilusão de imaginar a lei como um 'sistema dotado de exatidão matemática', depois de JAMES GOLDSCHMITD advertir que a futura sentença nada mais é do que um simples 'prognóstico' que perdurará como simples prognóstico até que se conheça seu resultado; depois de CHAÏM PERELMAN investir-se na condição de um ARISTÓTELES moderno, construindo uma 'nova retórica'; ou de um THEODOR VIEHWEG recuperar a tópica aristotélica; ou de LUIS RECASENS SICHES postular para a interpretação jurídica o '*logos de lo humano*' ou de '*lo razonable*'; ou depois de JOSEF ESSER – para citar apenas os mais expressivos do moderno pensamento filosófico no campo do Direito – haver transferido para campo jurídico as proposições básicas de GADAMER; afinal depois de tudo o que se escreveu nas modernas filosóficas críticas, nosso sistema permanece congelado na suposição de que os juízes continuam sendo a 'boca da lei', como desejava o aristocrático MONTESQUIEU, e de que o processo seria um milagroso instrumento capaz de descobrir a 'vontade da lei' (CHIOVENDA). Vontade esta que, ao que se supõe, somente será revelada na última decisão da última instância.
O chamado 'processo de conhecimento', na verdade processo apenas 'declaratório' vocacionado para demandas plenárias, é o instrumento dessa ideologia. É através do 'processo de conhecimento', por natureza ordinário, que o sistema retira do magistrado o poder de império de que se valia o pretor romano, ao conceder a tutela interdital. É por meio dele que o sistema pretende assegurar a neutralidade – melhor a passividade – do juiz durante o inteiro curso da causa, para somente depois de haver descoberto a 'vontade da lei' (CHIOVENDA), autorizar-lhe o julgamento, produzindo o sonhado juízo de certeza – na cândida ilusão de que a norma jurídica possua univocidade de sentido." BAPTISTA DA SILVA, Ovídio A. Processo e ideologia. In: **GENESIS – Revista de Direito Processual Civil**, Curitiba, 28, abril/junho de 2003, p. 357-358.

convergindo ao teleológico propósito de preservação do individualismo então vigente. Precisa, mais uma vez, a lição de Ovídio A. Batista da Silva: "Mesmo com esse aparente rigor lógico, um exame mais detido mostrará que o sistema não é lógico, mas teleológico. Sua lógica é rigorosamente instrumental; lógica que se observa na medida em que atenda aos fins políticos superiores, visados pelo sistema processual"[40].

1.3 A EXCEPCIONALIDADE DAS HIPÓTESES DE APLICAÇÃO DA COGNIÇÃO SUMÁRIA

É no quadro de referências acima exposto que o processo civil encarou os provimentos fundados em cognição sumária pelo prisma da excepcionalidade. Com efeito, a segurança reclamada pelo individualismo patrimonialista que se objetivava resguardar, no contexto do Estado Liberal e da ciência do direito de viés racionalista que o servia, não cabiam decisões céleres, fundadas em meros juízos de probabilidade, que pudessem dar azo a afetar a esfera jurídica, mormente patrimonial, de dado indivíduo.

Assim é que, no máximo, para situações em que o tempo pudesse excepcionalmente afetar a utilidade da prestação jurisdicional definitiva futura, isto é, para os casos em que se configurasse urgência, o sistema processual excepcionalmente admitiu o emprego da técnica cognitiva sumária para embasar decisões judiciais, desde que elas tivessem o viés estritamente conservativo, ou seja, de preservação do *status quo*. Cuida-se dos provimentos cautelares, de natureza preventiva, mas não satisfativa.

Como visto, tal perspectiva justifica-se notadamente à luz do paradigma do Estado Liberal, marcado pelo individualismo e pela não intervenção estatal, o que impedia a prolação de atos do Estado, no exercício da jurisdição, que antes mesmo do encerramento do trâmite processual fossem hábeis a satisfazer, no todo ou em parte, o direito de um dos sujeitos do processo, compelindo o outro ao seu cumprimento. Os magistrados, ao seu turno, eram vistos com a desconfiança que lhes impunha o estrito dever de neutralidade e lhes vedava qualquer juízo de probabilidade, permitindo-lhes a prolação de alguma decisão satisfativa apenas quando pautada em exauriente cognição e juízo de certeza[41].

---

40 BAPTISTA DA SILVA, Ovídio A. Réquiem para a tutela preventiva. In CIANCI, Mirna (Coord.); QUARTIERI, Rita (Coord.); MOURÃO, Luiz Eduardo (Coord.); GIANNICO, Ana Paula Chiovitti (Coord.). **Temas atuais das tutelas diferenciadas: estudos em homenagem ao Professor Donaldo Armelin**. São Paulo: Saraiva, 2009, p. 642.

41 "A um sistema que objetiva preservar a liberdade dos cidadãos mediante a restrição dos poderes do judiciário, não basta afirmar que o juiz somente pode proclamar as palavras da lei e está impedido de

Destarte, o Liberalismo então imperante obstaculizava a atuação estatal provisoriamente satisfativa, calcada em atividade cognitiva sumária e provisória, o que conduziu os estudiosos da época a vislumbrarem apenas medidas de urgência destinadas à salvaguarda da utilidade e da efetividade de futura decisão satisfativa e definitiva. Nessa senda, as medidas emergenciais direcionavam-se à cautela de elementos necessários à efetividade da atuação jurisdicional do Estado, isto é, à proteção notadamente de bens, merecendo destaque, desde então, os atos de arresto e sequestro.

No Brasil, medidas de urgência acautelatórias, sobretudo de cunho patrimonial e também afetas a pessoas e provas, já eram observadas na legislação nacional antecedente ao Código de Processo Civil de 1939.

No Código Processual de 1939, as medidas de urgência eram abordadas no Livro V, "Dos processos acessórios"[42]. Observa-se que já no Código de Processo Civil de 1939, além de medidas de cunho estritamente acautelatório, existiam provimentos de urgência de caráter satisfativo, isto é, afetos à pretensão de direito material, como, por exemplo, podem-se definir os alimentos provisionais e a separação de corpos, prescritos no inciso VIII e X, respectivamente, do aludido dispositivo legal. Nada obstante, os doutrinadores da época, seguindo a tradição teórica então vigente, eram categóricos ao asseverar a inexistência de satisfatividade nos provimentos emergenciais

exercer *imperium*. É fundamental, nessa linha, impedir julgamentos fundados em verossimilhança, ou em parcela das provas que podem ser produzidas. Se a sentença do juiz deveria conter as palavras da lei, e a decisão tomada com base em parcela das provas (verossimilhança) pode, por lógica, ser afirmada em contrário quando todas as provas tiverem sido produzidas, a contradição entre a admissão da tutela antecipatória e a ideia de que o juiz deve pronunciar as letras da lei é evidente. Isso pela razão de que, se a lei é uma só, não poderiam existir dois juízos em relação a ela. A impossibilidade de tutela fundada em verossimilhança, no procedimento ordinário clássico (que tem origem no direito liberal), decorre da suposição de que o único julgamento que poderia afirmar as palavras da lei seria posterior à verificação da existência do direito. Na linha do direito liberal, o processo, para não gerar a insegurança ao cidadão, deveria conter somente um julgamento, que apenas poderia ser realizado após a elucidação dos fatos componentes do litígio." MARINONI, Luiz Guilherme. **Do processo civil clássico à noção de direito a tutela adequada ao direito material e à realidade social**. Disponível em: < http://egov.ufsc.br/portal/sites/default/files/anexos/17809-17810-1-PB.htm>. Acesso em: 02 de setembro de 2016.

42 "Art. 676. As medidas preventivas poderão consistir: I – no arresto de bens do devedor; II – no sequestro de coisa móvel ou imóvel; III – na busca e apreensão, inclusive de mercadorias em trânsito; IV – na prestação de cauções; V – na exibição de livro, coisa ou documento (arts. 216 a 222); VI – em vistorias, arbitramentos e inquirições *ad perpetuam memoriam*; VII – em obras de conservação em coisa litigiosa; VIII – na prestação de alimentos provisionais, no caso em que o devedor seja suspenso ou destituído do pátrio poder, e nos de destituição de tutores ou curadores, e de desquite, nulidade ou anulação de casamento; IX – no arrolamento e descrição de bens do casal e dos próprios de cada cônjuge, para servir de base a ulterior inventário, nos casos de desquite, nulidade ou anulação de casamento; X – na entrega de objetos ou bens de uso pessoal da mulher e dos filhos; na separação de corpos e no depósito dos filhos, nos casos de desquite, nulidade ou anulação de casamento." Disponível em: <http://www.planalto.gov.br/ccivil/Decreto-Lei/1937-1946/Del1608.htm>. Acesso em: 22 jun. 2016.

disciplinados pelo Código Civil de 1939. Nesse direcionamento, merecem referência as lições de Alfredo de Araújo Lopes da Costa:

> Nas medidas cautelares, em processo, as garantias não visam diretamente a satisfação do direito principal. Destinam-se a ser substituídas por outras, cujo material apenas preparam: o arresto se converte em penhora para a qual se reservou os bens necessários. (...)
>
> Há uma espécie de medida preventiva que aberra de uma característica essencial a todas as outras.
>
> O que, em regra, assinala as medidas preventivas é que elas são assecuratórias da futura realização do direito. Não são satisfativas.
>
> A penhora, por exemplo, já tende ao pagamento do credor, à satisfação da dívida. O arresto, apenas, assegura a penhora. O grupo anômalo é constituído pelos alimentos provisionais. A urgência da satisfação impõe essa anomalia.
>
> Na escolha da medida preventiva, o critério fundamental em que repousa toda a construção é que ela não deve transpor os limites exteriores da execução. A medida é de execução cautelar. Não de execução satisfativa. (...)
>
> Com efeito: a ação preventiva não visa direta e imediatamente a satisfação do direito material. Sua procedência não depende de pressupostos rigorosa e taxativamente determinados em lei. Tem por objeto um direito acessório de um direito principal, cuja existência ainda não se apurou devidamente.[43]

Usualmente, a doutrina[44] aduz que as medidas cautelares servem ao processo, é dizer, tutelam o processo e não diretamente o direito material, definindo-a como instrumento do instrumento, o que afasta a satisfatividade como característica das medidas emergenciais em apreço[45]. Logo, dado que

---

[43] COSTA, Alfredo de Araujo Lopes da. **Medidas preventivas: medidas preparatórias, medidas de conservação.** 2. ed. Belo Horizonte: Bernardo Alvares, 1958, p. 15, 20, 23, 27.

[44] "Mas, em vez de preocupar-se com a tutela do direito (composição da lide) – função principal da jurisdição –, o processo cautelar exerce função auxiliar e subsidiária, servindo à tutela do processo, onde será protegido o direito. A atividade jurisdicional cautelar dirige-se à segurança e garantia do eficaz desenvolvimento e ao profícuo resultado das atividades de cognição e de execução, concorrendo, dessa maneira, para o atingimento do escopo geral da jurisdição." THEODORO JÚNIOR, Humberto. **Processo Cautelar**. 25 ed. São Paulo: Leud, 2010, p. 23-24.

[45] O Código de Processo Civil de 1973 disciplina procedimentos cautelares que não necessariamente são seguidos de processo de conhecimento ou execução. É o caso, por exemplo, da exibição, da produção antecipada de prova, do protesto, etc., o que revela não ser a efetiva instrumentalidade em relação ao processo principal característica essencial às medidas cautelares. Nada obstante, é possível aludir à instrumentalidade hipotética, haja vista que subsiste o escopo conservatório da medida, a fim de garantir a efetividade de processo futuro, ainda que ele não venha a ser ajuizado. "A tutela cautelar está fundada em juízo hipotético sobre o direito afirmado e, portanto, sobre o conteúdo da

a medida de urgência de natureza cautelar objetiva prevenir riscos incidentes sobre o processo voltado à prolação da decisão definitiva de conhecimento ou execução, verifica-se, em decorrência desse desiderato, sua dependência em relação a este feito.

Em vista da finalidade a que se destina, estabeleceu-se legislativamente que a medida cautelar exigia a presença concomitante de dois requisitos para sua concessão: *fumus boni iuris* (fumaça do bom direito) e *periculum in mora* (perigo da demora). Assim, lastreado em juízo de plausibilidade, não amparado, por conseguinte, em exauriente conjunto probatório ou amplo contraditório, o magistrado analisaria se estava presente no caso fumaça do bom direito relativa à demanda cognitiva ou executiva principal. A doutrina tradicional[46] asseverou que fumaça do bom direito não se relaciona à plausibilidade das alegações de mérito. Assim, nesse entendimento, o *fumus boni iuris* no processo cautelar diz respeito ao direito de ação, é dizer, ao direito do requerente da medida cautelar de deduzir sua pretensão principal para discutir em juízo seu direito lesado, ameaçado de lesão ou insatisfeito.

---

futura providência jurisdicional. Não há juízo de certeza quanto a esse conteúdo, o que somente ocorrerá após a cognição plena. Verifica-se na mera probabilidade do direito afirmado a denominada instrumentalidade hipotética da tutela cautelar, que assegura a eficácia prática do provimento principal, antecipando alguns de seus efeitos concretos." BEDAQUE, José Roberto dos Santos. **Tutela cautelar e tutela antecipada: tutelas sumárias e de urgência (tentativa de sistematização)**. 3. ed. São Paulo: Malheiros, 2003, p. 183.

46 "Consequentemente, não se trata, pois, no processo cautelar do exame da probabilidade de existência do direito subjetivo material do requerente, porém de verificar-se se ele efetivamente dispõe de um direito de ação – direito ao processo – a ser tutelado" CAMPOS, Ronaldo Cunha Campos. **Estudos de direito processual**. Uberaba: Jornal da Manhã, 1974, p. 132.

"Ainda por outra linha de raciocínio poder-se-ia chegar à mesma conclusão do ilustre mestre mineiro. Se é certo que a noção de 'probabilidade' (assim como a de possibilidade e verossimilhança) é sujeita a uma gradação infinita, de modo que ao dizer que algo é 'provável' nada se diz, na verdade, o mesmo não ocorre com a noção de 'improbabilidade' (assim como de 'impossibilidade', etc.). Não se diz que algum acontecimento seja 'mais' ou 'menos' improvável. Se o for, o será totalmente. Dessa forma, se não são atendidas as condições da ação, é absolutamente improvável que a tutela jurisdicional com o conteúdo correspondente ao pedido veiculado naquela ação será prestada. (...) Poder-se-ia argumentar que um tal conceito de *fumus boni iuris* não elimina o risco de que seja concedida uma medida cautelar para garantir uma tutela jurisdicional que não venha a ser, afinal, prestada. Contudo, essa margem de risco é, de fato, ineliminável e exigir um grau de certeza, nesse ponto, pode implicar a inutilidade da própria tutela cautelar. Nesse contexto, compreende-se o mecanismo da responsabilidade objetiva que a lei imputa ao requerente da medida cautelar pelos prejuízos que sua execução causar ao requerido (CPC, art. 811)." GUERRA, Marcelo Lima. **Estudos sobre o processo cautelar**. Malheiros: São Paulo, 1995, p. 25-26.

Em sentido diametralmente diverso, Ovídio A. Baptista da Silva sempre defendeu que a tutela cautelar tem por primeiro pressuposto a verossimilhança do direito material (direito aparente), não se filiando à doutrina majoritária de que o *fumus boni iuris* seria sobre o direito de ação. Para Ovídio A. Baptista da Silva, a sentença cautelar protege a simples aparência do direito, pelo que o *fumus boni iuris*, nessa concepção, não é privativo da cautelar, mas, sim, aplica-se a todas as tutelas sumárias, pois é sinônimo de cognição sumária. BAPTISTA DA SILVA, Ovídio A. **Do processo Cautelar**, 2 ed. Rio de Janeiro: Forense, 1999, p. 25.

Essa compreensão da fumaça do bom direito justificava-se pelo entendimento de que a medida cautelar se destina a proteger imediatamente o processo como instrumento para prestação jurisdicional efetiva e não diretamente o direito material debatido em juízo.

Em sequência, pontualmente, em situações excepcionais cujo direito material em debate se revelava assaz caro à ordem jurídica, o sistema processual admitiu concessões a provimentos satisfativos fundados em juízo de probabilidade, sem que esgotada a ordinariedade e, por conseguinte, sem que fosse empreendida a chamada cognição exauriente. Salta à vista que a admissão de decisões desse jaez se circunscreviam notadamente à tutela de propriedade e posse, bem como à tutela do indivíduo frente ao Estado. Exemplos são as decisões liminares em sede de ação petitória e possessória (cujo lastro, inclusive, é secular, remontando ao Direito Romano) e o mandado de segurança, com possibilidade de decisão liminar de natureza cautelar ou satisfativa em face de ato tido por ilegal e abusivo praticado por agente do Estado (autoridade pública).

Observa-se que a exceção feita aos provimentos satisfativos lastreados em probabilidade, no quadro de referências liberais e racionalistas que imperava no processo civil serviam igualmente aos desígnios desse modelo: patrimonialista, individualista e defesa do particular contra o Estado. Precisa é a percepção de Ovídio A. Baptista da Silva em relação ao mandado de segurança:

> Este elogiado e utilíssimo instrumento processual, quebra a ordinariedade e despreza o princípio da "plena defesa". Com uma importante condição, no entanto: o mandado de segurança só é cabível contra a "autoridade coatora", ou seja, contra um agente do Estado. Não temos mandando de segurança contra particulares. Este é o cariz liberal do sistema, que revela a sua face, ao conceber o direito como uma arma privada contra o Estado.[47]

Também na defesa de direitos que transcendem o indivíduo, de perspectiva coletiva (em sentido *lato*), imediatamente relacionados ao interesse público, observa-se que as decisões fundadas em cognição sumária e, portanto, reveladoras de juízo de probabilidade constituem exceção no sistema processual, exigindo tipificação legislativa específica, igualmente justificada, nessa esteira da excepcionalidade, por particularidades do direito material

---

[47] BAPTISTA DA SILVA, Ovídio A. Réquiem para a tutela preventiva. In CIANCI, Mirna (Coord.); QUARTIERI, Rita (Coord.); MOURÃO, Luiz Eduardo (Coord.); GIANNICO, Ana Paula Chiovitti (Coord.). **Temas atuais das tutelas diferenciadas: estudos em homenagem ao Professor Donaldo Armelin**. São Paulo: Saraiva, 2009, p. 643.

que o processo visa resguardar. Nesse cenário, menciona-se, exemplificadamente, o Decreto-lei nº 3.365/1941, que dispõe sobre a desapropriação por utilidade pública, permitindo a imissão do expropriante provisoriamente na posse do imóvel; a Lei nº 4.717/1965, que regulamenta a ação popular, também preconizando a possibilidade de deferimento de medida de urgência satisfativa, concernente à suspensão do ato ilegal e lesivo; a Lei nº 7.347/1985, que disciplina a ação civil pública e prevê em seu art. 12 a possibilidade de prolação de decisão liminar, de cunho acautelatório ou satisfativo; o Código de Defesa do Consumidor (Lei nº 8.078/1990), que igualmente dispõe acerca da possibilidade de concessão liminar da pretensão pleiteada em juízo.

Ocorre que as exigências reveladas pelas situações fáticas e jurídicas conflituosas impuseram a necessidade de provimentos jurisdicionais urgentes de cunho satisfativo – isto é, que induvidosamente permitissem a satisfação imediata, total ou parcial, do direito em debate – em situações não expressamente previstas pelo legislador. No Brasil, a prática forense, impelida por tais necessidades, em situações de procedimento ordinário passou a lançar mão do processo cautelar para obter provimentos jurisdicionais provisórios satisfativos, dando azo à chamada medida cautelar satisfativa, eis que no Código de Processo Civil de 1939 e na redação original do Código de Processo Civil de 1973 se tratava da única via processual hábil a gerar uma tutela jurisdicional provisória em procedimento ordinário. Destarte, no Brasil, até 1994, as decisões satisfativas exaradas com base em cognição sumária tinham sede apenas em procedimentos especiais, regulados pelo Código e notadamente por leis esparsas.

Em vista dessa crescente necessidade processual de generalizar, isto é, trazer como disposição geral o cabimento de provimentos provisórios satisfativos ao procedimento ordinário, a teoria pátria desenvolveu-se dando azo à regulamentação legislativa da chamada tutela antecipada ou antecipação de tutela, inserida no livro do processo de conhecimento do Código de Processo Civil de 1973, no art. 273, com redação determinada pela Lei nº 8.952, de 13 de dezembro de 1994. É nota característica da tutela antecipada a possibilidade de satisfação imediata do direito em debate (parcial ou total), o que se faz mediante um juízo de probabilidade positivo do direito (verossimilhança da alegação lastreada em prova inequívoca) e em vista de um fundado receio de dano irreparável ou de difícil reparação ao direito, isto é, em vista do *periculum in mora*.

O desenvolvimento teórico e legislativo da matéria no direito brasileiro seguiu, assim, rumos distintos dos verificados em sede estrangeira, como o direito francês e o direito italiano, por exemplo. Nestes, denomina-se de medidas cautelares o gênero, dos quais são espécies as chamadas cautelares conservativas e as cautelares satisfativas. No direito brasileiro, em vista do Código de Processo Civil de 1973, com a alteração promovida pela Lei nº 8.952, de 13 de dezembro de 1994, a disciplina teórica e legislativa buscou apartar as duas espécies de provimentos, o que realça a distinção entre eles, notadamente utilizando como elementos diferenciadores a satisfatividade[48] (compreendida como a realização em parte ou total do direito material em debate) e o procedimento adotado: a cautelar é conservativa, objetivando preservar o que se fizer necessário para garantia do resultado efetivo do processo, já a tutela antecipada é satisfativa, permitindo a antecipação daquilo que se obteria apenas com a tutela definitiva; a cautelar é processada por via processual autônoma, através do processo cautelar, já a tutela antecipada é incidental, pleito deduzido no bojo do próprio processo de conhecimento em curso.

A tutela antecipada, ao seu turno, distingue-se da cautelar por seu cunho de satisfatividade, que permite a imediata fruição do direito material, antecipando efeitos que somente adviriam do provimento jurisdicional definitivo. As expressões tutela antecipada ou antecipação de tutela restam por revelar a essência do provimento em foco, porquanto verdadeiramente se está diante de decisão judicial que confere a tutela pleiteada em juízo, total ou parcialmente, previamente ao tempo próprio para que a decisão definitiva sobrevenha no feito.

Em face de seu caráter satisfativo, isto é, vez que se liga imediatamente à salvaguarda do direito material, a doutrina majoritária[49] nega a

---

48 Parte da doutrina também arrola o que denomina de referibilidade como característica hábil a individualizar as medidas cautelares e discerni-las de outras espécies de medida de urgência. Nesse sentido, lecionam Luiz Guilherme Marinoni e Sérgio Cruz Arenhart: "Na tutela cautelar há sempre referibilidade a uma situação substancial acautelada. Inexistindo referibilidade, não há direito acautelado, mas sim tutela satisfativa. (...) O conceito de referibilidade advém da ideia de ligação assegurativa da tutela cautelar à tutela de direito. Na ação ressarcitória, por exemplo, não há qualquer referibilidade a alguma situação acautelada ou, ainda, nenhuma referibilidade da tutela ressarcitória a outra situação substancial. Não obstante, quando se concebe o arresto como medida preparatória ou incidente em relação à tutela ressarcitória, torna-se evidente a existência da tutela cautelar que lhe dá segurança. A falta de referibilidade é evidência da existência da satisfatividade e, assim, da ausência de cautelaridade. A tutela cautelar sempre está referida a uma provável tutela já requerida ou que poderá vir a ser solicitada através da ação principal. Por isto mesmo, como já visto, a tutela cautelar é dita não satisfativa, uma vez que se destina apenas a assegurar a tutela jurisdicional do direito, não sendo capaz de prestá-la ou de satisfazer ou realizar o direito" MARINONI, Luiz Guilherme; ARENHART, Sérgio Cruz. **Processo Cautelar**. São Paulo: Revista dos Tribunais, 2008, p. 36-38.
A característica em voga revela-se como antônimo da satisfatividade, ou melhor, sinônimo de não-satisfatividade, eis que preconiza que a medida cautelar refere-se diretamente ao provimento a ser exarado no exercício da atividade jurisdicional e não imediatamente ao direito material em discussão.

49 "A tutela cautelar, como sabemos, visa assegurar a viabilidade de realização de uma pretensão. Assim, se afirmarmos, como o fez Galeno Lacerda, que a tutela cautelar pode realizar no plano fático a própria pretensão (p. ex. a pretensão aos alimentos), estaremos incidindo em contradição, pois uma

instrumentalidade como característica afeta à tutela antecipada, restringindo-a às medidas cautelares, pelo que apenas estas teriam como fim precípuo assegurar a efetividade do provimento definitivo.

Dispôs o legislador na Lei nº 8.952/1994, alterando o CPC/1973, que cabe ao magistrado deferir o pedido de tutela antecipada quando, "existindo prova inequívoca, se convença da verossimilhança da alegação" (art. 273, *caput*, do CPC) e "haja fundado receio de dano irreparável ou de difícil reparação" (art. 273, I, do CPC). A verossimilhança das alegações diz respeito à plausibilidade das alegações de mérito, é dizer, cuida-se de juízo de probabilidade de procedência das assertivas meritórias veiculadas pelo requerente da tutela antecipada. Distingue-se, portanto, da fumaça do bom direito, característica das medidas cautelares, a qual, conforme doutrina tradicional, tem pertinência direta com a salvaguarda do próprio processo.

Ainda, faz-se mister que a verossimilhança das alegações seja corroborada por provas qualificadas pelo legislador como inequívocas. A doutrina não dissente em asseverar que não se exige prova cabal a subjazer juízo de certeza para concessão da medida de urgência[50]. Visto que a tutela antecipada igualmente se funda em juízo de probabilidade, as provas inequívocas aludidas pelo art. 273 do CPC/1973 são as que têm o condão de lastrear esse juízo.

Além da verossimilhança das alegações amparada por prova inequívoca, para concessão da tutela antecipada exige-se a presença de fundado receio de dano irreparável ou de difícil reparação sobre o direito material em debate.

---

vez realizada a pretensão, nada mais resta para ser assegurado. Ou seja, quando a pretensão é satisfeita, nada é assegurado e nenhuma função cautelar é cumprida. A prestação jurisdicional satisfativa (não definitiva) sumária, pois, nada tem a ver com a tutela cautelar. A tutela que satisfaz, por estar além do assegurar, realiza missão que é completamente distinta da cautelar." MARINONI, Luiz Guilherme Marinoni. **Tutela Cautelar e Tutela Antecipatória**. São Paulo: Revista dos Tribunais, 1992, p. 79.

Insta noticiar que, em sentido diametralmente oposto, José Roberto dos Santos Bedaque (BEDAQUE, José Roberto dos Santos. **Tutela cautelar e tutela antecipada: tutelas sumárias e de urgência** (tentativa de sistematização). 3. ed. São Paulo: Malheiros, 2003, p. 308.), seguindo a clássica lição de Piero Calamandrei (CALAMANDREI, Piero. **Introdução ao estudo sistemático dos procedimentos cautelares**. Tradução de Carla Roberta Andreasi Bassi (traduzido da edição italiana de 1936). Campinas: Servanda, 2000, p. 92.), pugna pela natureza cautelar da tutela antecipada, porquanto, em seu ponto de vista, este provimento de urgência também tem o escopo de garantir a efetividade do processo. Assevera que a provisoriedade e a instrumentalidade são os caracteres que individualizam a cautelar, elementos também verificáveis na antecipação de tutela, razão pela qual teríamos duas espécies de tutela cautelar, quais sejam, a assecuratória e a antecipada.

50 "Em duas etapas se desdobrará a perquirição do magistrado, diante da prova produzida. Primeira: é ela 'inequívoca', no sentido de que só comporta um entendimento? Segunda: com esse entendimento, tem ela suficiente força persuasiva para fazer verossímil (ou provável) a alegação do requerente?" BARBOSA MOREIRA, José Carlos. Antecipação da tutela: algumas questões controvertidas. **Revista Síntese de Direito Civil e Processual Civil**, Porto Alegre, v. 3, 13 , p. 5-13, set./out. 2001, p. 8.

O Código de Processo Civil de 2015, ao seu turno, inova ao avançar no reconhecimento da proximidade entre as medidas cautelares e a tutela antecipada, alinhando-as ao gênero de tutelas fundadas na urgência, exatamente reconhecendo que ambas se assemelham porque têm por requisito uma situação de perigo, de fundado receio de que o transcurso do tempo, frente a uma ocorrência emergencial, cause dano à efetividade do processo ou ao direito em debate.

Identificando, pois, que tanto as medidas cautelares, quanto as tutelas antecipadas: (a) exigem a presença excepcional de uma situação de perigo (*periculum in mora*) que determine um provimento jurisdicional imediato visando à não concretização do dano; (b) são exaradas mediante cognição sumária; e, por isso, (c) são provimentos provisórios, sem o cunho de imutabilidade característico da coisa julgada material, podendo ser revogados ou reformados, observa-se que eles se alinham pertencentes ao mesmo gênero de provimentos, gênero este que tem em comum as características acima listadas, denominado pelo legislador no CPC/2015 de tutela de urgência.

O Código de Processo Civil de 2015 não iguala teoricamente as medidas cautelares e a tutela antecipada, preservando a satisfatividade como critério teórico distintivo de ambas, contudo, quanto aos requisitos, a opção do legislador no art. 300 do CPC/2015 foi não reproduzir a distinção que tradicionalmente se fez entre *fumus boni iuris* e verossimilhança das alegações, aduzindo tão somente a "probabilidade do direito" como requisito necessário para concessão tanto da tutela antecipada, quanto da medida cautelar.

Ainda na trilha da excepcionalidade das decisões fundadas em juízo de probabilidade, já na perspectiva do seu último extremo, a ordem jurídica passou a admitir provimentos satisfativos exarados com base em cognição sumária, sem, no entanto, contar com o requisito da urgência. Cuida-se da chamada tutela de evidência, que, na esteira da concepção liberal-racionalista de processo, somente teria cabimento em situações taxativa e expressamente previstas pelo legislador, como é exemplo a liminar das ações possessórias, que, como revela a atenta observação do instrumento, prescinde da discussão da urgência da medida, justificando-a tão somente a probabilidade das alegação de lesão à posse.

Avançado no extremo desse prisma de excepcionalidade que constitui a tutela de evidência, previu-se no direito brasileiro, pela mesma Lei nº 8.952/1994, que disciplinou a tutela antecipada geral, a generalização da tutela de evidência para os procedimentos ordinários, desde que a probabilidade do direito alegado estivesse aliada ao "abuso do direito de defesa ou manifesto propósito protelatório do réu" (art. 273, II, do CPC/1973).

O Código de Processo Civil de 2015 amplia as hipóteses de cabimento geral da tutela de evidência, conforme se verifica de seu art. 311. O novo Código inova também ao positivar a expressão "tutela de evidência", que muito embora já conhecida na doutrina e na legislação pátria, não contava no Código de Processo Civil de 1973 com referência expressa a esta denominação.

Observa-se, porém, que a despeito do alargamento do espectro da excepcionalidade, que restou por abarcar até aqui número maior de espécies de provimentos fundados em cognição sumária, inclusive com a ampliação de situações generalizadas de aplicação (isto é, aplicáveis à generalidade dos procedimentos), as decisões que veiculam juízo de probabilidade continuam sendo exceção no sistema processual.

Com efeito, o processo civil segue observando o primado da cognição exauriente, do juízo de certeza etc. Tanto é assim que a cognição sumária se subordina a ulterior cognição exauriente, exigindo-se, a despeito de decisão em juízo de probabilidade que resolva determinada controvérsia, que o processo prossiga até prolação de juízo de certeza sobre a questão. Aludida exigência significa que a esfera jurídica de determinado indivíduo somente pode ser definitivamente atingida por meio da certeza processual, reveladora da verdade, bastiões da segurança, na concepção liberal-racionalista de processo.

> O tratamento que ao problema da cognição sumária deram ambos os processualistas [Kazuo Watanabe e Luiz Guilherme Marinoni] presta homenagem ao paradigma da ordinariedade, com plenitude da cognição, em que é possível admitir alguma forma de cognição sumária, desde que, na mesma relação processual, complete-se a cognição que se imagina "exauriente", ou seja, plenária, não mais sumária. Quer dizer, tanto Watanabe quanto Marinoni mantêm-se submetidos ao paradigma que preside o sistema. (...) Daí a razão de afirmarmos que a cognição sumária, tal como os mencionados juristas a concebem, nada mais significa do que a legitimação de um juízo sumário, à espera da confirmação, no curso da ação, cuja cognição final que a completará, como dizem Marinoni-Arenhart, haverá de ser necessariamente "exauriente", ou seja, "plena e completa cognizione", como afirmara Liebman (*Contro il patto solve et repete nei contratti, Riv. dir. proc. Civile*, 1931, II, 249).[51]

O cenário não é alterado significativamente pelo CPC/2015 e a disciplina da estabilização da tutela antecipada antecedente nele positivada: além da restrição da estabilização a essa espécie de tutela provisória e, ainda, ao

[51] BAPTISTA DA SILVA, Ovídio A. O contraditório nas ações sumárias. In: BAPTISTA DA SILVA, Ovídio A. **Da sentença liminar à nulidade da sentença.** Rio de Janeiro: Forense, 2001, p. 256-257.

procedimento antecedente, a não subordinação necessária da decisão fundada em cognição sumária à posterior decisão de cognição exauriente está condicionada à aquiescência do réu, precisamente à sua resignação/inércia frente à decisão provisória; ao revés, se ao réu resiste ao juízo de probabilidade, necessariamente o processo prosseguirá até cognição exauriente e, portanto, juízo de certeza.

1.4 PREMISSAS CONCEITUAIS: COGNIÇÃO EXAURIENTE E COGNIÇÃO SUMÁRIA

Em vista de todo o exposto até aqui, impende estabelecer os conceitos de cognição exauriente, e cognição sumária empregados na presente obra e que balizarão seu desenvolvimento e conclusão, dado que constituem cerne para apreensão dos instrumentos processuais em exame e em proposição.

Consoante já assentado alhures, a vista da trilha evolutiva da disciplina processual, as referidas espécies são antagônicas, isto é, cognição sumária é a cognição que não é exauriente, e vice-versa.

Tal conceituação negativa, no entanto, é insuficiente para a devida compreensão e aprimoramento das prestações jurisdicionais nelas lastreadas, reclamando os conceitos uma carga de concretude apta a induvidosamente consubstanciar as diretrizes teóricas na sede prática. Afinal, como identificar em dado caso concreto que o pronunciamento judicial se estribou em cognição exauriente ou, diversamente, lastreou-se em cognição sumária? Cuida-se de perspectiva subjetiva, afeta pessoalmente a cada julgador, inábil a ser apreendida por critérios objetivos? Pois bem.

Consoante já destacado, Kazuo Watanabe conceitua e distingue cognição exauriente e cognição sumária pelo plano vertical, teoricamente estabelecido.

> Cognição sumária é uma cognição superficial, menos aprofundada no plano vertical.
>
> Através dela se busca, no dizer de Calamandrei, *"um giudizio di probabilità e di verosimiglianza"*. Também Liebman alude a *"giudizio di probabilità"*, que equipara a "*verosimiglianza*", mas estabelece graus, pois esclarece que *"sul diritto il giudice deve formarsi uma semice opinione di credibilità, senza attarsi a raggiungere uma vera sicurezza della sua esistenza"* e *"sul pericolo nel ritardo invece si tratta di considerare sufficientemente verosimile la minaccia di un evento dannoso futuro, allo scopo di prevenirlo e impedirne l'accadimento"*[52].

---

[52] WATANABE, Kazuo. **Da cognição no processo civil**. São Paulo: Revista dos Tribunais, 1987, p. 95.

Assim é que para o referido autor, cognição sumária é aquela que é limitada, diga-se, superficial, no plano vertical.

Sem embargo da inconteste valia do conceito apresentado por Kazuo Watanabe, é patente que ele carece de concretude em vista dos atos que compõem o processo. Com efeito, impõe-se à reflexão: o que é profundidade? Qual o tipo de limitação existiria no exame no plano vertical que obstaria o julgador realizar uma cognição completa em profundidade?

Integra o quadro de reflexões sobre a temática o produto da cognição, isto é, o juízo. É que, como visto, o juízo, entendimento alcançado pela atividade cognitiva a respeito de determinada matéria, pode ser categorizado em juízo de certeza e juízo de probabilidade, sendo inconteste entre os estudiosos da matéria que este é variável em graus de intensidade, aproximando-se ou distanciando-se do juízo de certeza[53]. Tais graus recebem diversas denominações – exemplificadamente: possível, provável, verossímil, etc. – terminologias e ordem de gradações variáveis nos estudos que se dedicam ao tema. Em que pese essas possibilidades, é assente que os graus se identificam e individualizam-se pelo método comparativo, entendendo-se dado juízo mais robusto que outro, é dizer, mais próximo ou distante da conclamada certeza.

Eis o ponto nodal para compreensão do que ora se discute: dado que os juízos de probabilidade, em seus variados graus de intensidade, são identificados comparativamente em mira do juízo de certeza[54], imperativo pautar a

---

53 Nesse sentido, por exemplo: "A probabilidade tem graus. Em matéria criminal, Malatesta estabelece a seguinte gradação, que se nos afigura aplicável inclusive ao campo do processo civil: relativamente a determinado objeto, é possível um mínima probabilidade, que denomina de verossímil, uma probabilidade média, que chama de provável, e uma probabilidade máxima, que seria o probabilíssimo. Hernado Devis Echanvia fala em graus de eficácia probatória e adota a mesma classificação de Malatesta, lembrando que esse autor adverte *'que más correcto hablar de credibilidad que de possibilidade o de verossimilitud, y que 'verosímil no es lo puede ser verdade real, sino lo que tiene aparência de serlo, no lo que se nos presente simplesmente como posible, sino lo que, por razones más o menos determinadas, nos inclinamos a crer que es real'; por lo cual hace coincidir la verosimilitud com el primer grado de la probabilidade, que tiene três: lo verosímil, lo probable y lo probabilísimo'*.". *Op.cit.*, p. 96.

54 "Ao autorizar o juiz decidir provisoriamente com base em cognição sumária alçando mão das expressões "verossimilhança da alegação" fundada em "prova inequívoca" (art. 273, caput, CPC), relevante "fundamento da demanda" (art. 461, § 3º, CPC) e em "exposição sumária do direito ameaçado" (art. 801, IV, CPC), todas reconduzíveis nesse contexto mais própria e rigorosamente à expressão probabilidade, o legislador quis deixar claro que o órgão jurisdicional pode decidir antecipar a tutela com base em menor grau de probabilidade do que aquele exigido para julgar definitivamente o pedido formulado pela parte. Essa é a "função pragmática" da contraposição no contexto da antecipação de tutela. (...) Daí a conclusão inafastável: o conceito de probabilidade só pode ser bem compreendido em termos relacionais – o juízo de probabilidade fundado em cognição sumária é aquele que oferta grau menor de confirmação da hipótese do que aquele juízo de verdade, no fundo, probabilidade mais robusta – fincado em cognição exauriente." MITIDIERO,

análise no que se compreende por juízo de certeza. E, como visto, a certeza é um estado de consciência subjetivo em relação a determinadas ocorrências, é o que o sujeito acredita corresponder à realidade, sendo que, a própria realidade não é uma figura estática e uníssona a todos os sujeitos.

Em outros termos, o juízo de certeza é um estado de consciência essencialmente subjetivo, de modo que, por consequência, os juízos de probabilidade que se estribam no juízo de certeza, como um *minus* deste, igualmente compõem-se de elevada carga subjetiva, ainda que lastreados, tanto o juízo de certeza, quanto os de probabilidade, em dados objetivos. Por isso é que a mesma alegação a respeito de dada ocorrência fática pode aparentar certa para determinado sujeito, meramente possível para outro ou altamente provável para um terceiro.

A dificuldade, portanto, é que não há exatidão objetiva nos conceitos de juízo de certeza e juízos de probabilidade, tampouco na individualização dos variados graus de intensidade deste. É inegável que variações existem, mas, lado outro, cumpre reconhecer que essas variações também se alteram em intensidade, notadamente em vista das especificidades de cada caso concreto[55], o que obsta teorização precisa da matéria com aplicabilidade em todos os casos e, mesmo a vista do mesmo caso, verifica-se alterações conforme o sujeito que realiza a cognição para alcançar o juízo. Não há, assim, uma medida uníssona e universal de sabença e aplicação por todos os sujeitos e para incidência em todos os casos. A lição a seguir bem sintetiza essa constatação:

> Importante asseverar que não se discorda da ideia inicial de que o pensamento humano comporte escalonamento. E nele se veem três níveis principais: a ignorância, a dúvida e a certeza (...).
>
> A certeza é, pios, uma daquelas noções prestigiosas, que, segundo Chaïm Perelman, a exemplo de outros valores, como a justiça e a liberdade, somente comporta a definição conceitual no aspecto formal e abstrato e, nesse sentido, pode ser entendida como a 'segurança subjetiva da verdade de um conhecimento'.
>
> Sendo assim, trata-se de um grande equívoco transportar esses níveis do pensamento humano ao quadrante da cognição judicial, em especial da

---

Daniel. **Antecipação de tutela: Da cautelar à técnica antecipatória**. São Paulo: Editora Revista dos Tribunais, 2013, p, 105.

55 "A variação no nível de probabilidade exigido pelo julgador para concessão de antecipação da tutela concerne tanto à eventualidade da dificuldade ou impossibilidade da prova sobre determinada alegação como à maior ou menor gravidade social associada ao litígio. A maior ou menor certeza sobre a veracidade das alegações flutua de acordo com as peculiaridades do direito material debatido em juízo." *Op.cit.*, p. 107.

seara das tutelas de urgência. Observa-se um esforço desmedido da doutrina, ainda fortemente apegada a conceitualismos, para atribuir pesos e medidas ao convencimento judicial, como se numa escala métrica pudesse ser aferido o grau de certeza e como se a convicção humana fosse produto de uma singela operação matemática. (...)

A doutrina italiana foi altamente balizada pelo pensamento racionalista matemático, notadamente na temática da cognição. É o que se infere do escólio de Calamandrei e toda a influência que seu pensamento exerceu nas legislações da Europa Continental e no processo civil brasileiro. O mestre peninsular buscara o escalonamento gradual do convencimento judicial, dissociando as noções de possiblidade, verossimilitude e probabilidade, a despeito de sustentar que a certeza não pode ser entendida como verdade absoluta.

Calamandrei, por primeiro, buscou sinonímia de cada uma das expressões usadas na linguagem comum, e nessa ótica, 'possível' seria aquilo que pode ser verdadeiro; 'verossímil' é o que tem aparência de ser verdadeiro. 'Provável' seria, etimologicamente, o que se pode provar como verdadeiro. Após isso, esclarece que tais diferenças não têm uma precisa correspondência no vocabulário dos juristas: no máximo, se tomarmos como termo de referência a comprovação da verdade, se pode dizer que essas três qualificações (possível, verossímil e provável) constituem nessa ordem, uma gradual aproximação, uma progressiva acentuação, em direção do reconhecimento do que é verdadeiro. Quem diz que um fato é 'verossímil', está mais próximo a reconhece-lo verdadeiro do que quem se limita a dizer que é 'possível'; e quem diz que é 'verossímil', já que vá além da aparência, e começa a admitir que há argumentos para fazer crer que à aparência corresponda à realidade'. E conclui: 'Mas trata-se de matizes psicológicas que cada julgador entende de seu modo'.[56]

Visto que o juízo, produto da cognição, é caracterizado em específico caso concreto em perspectiva subjetiva, poder-se-ia conjecturar que a atividade cognitiva igualmente assim se revelaria, o que justificaria o caráter abstrato e a imprecisão objetiva da tese conceitual de planos da cognição, notadamente – ao que interessa na presente obra – quanto ao plano vertical/ profundidade e seus níveis.

Diversamente, no entanto, acredita-se que a cognição não se pauta essencialmente na subjetividade que caracteriza o seu produto, o juízo. Essa distinção se justifica porque como atividade que é, a cognição se arrima na conduta intelectiva do sujeito (no caso, o julgador), que, ao seu turno,

[56] TUDA, Cláudio Takeshi; CÂMARA, Helder Morini; BARBOSA, Rafael Vinheiro Monteiro. O paradigma racionalista nas tutelas de urgência. In: ARMELIN, Donaldo. **Tutelas de urgência e cautelares**. São Paulo: Saraiva, 2010, p. 270.

necessariamente se pauta em elementos objetivos externos (sem embargo da utilização também de aspectos de sua subjetividade. Assim é que o julgador pratica a ação de examinar esses elementos objetivos externos para, com lastro neles, produzir seu juízo sobre determinado tema.

A despeito de a análise intelectiva, em si, ter carga subjetiva imprópria à medição, ou seja, não é possível auferir como o sujeito empreendeu o exame – se profundo, se superficial, convergindo esses dois conceitos à subjetividade presente nos juízos –, cabe, no entanto, verificar o que o sujeito examinou, sobre quais elementos objetivos externos a si recaiu sua análise intelectiva. Dessa feita, sendo a atividade cognitiva o resultado do exame subjetivo – impróprio à medição – sobre elementos externos objetivamente verificáveis, é que se conclui que a cognição pode ser objetiva e concretamente conceituada a vista dos elementos externos sobre os quais o julgador dispõe para exame.

Nessa ordem de ideias, conceitua-se cognição exauriente como aquela atividade cognitiva empreendida pelo julgador que tem à sua disposição para exame todos os elementos processualmente cabíveis em dado caso concreto. E quais elementos são esses? Numa relação jurídico-processual, o julgador decide sobre a controvérsia trazida pelas partes a luz de dois dados basilares: as alegações das partes e dos intervenientes no feito (por exemplo, *amicus curie e custos legis*) e as provas sobre os fatos por elas alegados. Logo, tendo se oportunizado a manifestação de autor e réu, em devido exercício do contraditório, tendo se manifestado os intervenientes admitidos no feito, bem como tendo sido produzidas todas as provas necessárias e úteis ao deslinde do litígio, está-se diante de todos os elementos processualmente cabíveis em dado caso concreto.

Impende esclarecer que por "alegações das partes, em devido exercício do contraditório", entende-se não a efetiva manifestação, mas, sim, a regular oportunidade para tal, a tempo e modo. A mesma inteligência se aplica aos intervenientes admitidos na relação processual. É que a manifestação da parte ou do interveniente no processo é direito potestativo que lhes compete, estando na sua alçada de decisão efetivamente pronunciar-se ou não (é claro, assumindo as consequências da postura que resolver adotar).

Ainda, para fins do que aqui se discorre, isto é, no prisma da conceituação de cognição, as alegações das partes e intervenientes não exigem reiteradas oportunidades de manifestação, inclusive em graus distintos de jurisdição. Inclusive, a perspectiva de contraditório substancial também assim não exige. Ao revés, basta ter sido oportunizada manifestação sobre dada alegação que já se tem o quadro de contraditório suficiente para configurar, na perspectiva desse elemento, o necessário para a cognição exauriente e em atenção ao contraditório substancial. Em outros termos, para se ter cognição exauriente (considerando por ora apenas o elemento "alegações das partes e intervenientes") não é necessário que se tenha oportunizado réplica ou tréplica, alegações finais ou razões recursais, até porque, pelo princípio da estabilização da demanda (consectário da segurança jurídica), é vedada inovação, de modo que sendo oportunizada manifestação sobre dada ocorrência ou alegação. É claro, porém, que se houver inovação no debate, nova oportunidade de manifestação deve ser conferida à parte, pois assim reclama o contraditório em perspectiva substancial.

No que toca às provas, mister considerar as diretrizes que guiam sua produção no processo: o julgador é o destinatário último das provas, que objetivam influir no seu convencimento sobre a questão trazida à sua solução; e, em observância do princípio da adstrição/congruência, bem como à economia processual, as provas devem ser aquelas necessárias e úteis ao deslinde das controvérsias (art. 370 do CPC/2015).

O contraditório, que na atualidade acertadamente se compreende dever ser substancial e efetivo, com posição ativa também do julgador e, inclusive, distribuição dinâmica do ônus da prova não altera esses nortes da produção probatória. Ou seja, o devido contraditório não autoriza a produção de provas que recaiam sobre objeto transcendente aos lindes do conflito, não possibilita a produção de prova impertinente à comprovação do fato controvertido (por exemplo, prova pericial, quando o caso não exige conhecimento técnico especializado), tampouco permite a produção de provas sobre fatos não controvertidos ou já suficientemente provados de modo válido, competindo ao julgador o pronunciamento dessa suficiência, em vista de sua posição de destinatário da prova (dado que é ele quem deve empreender a cognição para emitir juízo sobre a controvérsia).

A observância desses nortes é pertinente à cognição exauriente que ora se conceitua, dado que o magistrado empreenderá cognição desse jaez quando dispor de todos os elementos probatórios cabíveis no caso concreto, o que, por óbvio, não exige tenha sido oportunizada a produção e/ou produzidos todos os meios de prova em tese admitidos em direito; é imprescindível a pertinência do meio de prova aos contornos da lide, bem como sua necessidade e utilidade para solução da controvérsia.

Há que se considerar, ainda, a regra de julgamento insculpida no art. 373 do CPC/2015 (correspondente em parte ao art. 333 do CPC/1973), que distribui – em regra estaticamente – entre autor e réu o ônus da prova, ensejando como consequência da inobservância desse ônus a conclusão de que o fato alegado pela parte não restou provado. Muito embora o magistrado também disponha de poder instrutório, sendo-lhe possível de ofício determinar a produção de provas, tal expediente não afasta o ônus da parte nesta seara e a consequência da inobservância desse ônus, eis que o processo se guia prioritariamente pelo princípio dispositivo. Fazem-se essas ponderações porque ainda que não tenham sido efetivamente produzidas todas as provas cabíveis no caso concreto, porque as partes assim conduziram o feito, não se desincumbindo de seu ônus probatório, encerrada essa fase e estando a demanda apta à completa decisão, empreenderá o magistrado cognição exauriente, porquanto, naquele caso concreto, os elementos de que detém para julgar são todos os possíveis.

Já se sinalizou que cognição sumária se conceitua negativamente, é dizer, é cognição sumária aquela que não é exauriente. Pois bem. Valendo-se do critério conceitual objetivo, ditado pelos elementos concretos de que o julgador dispõe para exame, tem-se que a cognição sumária é aquela atividade cognitiva na qual o julgador ainda não detém para sua análise todos os elementos cabíveis, é dizer, ainda não se oportunizou a manifestação de autor e réu ou interveniente, em devido exercício do contraditório, e/ou não foram produzidas todas as provas necessárias e úteis ao deslinde do litígio[57].

---

[57] A despeito de abordar o tema sob perspectiva diversa, é possível colher da obra de Daniel Mitidiero o caráter objetivo que na presente tese marca a conceituação de cognição sumária: "A antecipação de tutela está ligada à probabilidade das alegações. É preciso valorar a adequação da hipótese afirmada pela parte, analisar as provas produzidas e promover um confronto entre hipótese e prova, ainda que se exija grau menos elevado de certeza a respeito da veracidade das alegações para sua concessão. Não basta a verossimilhança para a antecipação de tutela – isto é, não basta a valoração da alegação da parte à luz daquilo que normalmente acontece. Se bastasse a verossimilhança, correr-se-ia o risco de agredir a esfera jurídica da parte sem suficiente grau de certeza a respeito da veracidade das alegações – violando-se, portanto, o direito à segurança jurídica do processo. Ao permitir juízos de cognição sumária, é certo que o legislador autoriza a prolação de provimentos provisórios *fundados em versões unilaterais da causa e em quadros probatórios incompletos*. Daí não se tire, porém, que o legislador tenha renunciado à confirmação – ainda que em grau menor – das alegações da parte para concessão da tutela jurisdicional." MITIDIERO, Daniel. **Antecipação de tutela: Da cautelar à técnica antecipatória.** São Paulo: Editora Revista dos Tribunais, 2013, p. 105-106.

Oportuno esclarecer que Daniel Mitidiero denomina tutela antecipatória ou antecipação de tutela a técnica pela qual se prestada a tutela fundada em cognição sumária, pelo que, nessa esteira, é tutela antecipatória ou antecipação de tutela tanto os provimentos conservativos (cautelares), quanto os satisfativos.

Também na esteira de conceituação objetiva da cognição sumária: "Na cognição sumária, exige-se a demonstração de certos fatos (e não a totalidade deles) para que uma providência seja concedida. Nesses casos, não há prova inequívoca acerca dos fatos, mas simples probabilidade, porque existem ainda provas a ser produzidas. Todavia, tal probabilidade é suficiente para que os órgãos jurisdicionais concedam a proteção." LUCON, Paulo Henrique dos Santos. **Eficácia das decisões e execução provisória.** São Paulo: Revista dos Tribunais, 2000, p. 190. Citando Edoardo Ricci, prossegue o autor: "Em linhas gerais, é possível afirmar que na cognição sumária há 'uma apreciação plena e completa de caráter parcial (enquanto tendo por objeto o material já disponível) e uma apreciação de caráter provável e sumário sobre aquilo que poderá emergir no futuro'." *Op. cit.* p. 191.

Assim é que, ainda que se esteja diante de prova pré-constituída, não sendo cabível ou possível no caso outros meios de prova, ou de controvérsia estritamente jurídica, que também prescinde de dilação probatória, aquela decisão exarada sem observância de contraditório prévio se esteia em cognição sumária, ou seja, atividade cognitiva superficial/perfunctória, nos dizeres de Kazuo Watanabe, não profunda no plano vertical, que terá como resultado conclusão sobre a questão controvertida que revela juízo de probabilidade, não juízo de certeza. Exemplo notório é a liminar da decisão de mandado de segurança.

Cumpre repisar que sendo oportunizado o devido contraditório, ainda que não efetivamente exercido, a atividade cognitiva exercida pelo julgador será exauriente, não sumária. Outrossim, sendo facultada uma única vez, tempestivamente, é claro, as manifestações das partes, a cognição pautada nessa oportunidade (efetivamente exercida ou não), sob o prisma desse elemento (sem embargo da perspectiva dos elementos probatórios) também será exauriente, sendo desnecessário para o espectro da conceituação de cognição, como já se ressaltou, reiteradas oportunidades de manifestação, inclusive em graus distintos de jurisdição.

Sublinhe-se também que o contraditório jamais pode ser completamente preterido, isto é, não oportunizado, sob pena de nulidade da decisão que o desrespeita. O que a ordem jurídica admite é que o contraditório seja diferido, isto é, que não seja prévio, mas facultado na mesma relação jurídico -processual após a decisão do julgador, pela via de petitório que requeira retratação (se cabível) e/ou reforma, ainda que esta última pretensão seja direcionada ao órgão recursal.

Entretanto, sendo imperativo constitucional a observância do contradi tório, que, verdadeiramente, alcança sua máxima potencialidade pela via do contraditório prévio, a excepcionalidade do contraditório diferido apenas se justifica em situação específica, taxativamente prevista pelo legislador, ou, na generalidade dos casos, em ocorrências de urgência, em que em exercício de ponderação se sacrifica o basilar direito ao contraditório prévio em benefício da preservação do direito ou da utilidade da prestação jurisdicional definitiva. Acredita-se, então, que, na generalidade dos casos, inexistindo situação de perigo, não há que falar em provimento jurisdicional *inaudita altera parte*.

Lado outro, ainda que tenham ambas as partes se manifestado – por exemplo, o autor na exordial, e o réu na contestação –, sendo cabível no caso concreto a produção de outras provas sobre os fatos controvertidos, a cognição que o julgador realizará neste momento processual sobre dada pretensão será sumária, visto que não amparada em todos os elementos probatórios cabíveis no caso. É o que se verifica, por exemplo, quando é deduzido pedido de tutela provisória, antecedente ou incidental, e, antes de o magistrado julgá-lo, é oportunizado o devido contraditório, sendo que, no entanto, ainda que as partes tenham instruído suas manifestações com provas iniciais de suas alegações, é cabível a produção de outras provas na fase processual específica.

Observe-se que o quadro que se delineia envolve uma potencial produção probatória futura, que determina a cognição realizada no presente como sumária, dado que carecedora das possíveis provas a serem futuramente produzidas. Ocorre que, como é inerente à possibilidade, é possível que no futuro novas provas sejam efetivamente produzidas, como é possível que no futuro essas novas provas não sejam efetivamente produzidas, é dizer, que concretamente no processo inexistam outros elementos de prova para além daqueles que estribaram a cognição sumária antes proferida.

Nesse cenário, emerge a indagação: a cognição sumária antes proferida no processo transformou-se em cognição exauriente pela efetiva não produção de outras provas no caso? Em outros termos, a (não) ocorrência processual futura tem efeitos retroativos para transmutar a natureza da cognição já realizada? A resposta que se reputa correta é negativa.

A cognição sumária assim o é porque se fundamenta em dados processuais presentes e na possibilidade de atos processuais futuros. A cognição exauriente, ao seu turno, baseia-se apenas em dados processuais presentes e no descabimento, isto é, na impossibilidade de elementos processuais futuros que acrescentem o conjunto de elementos para intelecção do julgador.

Logo, na hipótese em que se realizou cognição sumária, considerando a possibilidade de outras provas futuras no caso e, concretamente, alcançando o feito a fase decisória sem que efetivamente essas outras provas tenham sido produzidas, será empreendida aqui nova cognição, dessa vez exauriente, porquanto lastreada em todos os dados processuais presentes (mesmo que idênticos àqueles examinados na cognição sumária) e na impossibilidade de elementos processuais futuros.

A mesma conclusão se impõe quando se tem em vista o contraditório, e tal se dá até com maior razão, visto que o contraditório – notadamente no tema ora em análise – refere-se à oportunização de seu exercício e não à efetiva manifestação no processo. Nessa esteira, a cognição sumária assim caracterizada pela não completude do contraditório não se transforma em cognição exauriente na hipótese de, alcançada a fase decisória do feito, a parte efetivamente não tenha se manifestado; o que haverá, sim, é nova cognição, dessa vez exauriente, considerando a impossibilidade de manifestação futura da parte, diga-se, posterior à nova cognição. É claro que no processo sempre deverá ser oportunizado o contraditório, de modo que ainda que na cognição sumária essa oportunização excepcionalmente não tenha se verificado (na hipótese de contraditório diferido), necessariamente ela, a oportunização e não a efetiva manifestação, deve existir na cognição exauriente, sob pena de nulidade do feito.

Outra situação de cognição sumária é quando concorrem as duas hipóteses ventiladas alhures: não foi ainda oportunizado o devido contraditório e, também, não foi ainda facultada a produção de provas no caso concreto. Neste cenário, induvidosamente a decisão exarada pelo magistrado sobre qualquer questão controvertida será lastreada em cognição sumária, conduzindo a juízo de probabilidade.

1.4.1 Espécies de controvérsias adequadas à cognição sumária

Os conceitos de cognição sumária e cognição exauriente aqui entabulados com amparo no objetivo critério dos elementos processuais analisados conduzem ao exame das espécies de controvérsias adequadas a cada estirpe de cognição. Sem dúvidas, é passível de cognição exauriente tanto as controvérsias fáticas, quanto as controvérsias jurídicas, mormente tendo em vista que a cognição exauriente é a que, segundo nosso sistema processual, conduz à solução definitiva do litígio.

A cognição sumária, ao seu turno, também induvidosamente é cabível quanto a controvérsias fáticas. É que, nestas, dissentem as partes quanto à ocorrência de fatos alegados (se ocorreram e como ocorreram), dissenso cuja solução exige instrução probatória com o fito de apurar qual alegação de fato corresponde à realidade. Como a cognição sumária é aquela que se empreende com vistas a alguns elementos probatórios, cabendo potencialmente outros a serem futuramente produzidos no feito, e/ou com amparo em apenas alegações de uma/algumas dos envolvidos (não todos), a cognição sumária é plenamente cabível quanto a controvérsias fáticas, porquanto estas comportam esses potenciais elementos futuros que caracterizam a sumariedade da cognição.

Lado outro, quando entre os litigantes não existe discordância quanto aos fatos alegados, residindo a controvérsia estritamente na esfera jurídica – por exemplo, sobre as consequências jurídicas de determinados fatos, sobre a aplicação ou não de determinada previsão legal etc. – descabida é a instrução probatória, porquanto desnecessária é a prova de fatos incontroversos. Dessa feita, descabe também a cognição sumária na perspectiva estrita do elemento probatório, vez que não haverá prova futura que possa compor o quadro processual submetido à intelecção do julgador.

Contudo, pelo prisma do elemento alegações das partes, é cabível a cognição sumária mesmo tratando-se de controvérsia estritamente jurídica desde que o contraditório não tenha sido estabelecido, dado que é possível que julgador exare juízo de probabilidade com vistas ao efetivo pronunciamento de apenas algumas das partes e, futuramente no feito, sua convicção seja influenciada por manifestações de outros sujeitos processuais. Exemplo é a decisão liminar em ação de improbidade administrativa, quando os fatos já estejam aprioristicamente assentados e incontroversos e se diverge a respeito da qualificação jurídica como ato improbo: o magistrado, ao decidir o pedido liminar de bloqueio de bens o faz com vistas apenas às alegações do autor, quando ainda não se encontram a seu dispor todas as manifestações das partes, de modo que o conteúdo de seu juízo pode se alterar a luz do que for juridicamente aduzido futuramente pelo réu, com invocação de teses jurídicas, dispositivos normativos, entendimentos doutrinários e/ou jurisprudência.

Oportuno invocar na temática que ora se analisa o brocardo *"iura novit cúria, da mihi factum, dabo tibi jus"*, eis que essa secular lição não pode ser compreendida prescindindo o contraditório da prestação jurisdicional. Pelo contrário, é cediço a imperatividade da observância do contraditório, de indelével importância na formação da convicção do julgador, na controlabilidade racional das decisões e, por conseguinte, na segurança jurídica[58-59].

[58] "A moderna dinâmica do contraditório, indispensável à implantação do *processo justo*, está presente nas 'normas fundamentais' constantes de três artigos, quais sejam, o 7º, o 9º e 10 do novo CPC. O contraditório, outrora visto como dever de audiência bilateral dos litigantes, antes do pronunciamento judicial sobre questões deduzidas separadamente pelas partes contrapostas, evoluiu, dentro da concepção democrática do processo justo idealizado pelo constitucionalismo configurador do Estado Democrático de Direito. Para que o acesso à justiça (CF, art. 5º, XXXV) seja pleno e efetivo, indispensável é que o litigante não só tenha assegurado o direito de ser ouvido em juízo; mas há de lhe ser reconhecido e garantido também o direito de participar, ativa e concretamente, da formação do provimento com que seu pedido de tutela jurisdicional será solucionado.
Quer isto dizer que nenhuma decisão judicial poderá, em princípio, ser pronunciada sem que antes as partes tenham tido oportunidade de manifestar sobre a questão a ser solucionada pelo juiz. O contraditório, nessa conjuntura, tem de ser prévio, de modo que ao julgador incumbe o dever de primeiro consultar as partes para depois formar sue convencimento e, finalmente, decidir sobre qualquer ponto controvertido importante para a solução da causa, ou par ao encaminhamento adequado do processo ao seu fim.
O que prevalece, portanto, é que o contraditório do *processo justo* vai além da bilateralidade e da igualdade de oportunidades proporcionadas aos litigantes, para instaurar um *diálogo entre o juiz e as partes*, garantindo ao processo 'uma atividade verdadeiramente dialética', em proporções que possam redundar não só em um procedimento justo, mas também em uma decisão justa, quanto possível." THEODORO JÚNIOR, Humberto. **Curso de Direito Processual Civil.** vol. I. 57. ed. Rio de Janeiro: Forense, 2016, p. 85-86.
"Em outra perspectiva, admitindo-se a prova como argumento de discussão, as novidades na valoração dos fatos pelo juiz devem ser obrigatoriamente debatidas com as partes. Resgata-se a humanidade no debate judicial. A 'verdade' abandona a perspectiva matemática para ser mais acessível e contingente, adequada à sociedade e ao tema discutido. Por esta razão já se falou em relativização dos brocardos *iura novit curia* e *da mihi factum, dabo tibi ius* para a admissão do contraditório preventivo." ZANETI, Jr. Hermes. O problema da verdade no processo civil. In. **Revista de Processo**. v.29, n.116, p.334-371, jul./ago., 2004, p. 345.

[59] Sobre a compreensão de segurança jurídica adotada na presente obra, *Cf.* itens 2.1 – "A baliza necessária ao processo civil: a efetividade dos direitos" –, 2.2 – "Revisitação de bases do processo civil em busca do processo aprioristicamente vocacionado à efetividade dos direitos" e 4.1 – "A sumarização da prestação jurisdicional e a preocupação com a segurança jurídica na tutela do direito provável".

Nessa esteira é que no Código de Processo Civil de 2015 prevê em seu artigo 10 que "o juiz não pode decidir, em grau algum de jurisdição, com base em fundamento a respeito do qual não se tenha dado às partes oportunidade de se manifestar, ainda que se trate de matéria sobre a qual deva decidir de ofício". Assim é que segue competindo ao magistrado aplicar o direito aos fatos trazidos pelas partes, fazendo-o, no entanto, em atenção ao contraditório, oportunizando às partes trazerem ao feito suas alegações jurídicas com o desiderato de influir no convencimento do julgador.

Logo, cuidando-se de controvérsia estritamente jurídica e estando estabelecido no caso o contraditório, a cognição a ser realizada pelo magistrado terá necessariamente natureza exauriente, porquanto ao tempo da decisão já estão à disposição do julgador todos os elementos necessários para solver com profundidade a questão de direito. Apenas há que se falar em cognição sumária em situação de controvérsia jurídica quando ainda não oportunizado no caso o contraditório.

Por fim, também é cabível a cognição sumária em relação a controvérsias fático-jurídicas, aquelas em que há dissenso fático a respeito da subsunção ou não do caso concreto ao substrato fático da norma ou precedente, além de poder haver também discussão a respeito da qualificação jurídica aplicável ao caso. Destarte, como a questão fática exige lastro probatório para sua solução, é possível que a decisão judicial seja proferida com vistas a alguns elementos probatórios, cabendo potencialmente outros a serem futuramente produzidos no feito, e/ou com amparo em apenas alegações de uma/algumas dos envolvidos (não todos) a respeito das discussões fáticas e também jurídicas.

1.4.2 Considerações comparativas entre cognição sumária e cognição exauriente

Importa, ainda para compreensão conceitual do tema, tecer considerações comparativas entre cognição sumária e cognição exauriente.

Na perspectiva conceitual objetiva que ora se propõe, visando dotar de concretude o entendimento sobre as espécies de cognição, é notório que a cognição exauriente é mais completa que a cognição sumária, porquanto o exame do julgador, naquela atividade cognitiva, estriba-se em mais elementos que nesta: na exauriente, o contraditório foi estabelecido (diga-se, oportunizado) e na sumária pode não ter sido ainda oportunizada alegações de todos os envolvidos; na exauriente, foi facultada a produção de todos os meios de prova cabíveis e na sumária essa ocasião ainda não se verificou.

Nessa ordem de ideias, é possível também qualificar a cognição exauriente como mais robusta que a cognição sumária, conduzindo o julgador a juízo de certeza (estado de consciência subjetivo no qual se reputa que as alegações correspondem precisamente à realidade), ao passo que a cognição sumária tem como produto juízo de probabilidade, que, como consectário de ser fruto de exame objetivo sobre menos elementos que aqueles analisados na cognição exauriente, é um *minus* em comparação ao juízo de certeza, é dizer, cuida-se de estado de consciência subjetivo no qual se reputa que as alegações provavelmente (não precisamente) correspondem à realidade.

A constatação de que os juízos de certeza e de probabilidade são essencialmente subjetivos não prejudica o importante caráter objetivo que é possível identificar nas atividades cognitivas que lhes resultam, objetividade que, por consequência, reflete no juízo de certeza e no juízo de probabilidade. Assim é que cabe afirmar, também, que juízo de certeza é aquele emitido como base em atividade cognitiva que se ampara em todos os elementos processuais de dado caso concreto, ou melhor, em devido contraditório e instrução probatória; e juízo de probabilidade, ao seu turno, é aquele entendimento que se funda em atividade cognitiva sobre parte dos elementos processuais cabíveis de um caso concreto, alegações de apenas algum dos envolvidos (não todos) e/ou instrução probatória incompleta.

Em vista da carga subjetiva que permeia a noção de certeza e probabilidade, poder-se-ia conjecturar que a discussão que ora se traz à reflexão e os conceitos que ora se propõem seriam uma tentativa inócua de categorizar o que seria impassível de tal apreensão científica. É, aliás, nesse diapasão o tom da crítica que muitos direcionam às propostas de sistematização do elemento cognitivo da tutela jurisdicional, sobretudo da tutela provisória, concluindo que é inócua a tentativa de empregar raciocínio cartesiano, próprio das ciência exatas, ao que se passa no campo das convicções de um sujeito[60].

---

[60] Nesse sentido: "Do ponto de vista epistemológico, Calamandrei já refreava qualquer crença exagerada na aptidão do processo para a verdade e a certeza. Dizia ele que 'mesmo para o juiz mais escrupuloso e atento vale o limite fatal da relatividade da natureza humana: o que vemos é só o que parece que vemos. Não verdade, mas verossimilhança: aparência (que pode ser também ilusão) de verdade' (*Verdad e verosimilitud. In: Studios sobre el processo civil.* V. III. Buenos Aires: EJEA, 1973, p. 319). A doutrina, entretanto, não raro apresenta classificações que sugerem uma gradual aproximação à verdade. Não parece possível, todavia, medir graus de convencimento de forma segura a ponto de afirmar que o exercício de uma cognição plena e exauriente traz efetiva aproximação à verdade ou mesmo que esteja apta, por si só, a gerar o sentimento de possuí-la. Qual a régua, ademais, para medir convicções ou estados subjetivos? O que assegura a permanência do dúbio após cognição plena e exauriente conforme o modelo do procedimento ordinário? Todas as propostas de uma 'tabela' de aproximação gradual à verdade perdem-se em imprecisões semânticas e na total ausência de critério objetivo para um dimensionamento dessa espécie. Poder-se-ia dizer, é bem verdade, que a plenariedade da cognição aumenta a segurança da decisão, ampliando a investigação

A crítica – a despeito de acertada em seu fundamento –, no entanto, não elide a necessidade de diretrizes objetivas na atividade de julgar, porquanto apenas essas balizas são racionalmente controláveis e, assim, servem à segurança jurídica, basilar ao Estado de Direito.

Nessa perspectiva de controle racional, em atenção à segurança jurídica, que se revelam dois importantes consectários das, já expostas neste capítulo, compreensões conceituais objetivas de cognição exauriente e cognição sumária e da relação existente entre elas. Trata-se de consequências processuais de cruciais relevâncias, teórica e prática.

A primeira é a de que a decisão que se pauta em cognição exauriente e, assim, veicula juízo de certeza, necessariamente se sobrepõe à decisão anterior sobre a mesma questão lastreada em cognição sumária e que, desse modo, traz juízo de probabilidade. Seja mantendo, seja modificando em parte, seja cassando por completo[61] a conclusão lançada na tutela pautada em cognição sumária, a tutela subsequente, firmada em cognição exauriente, irá suplantar, substituindo, a anterior firmada em cognição exauriente, sendo despiciendo que o magistrado assim expressamente assinale na decisão.

Tal se verifica pela razão objetiva de que, na cognição exauriente, foram analisados os mesmos elementos em que se estribou a cognição sumária anterior e também outros, encerrando o substrato de exame na completude dos elementos processuais cabíveis em dado caso concreto. Em termos claros, como uma análise é mais completa que outra, é forçoso que ela se sobreponha à anterior incompleta.

---

das questões relevantes e que, por isso, deve ser prestigiada pelo sistema. Cuida-se, como é evidente, de uma opção adotada em vista do valor segurança." FLACH, Daisson: Estabilidade e controle das decisões fundadas em verossimilhança: elementos para uma oportuna reescrita. In ARMELIN, Donaldo. **Tutelas de urgência e cautelares**. São Paulo: Saraiva, 2010, p. 298-299.

61 Nesse sentido, é a lição de José Roberto dos Santos Bedaque: "Rejeitada a pretensão do autor, não parece possível sejam mantidos os efeitos decorrentes da antecipação da tutela. Essa providência foi tomada com base em cognição sumária, que apontou para a probabilidade do direito afirmado na inicial. Investigação mais profunda dos fatos revelou, todavia, o equívoco dessa conclusão, o que motivou a improcedência da pretensão.

Não é compatível com esse resultado manterem-se os efeitos gerados pela antecipação, que pressupõem direito provável, mas que agora, diante da cognição exauriente, mostrou-se inexistente.

Mesmo que omissa a sentença sobre a revogação do provimento concessivo da antecipação, deve-se entender existente ordem implícita nesse sentido. É exatamente o que se verifica em relação a sentença favorável ao autor de demanda cautelar autônoma, se improcedente a pretensão principal. Haverá cessação da eficácia da medida de urgência, que estava condicionada ao deferimento da tutela definitiva no processo de conhecimento. (...)

Nada impede, porém, dirija-se o apelante ao tribunal, em conformidade com o disposto no art. 800, parágrafo único, do Código de Processo Civil, e pleiteie novamente a concessão da tutela antecipada." BEDAQUE, Jose Roberto dos Santos. **Tutela cautelar e tutela antecipada: tutelas sumarias e de urgência: (tentativa de sistematização)**. 3. ed. São Paulo: Malheiros, 2003, p. 395-396.

Inclusive, mesmo nas situações decisórias exaurientes em que concretamente não existem outros elementos, além daqueles examinados por ocasião da cognição sumária, pode-se afirmar que o cenário sob exame é diverso: a cognição exauriente tem em vista o quadro efetivo de apenas determinados elementos para análise, diversamente da cognição sumária, que a despeito de ter se baseado nos mesmos elementos, a eles agregava o potencial de elementos outros futuros.

Essa primeira consequência é imperativo da segurança jurídica, isto é, da previsibilidade e do controle racional que ela reclama. Restringir a compreensão sobre cognição e juízo à órbita subjetiva obsta o controle de dada decisão por qualquer outro sujeito que não seu prolator, afinal, se se entender que juízo de certeza e juízo de probabilidade são tão somente estados de consciência subjetivos, desconsiderando objetivos elementos sobre os quais recaem a cognição, como poderemos efetivamente identificar e discernir juízo de certeza de juízo de probabilidade, cognição sumária/superficial de cognição exauriente? Mesmo porque é plenamente possível que um sujeito, com base em um único elemento, ou sem qualquer um, com esteio em uma crença, uma intuição, ou vivências próprias anteriores, tenha convicção sobre a procedência ou não de uma alegação; isso é o juízo de certeza para fins processuais? Como outro sujeito pode questionar essa convicção? Como realizar o controle racional? Como ter segurança nas relações e, em específico, na relação que se estabelece para solução de um conflito? É óbvio que nossa sociedade, pelo menos no plano teórico-jurídico, há muito superou o cenário de soberania do subjetivismo e ausência de controle; sem prejuízo de outros campos tão ou mais relevantes para essa evolução, vale assinalar que a própria história do processo assim nos revela.

Logo, o processo não pode ficar à mercê de estados de consciência incontroláveis para identificar qual decisão irá prevalecer. O processo exige controle racional, exige previsibilidade, exige segurança, exige que os atos processuais convirjam para uma resposta final do órgão jurisdicional, pelo que é imperativo definir, aprioristicamente e de forma geral e abstrata, isto é, de modo válido para qualquer processo, qual decisão irá prevalecer, mormente em caso de conflito: a fundada em cognição exauriente ou a fundada em cognição sumária? E para essa definição, é premissa lógica que se identifique qual foi a cognição sumária e qual foi a exauriente.

A primeira consequência aqui enunciada pode dar azo ao entendimento de que não coexistem cognição sumária e cognição exauriente. Mas essa conclusão merece esclarecimentos. Importa ter em vista que o mesmo órgão jurisdicional não pode, em regra, emitir dois juízos sobre a mesma questão, isto é, não lhe é dado sequer realizar nova cognição, exatamente para não ter nem mesmo risco de alcançar juízo diverso daquele já exarado. Essa regra é mais um mandamento da segurança jurídica, com o fito de obstar que os conflitos se perpetuem e até se eternizem sem solução que lhe ponha cabo. Em síntese, esse o fundamento da chamada preclusão *pro iudicato*, que é preclusão consumativa direcionada ao julgador: uma vez decidindo o magistrado dada questão, não lhe é mais cabível, em regra, fazê-lo[62]. Diz-se em regra porque a ordem jurídica, em situações pontuais, admite juízo de retratação do julgador, ocorrências essas avaliadas pelo legislador, que reputou que a excepcionalidade da retratação não prejudica a integridade do sistema, reforçando-a, sim, ao vocacioná-lo à solução da controvérsia. Do mesmo modo, há entendimento prevalente em jurisprudência de que a preclusão *pro iudicato* não alcança as chamadas matérias de ordem pública[63].

A regra da preclusão *pro iudicato* não alcança, contudo, a relação comparativa entre cognição sumária-juízo de probabilidade e cognição exauriente-juízo de certeza. Assim é que mesmo versando sobre a mesma questão controvertida, pode o magistrado empreender cognição sumária, emitindo juízo de probabilidade e, posteriormente, realizar nova cognição, dessa vez exauriente, que o conduza a juízo de certeza. Cuida-se de juízos diferentes e, por isso, não há o óbice da preclusão *pro iudicato*, não há ofensa à segurança jurídica. Pelo contrário, é previsível que aquele que empreendeu exame incompleto – na perspectiva de incompletude de elementos analisados – possa, posteriormente, realizar exame completo que, exatamente por ser completo, irá substituir ao anterior.

---

62 "É certo que a preclusão temporal se destina apenas às partes, mesmo porque os prazos para a prática de atos do juiz são 'impróprios' (...). O mesmo, porém, não se passa com a preclusão consumativa, de sorte que, quando o juiz enfrenta uma questão incidental e soluciona por meio de decisão interlocutória, não se pode deixar de reconhecer que, por força do art. 505, está formada também para o órgão judicial, a preclusão *pro iudicato,* de modo que a impedi-lo, fora das vias recursais, de voltar ao reexame e rejulgamento da mesma questão em novos pronunciamentos no processo. Somente não ocorrerá esse tipo de preclusão quando afastada por regra legal extraordinária, como se dá, *v.g.*, com as condições da ação e os pressupostos processuais (art. 485, § 3º)." THEODORO JÚNIOR, Humberto. **Curso de Direito Processual Civil.** vol. I. 57. ed. Rio de Janeiro: Forense, 2016, p. 1122-1123.

63 "Não há que se falar em preclusão *pro judicato*, pois é possível ao julgador revogar decisão que dispôs sobre a viabilidade das substituições processuais, por se tratar o reconhecimento da ilegitimidade ativa de matéria de ordem pública. Precedentes: REsp. n. 955.005 / RS, Primeira Turma, Relator Ministro José Delgado, julgado em 26/02/2008; EREsp. n. 295.604 / MG, Primeira Seção, Rel. Min. Eliana Calmon, julgado em 12.9.2007; REsp. n. 327.168 / DF, Segunda Turma, Rel. Min. Castro Meira, julgado em 17.8.2004; REsp. n. 1.054.847 / RJ, Primeira Turma, Rel. Min. Luiz Fux, julgado em 24.11.2009; REsp. n. 781.050 / MG, Quarta Turma, Rel. Min. Cesar Asfor Rocha, julgado em 9.5.2006." (STJ; AgRg no REsp 959.518/RS, Rel. Ministro MAURO CAMPBELL MARQUES, SEGUNDA TURMA, julgado em 23/03/2010, DJe 12/04/2010).

A segunda consequência da compreensão conceitual objetiva de cognição exauriente e cognição sumária e da relação existente entre elas aproxima-se da primeira consequência: o juízo de probabilidade, resultante de cognição sumária, é em regra provisório, porquanto é de sua essência, em tese, diga-se, potencialmente, comportar confirmação, modificação ou cassação por decisão futura fundada em cognição exauriente.

Isso não significa asseverar que a tutela provisória não pode se estabilizar, solucionando a controvérsia sem imperatividade de decisão amparada em cognição exauriente. Ao revés, a possibilidade de autonomia da tutela provisória é opção legislativa, adotada no ordenamento pátrio, no novo Código de Processo Civil, apenas (e, nesse ponto, injustificadamente, acredita-se) quanto à tutela antecipada antecedente. Por isso que é se diz que o juízo de probabilidade é "potencialmente", "em regra" provisório.

Entende-se, aliás, que mesmo não sendo a hipótese de estabilização, a modificação do convencimento exarado na tutela pautada em cognição sumária é potencial e não necessariamente cabível. Potencial, porque em vista de contraditório ou instrução probatória supervenientes ao juízo de probabilidade pode o magistrado alterar sua conclusão. Todavia, na hipótese de efetivamente não ocorrer nova alegação das partes ou instrução probatória posteriores à referida decisão, a rigor a cognição nela realizada já examinou todos os efetivos elementos processuais, não comportando que o magistrado decida em sede exauriente de modo diverso.

Reitere-se que não se está a afirmar que a cognição que fora sumária passará a ser encarada como cognição exauriente, como se sua caracterização transmutasse com efeitos retroativos ao sabor de ocorrências processuais futuras. Em outras palavras, ao se concluir que não pode o magistrado decidir em sentido diverso do juízo de probabilidade anteriormente exarado, não se está a aduzir que a decisão interlocutória anteriormente exarada pôs fim ao processo.

Acredita-se que, no contexto da opção legislativa de não estabilização da decisão fundada em cognição sumária (isto é, opção em que o processo se encerra com cognição exauriente), necessário é que o julgador prolate nova decisão, assentando fazê-lo em cognição exauriente, isto é, com esteio em todos os elementos processuais daquele caso concreto – mesmo porque naquela fase processual incabíveis novos (inovação nas alegações das partes e/ou produção de novas provas) –, ainda que esses elementos sejam os mesmos já existentes quando da cognição sumária.

Poder-se-ia apontar que seria apenas uma formalidade a decisão fundada em cognição exauriente não poder contrariar a anterior decisão sumária. Não obstante, não se pode perder de vista que a vedação aqui defendida é guardiã da preclusão *pro iudicato*, que, ao seu turno, é consectária da segurança jurídica. Ademais, importa a realização de cognição exauriente e prolação de nova decisão nela fundada, ainda que com esteio nos mesmos elementos anteriores e com conteúdo idêntico ao exarado em juízo de probabilidade, porque a ordem jurídica confere a essa decisão a qualidade da coisa julgada material, qualidade não conferida (acredita-se, também por opção legislativa) à decisão lastreada em cognição sumária.

Observe-se que a *ratio* do entendimento aqui defendido é que os mesmos elementos analisados não podem conduzir o julgador a conclusão diversa da anteriormente prolatada. Tanto assim que a ordem jurídica admite que o julgador empreenda outra cognição sumária, mesmo quando já havida cognição dessa estirpe no feito, se aquela nova cognição se estribar em conjunto de elementos distinto do anteriormente analisado, isto é, se ainda que permaneçam presentes elementos anteriormente examinados, existam outros novos. Lado outro, mesmo a cognição sumária dando azo a juízo de probabilidade, potencialmente provisório, é assente que a ordem jurídica não admite nova cognição sumária quando inexistentes elementos outros diversos dos anteriormente examinados. Uma vez mais, o fundamento para a vedação é a preclusão *pro iudicato* e, em última análise, a segurança jurídica.

Em suma, tem relevo na temática os elementos objetivos da atividade cognitiva do julgador: é descabida, mesmo em tese, nova cognição exauriente pelo mesmo órgão julgador, porquanto dado que a cognição exauriente assim o é porque lastreada em todos os elementos processuais, impossível existir novos "todos elementos" diferentes dos anteriores. A cognição sumária, por sua vez, comporta em tese nova cognição sumária, pois como tal cognição é potencialmente incompleta, são possíveis diferentes situações, diga-se, graus de incompletude, pelo que havendo elementos novos em comparação ao exame anterior, é cabível nova cognição[64].

---

64 "Tendo em conta o direito ao processo justo e, particularmente, o direito à segurança jurídica, a revogação da antecipação de tutela só pode ter lugar se os seus pressupostos autorizadores estiverem presentes. Em outras palavras, o órgão jurisdicional não é livre para revogar a decisão antecipada de qualquer modo e a qualquer momento. Em primeiro lugar, tem de respeitar determinados pressupostos processuais: a revogação da antecipação de tutela deve ser requerida pela parte interessada, sendo vedada a atuação de ofício, sendo imprescindível ainda adequada motivação da decisão. Em segundo lugar, a revogação da antecipação de tutela está subordinada à ocorrência de um pressuposto material – o aparecimento de novas circunstâncias ("*circontances nouvelles*", como, aliás, expressamente exige o art. 488, segunda parte, do *Code de Procédure Civile* francês). A realização do contraditório e a produção de outras provas são motivos suficientes que autorizam a revogação da antecipação de tutela. No entanto, o simples reexame da questão jurídica pelo órgão jurisdicional não autoriza a revogação da antecipação de tutela, sob pena de fragilizado o direito à estabilidade da ordem jurídica, que constitui elemento essencial do direito à segurança jurídica. Revogada a antecipação de tutela, a causa tem de retornar imediatamente ao estado anterior à concessão da medida."

Por tudo isso é que se repisa que, se no comparativo entre cognição sumária e cognição exauriente não existirem elementos novos, não há o que justifique que o juízo de certeza fruto da cognição exauriente tenha conteúdo diferente daquele juízo provindo da cognição sumária, que era apenas de probabilidade (quando potencialmente poderiam haver novos elementos hábeis a mudar o entendimento do julgador).

Ainda no que toca ao cabimento de nova decisão que veicule juízo distinto em seu conteúdo do anteriormente prolatado, impende refletir sobre a situação do contraditório, muito embora oportunizado ao tempo da primeira decisão, apenas efetivamente exercido após prolatado o juízo: é cabível nova cognição sumária do mesmo órgão julgador? É certo que na primeira decisão, em que o contraditório foi oportunizado, o elemento contraditório encontra-se presente para subsidiar a cognição a ser realizada. Todavia, não se pode ignorar que contraditório oportunizado e não exercido é distinto da situação em que há efetiva manifestação da parte, dado que esta veicula alegações e eventualmente até provas que o silêncio do contraditório oportunizado e não exercido não apresentam. Acredita-se, então, que na situação de contraditório efetivamente exercido somente após a prolação de juízo de probabilidade pelo órgão julgador, este está autorizado a empreender nova cognição e proferir novo juízo, inclusive de conteúdo diverso do anterior, se assim se convencer, uma vez que a manifestação efetiva da parte constitui elemento novo a subsidiar nova atividade cognitiva sem ofensa à preclusão *pro iudicato*.

1.4.3 Especificidades afetas à sede recursal

Até o presente, os apontamentos e conclusões aqui delineados têm larga aplicação considerando o mesmo órgão julgador. Impende, no entanto, analisar as especificidades afetas à sede recursal, verificando a validade dos conceitos e das relações entre cognição sumária e cognição exauriente nesta obra propostos.

No que concerne aos conceitos, estabeleceu-se na presente tese que cognição sumária e cognição exauriente distinguem-se pelos elementos objetivamente disponíveis para intelecção do julgador. Ocorre que, em fase recursal, nossa ordem jurídica em regra veda a apresentação de novas provas e novos pedidos e causa de pedir, ressalvada as situações excepcionais de

---

MITIDIERO, Daniel. **Antecipação de tutela: Da cautelar à técnica antecipatória**. São Paulo: Editora Revista dos Tribunais, 2013, p. 113-114.

fatos e documentos novos[65] e de matérias de ordem pública[66]. Outra particularidade da sede recursal na nossa ordem jurídica de relevo direto sobre o tema ora em exame é o fato de as decisões serem, em regra, colegiadas, isto é fruto de juízos exarados em votos individuais que, reunidos, formam o acórdão.

Em vista dessas características do julgamento em sede recursal, tem-se que a cognição nesta esfera é genuinamente sumária quando a decisão recorrida é ainda interlocutória, de modo que potencialmente haverão no feito elementos outros, futuros, que alterem o quadro subsumido à intelecção dos julgadores.

Assim é que o juízo exarado pelo tribunal recursal em sede de agravo de instrumento pode ter seu conteúdo alterado quando esse mesmo tribunal analisar o caso por ocasião de recurso da decisão final *a quo*. Como já visto, não há incompatibilidade entre cognição sumária e cognição exauriente, de modo que, existindo elementos outros analisados por ocasião da cognição exauriente que conduzam o julgador (em decisão singular ou colegiada) a juízo de conteúdo diverso daquele anterior, de probabilidade, este novo juízo, agora de certeza, é plenamente válido.

---

65 CPC/2015, Art. 435: "É lícito às partes, em qualquer tempo, juntar aos autos documentos novos, quando destinados a fazer prova de fatos ocorridos depois dos articulados ou para contrapô-los aos que foram produzidos nos autos. Parágrafo único. Admite-se também a juntada posterior de documentos formados após a petição inicial ou a contestação, bem como dos que se tornaram conhecidos, acessíveis ou disponíveis após esses atos, cabendo à parte que os produzir comprovar o motivo que a impediu de juntá-los anteriormente e incumbindo ao juiz, em qualquer caso, avaliar a conduta da parte de acordo com o art. 5º".

66 "(...) ordem pública é o complexo normativo destinado à guarda e à satisfação dos interesses públicos, considerados como os interesses dos indivíduos na qualidade de membros da sociedade. Da adjetivação "pública" emerge característica de salutar relevo na identificação das matérias de ordem pública, qual seja, sua indisponibilidade pelas partes da relação jurídica, ao revês do que se verifica, em regra, na ordem privada ( )

Logo, as matérias de ordem pública, por se relacionarem indissociavelmente aos interesses públicos, não podem ser objeto de convenção entre as partes, passíveis de derrogação ou mitigação. Devem, pois, ser aplicadas em situações e intensidade determinadas pela ordem jurídica pública, não sendo dado aos sujeitos da relação transacionar sob tais aspectos.

Outrossim· porquanto primordialmente definido como complexo normativo, não se pode furtar ao fato de ordem pública ser um conceito jurídico, cabendo a individualização de suas variadas matérias ao sistema normativo. Assim, é matéria de ordem pública o que o ordenamento jurídico assim o definir. (...)

Tendo em vista a premissa de que são de ordem pública as normas que transcendem ao interesse privado, cujo cumprimento é essencial para manutenção da ordem consubstanciada constitucionalmente, vê-se que matérias dessa natureza não se circunscrevem somente ao direito processual, onde comumente são citadas, mas também, e em grande monta, ao direito material. E não poderia ser o contrário, vez que na definição esboçada de ordem pública inexiste qualquer caracter que a restrinja ao direito substancial ou ao processual, sendo possível verificar em ambas as searas jurídicas normas que servem primordialmente ao interesse público, de forma inderrogável pelas partes envolvidas na relação." NORATO REZENDE, Ester Camila Gomes. O efeito translativo nos recursos extraordinários lato sensu. **Revista brasileira de direito processual**, v. 64, p. 45-81, 2008.

A baliza conceitual para distinção de cognição sumária e exauriente e para devida compreensão da relação entre essas espécies não se altera em sede recursal: segue-se tendo e conta os elementos disponíveis para intelecção do julgador, de modo que os mesmos elementos analisados não podem conduzir o mesmo órgão julgador a conclusão diversa da anteriormente por ele prolatada.

Assim é que, também em sede recursal, se por ocasião da cognição exauriente (por exemplo, no julgamento do recurso de apelação) não existirem efetivamente elementos diversos daqueles disponíveis para exame quando, anteriormente no feito, o tribunal empreendeu cognição sumária (por exemplo, em julgamento de agravo de instrumento), necessariamente o conteúdo do juízo de certeza deverá ser o mesmo do juízo de probabilidade antes exarado, sob pena de ofensa à segurança jurídica.

Do mesmo modo, sendo efetivamente os mesmos os elementos processuais dispostos para análise, não cabe ao tribunal realizar nova cognição sumária, modificando ou revogando juízo de probabilidade por ele anteriormente proferido.

Merece detida reflexão a especificidade dos pedidos de efeito suspensivo de recursos e antecipação de tutela recursal (efeito suspensivo ativo). Conforme o Código de Processo Civil Brasileiro, essas tutelas têm como requisito a urgência, o que justifica serem decididas monocraticamente pelo relator do caso, em exceção à regra de julgamento colegiado.

Ocorre que, muito embora se trate de tutela provisória (é dizer, decisão a ser substituída pela decisão colegiada definitiva), acredita-se que existem situações em que elas, segundo os conceitos propostos na presente obra, não se amparam em cognição sumária, lastreando-se, ao revés, também em cognição exauriente.

Destarte, na hipótese de agravo de instrumento, a decisão liminar do relator é geralmente exarada quando ainda não apresentada a contraminuta ao recurso, pelo que, porque ainda não estabelecido o contraditório, a cognição empreendida para a decisão liminar é induvidosamente sumária. Aliás, tratando-se de agravo de instrumento, recurso cabível em face de decisão interlocutória, necessariamente qualquer pronunciamento judicial, mesmo em sede recursal, estriba-se em cognição sumária, dada a possibilidade de, no futuro, existirem elementos outros que componham o quadro processual submetido à intelecção do julgador.

Contudo, em caso de recurso de apelação em que há pleito de efeito suspensivo (quando excepcionalmente – conforme a ordem jurídica em vigor – a apelação é dele desprovida) ou de antecipação de tutela recursal, o feito já dispõe de todos os elementos para exame exaustivo do julgador, dado que nesta fase não é cabível produção de outras provas e o contraditório já foi oportunizado, alçando os autos ao tribunal já com as contrarrazões da parte recorrida. Logo, em vista da completude dos elementos disponíveis para exame, a decisão exarada pelo julgador relator sobre dada questão controvertida já se pauta em cognição exauriente, ainda que se refira a pleito de efeito suspensivo ou antecipação de tutela recursal.

Considerando essa conclusão e em vista do já explanado nesta obra, poder-se-ia inferir ser descabido, então, que o relator, por ocasião do julgamento colegiado final do recurso, altere o conteúdo do juízo por ele antes monocraticamente exarado. No entanto, é sim possível que o relator conclua de modo diverso em sede de decisão colegiada, sem que tal represente violação à preclusão *pro iudicato*. Essa assertiva, acredita-se, não contraria o até aqui assentado na presente obra, tampouco prejudica os conceitos e consequências deles decorrentes propostos neste trabalho.

Isso porque é imperativo considerar a constituição e as características de um julgamento colegiado, que se define pela somatória dos votos individuais dos componentes da turma julgadora, a partir do que se apura a posição majoritária ("vontade colegiada"[67]) sobre cada tema decidendo, tendo em vista não apenas os dispositivos de cada voto (por exemplo, pelo provimento ou pelo não provimento do recurso), mas também seus fundamentos. Com efeito, o acórdão é mais do que a simples soma de votos individuais, porquanto exige o cotejo de fundamentos e conclusões a fim de se identificar o real conteúdo da decisão colegiada[68].

Por essa especificidade do julgamento colegiado, enquanto não concluída a decisão colegiada, admite-se que o julgador, singularmente considerado, altere seu voto individual, convergindo ou dissentindo dos juízos externados pelos colegas, ou, até, inaugurando nova posição, dinâmica essa que é até natural e desejável num julgamento colegiado que é essencialmente dialético, comportando discussões entre os membros com vistas à constituição da vontade colegiada. Nesse quadro de referências, não há que se falar em preclusão *pro iudicato* que obste a alteração de posição de um magistrado,

---

[67] *"Nella sentenza collegiale vi ha un elemento speciale di studio, la formazione della volontà collegiale. Le sentenze si formano a maggioranza assoluta di voti"* CHIOVENDA, Giuseppe. **Istituzioni di diritto processuale civile**, vol II. Napoli: Eugenio Jovene, 1936, p. 372-373.

[68] *"Si bien la declaración colegial supone que en su formación participen todos los miembros del colegio, se halla muy lejos de representar la suma de las declaraciones singulares; el principio de la mayoría y, todavía más, el de la mayoría absoluta, la obra individual del presidente en la formulación de la parte dispositiva y la obra individual del extensor en la formulación de los motivos, alteran el resultado que aparece como una combinación en que las diversas voluntades participan en distinta medida"* CARNELUTTI, Francesco. **Sistema de derecho procesal civil**, vol. III. Buenos Aires: UTEHA, 1944, p. 389).

dado que seu voto individual não é a decisão exarada no feito, a qual, sim, o é a reveladora da posição colegiada majoritária; em outras palavras, não há que se considerar como decisão o voto isolado de um julgador, dado que a decisão no feito é, sim, aquela obtida pela conjugação dos fundamentos e conclusões de todos os julgadores, revelando o critério majoritário a decisão colegiada.

Ainda que exista uma decisão singular do relator no caso, não constitui obstáculo a alteração do conteúdo do seu juízo por ocasião do julgamento colegiado, porquanto a decisão que deste resulta é uma decisão nova, essencialmente distinta dos pronunciamentos singulares de cada julgador. Assim é que, mesmo tendo sido a decisão singular do julgador pautada em cognição exauriente, é possível o mesmo julgador empreender nova cognição em sede de julgamento colegiado e, inclusive, alcançar conteúdo diverso daquele anteriormente externado na decisão singular. Afinal, no julgamento colegiado o órgão julgador não é o magistrado singularmente considerado, mas, sim, a turma, o colegiado.

A mesma conclusão se aplica à situação de cognição sumária em decisão singular e decisão colegiada em que não existem efetivamente elementos novos para exame do magistrado: ao contrário da regra geral nesta obra entabulada, em que se veda juízo distinto em observância à preclusão *pro iudicato*, no julgamento colegiado esse óbice não se verifica, porquanto pela essência do julgamento colegiado é dado ao magistrado alterar seu juízo individual até que se conclua a decisão colegiada.

Sobre a cognição em sede de antecipação de tutela recursal, oportuno trazer à baila a seguinte lição de Daniel Mitidiero:

> A técnica antecipatória, em regra, está fundada em um juízo de probabilidade oriundo de cognição sumária – seja porque o contraditório ainda não se formou, seja porque ainda não produzidas no processo todas as provas necessárias para esclarecimento integral do litígio. O juiz decide com base *id quod prima facie justum videtur*. Daí a razão pela qual observa a doutrina corretamente que a técnica antecipatória trabalha em geral no terreno dos elementos fático-jurídicos ainda não submetidos completamente ao diálogo no process e das provas prima facie ("*instruction prima facie*", "*prove leviores*", "*summarischen Beweis*").
>
> Isso não quer dizer, no entanto, que não seja possível a concessão de antecipação de tutela quando já formado o contraditório e já presentes nos autos todas as provas necessárias para compreensão do caso. Enquanto pendente o recurso de apelação ou mesmo o recurso especial ou o recurso extraordinário, a causa já está madura para julgamento, mas a urgência em prover pode determinar cognição prima facie dos elementos constantes dos autos por parte do órgão jurisdicional a fim de que concedida

> antecipação de tutela recursal. Nessa situação, a técnica antecipatória não será fundada em cognição sumária, mas em cognição exauriente não definitiva. O juízo de probabilidade será fundado não em cognição sumária, já que aí o contraditório já terá se formado e a prova já estará colhida, mas em cognição exauriente, que só não será definitiva pela necessidade de prosseguimento do processo rumo ao trânsito em julgado. Nesse caso, a cognição do juiz é que é prima facie, sendo exercida em face de elementos já conhecidos e debatidos pelas partes. A probabilidade será ditada não tanto pela situação dos autos em termos de contraditório e prova das alegações, mas pela urgência na tutela do direito, que determinará cognição prima facie em relação ao caso apresentado em juízo.[69]

Em sua obra, o autor denomina tutela antecipatória a técnica pela qual se prestada a tutela provisória, isto é, a tutela que em regra será substituída por decisão definitiva futura. A opção terminológica de Daniel Mitidiero revela foco na técnica decisória, todavia, resta por vincular necessariamente a tutela provisória à tutela definitiva, da qual a tutela provisória é apenas uma antecipação, o que justifica a expressão tutela antecipatória. Ocorre que, acredita-se, que a tutela provisória não necessariamente exige provimento definitivo futuro, sendo a provisoriedade, em verdade, eventual e não essencial.

Quanto à espécie de cognição empregada nas tutelas provisórias (ou tutela antecipatória, conforme Daniel Mitidiero), o autor sinaliza que na maioria das situações cuida-se de cognição sumária, mas reconhece hipótese do que denomina de "cognição exauriente não definitiva"[70] a antecipação de tutela recursal em sede de recurso de apelação, recurso especial ou recurso extraordinário. Converge-se, até aqui, à posição do autor no exemplo dado.

Da lição do autor dissente-se, todavia, no ponto em que afirma que a denominada "cognição exauriente não definitiva" dará azo a juízo de probabilidade. Em vista do assentando na presente obra, entende-se que cognição exauriente – conceituada como aquela que se pauta em exame de exaustiva instrução probatória e contraditório – necessariamente resulta no denominado juízo de certeza, isto é, no entendimento do magistrado que revela

---

69 MITIDIERO, Daniel. **Antecipação de tutela: Da cautelar à técnica antecipatória.** São Paulo: Editora Revista dos Tribunais, 2013, p. 94-95.

70 No mesmo sentido, é a lição de Luiz Guilherme Marinoni: "Há casos em que, porque presente fundado receio de dano irreparável ou de difícil reparação, é possível a antecipação da tutela após o encerramento da fase instrutória. Há também casos em que poderá ser necessária a antecipação da tutela após a sentença, antes ou depois da subida dos autos ao tribunal. Nestes casos, aos que se soa, entre outros, o da antecipação em razão do abuso de direito de recorrer, há sempre cognição exauriente mas não definitiva." MARINONI, Luiz Guilherme. **Antecipação da tutela.** 7 ed. São Paulo: Malheiros, 2002, p. 40.

seu estado de consciência subjetivo pelo qual reputa haver correspondência precisa entre sua conclusão e a realidade.

O juízo de probabilidade (i. é, estado de consciência no qual se reputa que a correspondência entre a conclusão e a realidade é provável, e não precisa), ao seu turno, é gerado pela cognição que objetivamente não dispõe de todos os elementos para análise do magistrado, ou melhor, pela atividade cognitiva desempenhada com a ciência da possibilidade de elementos futuros outros para integrar o quadro sob exame. Logo, a mera probabilidade de correspondência de uma conclusão à realidade é ditada objetivamente pelo quadro potencialmente incompleto de elementos analisados, enquanto a consciência subjetiva de precisa correspondência de uma conclusão à realidade se respalda objetivamente na precisão da completude de elementos examinados num caso concreto.

Dessa feita, se todos os elementos já estão à disposição do julgador para exame, não comportando o processo nem mesmo o potencial de apresentação de elementos futuros, necessariamente a cognição será exauriente e necessariamente o produto dessa cognição será o juízo de certeza. Do contrário, é dizer, assim não se entendendo, uma vez mais sucumbir-se-á a atividade cognitiva ao subjetivismo, furtando-lhe a necessária controlabilidade racional, basilar à segurança jurídica.

Esse, *concessa venia*, entende-se o ponto criticável da lição de Daniel Mitidiero, mormente no trecho que conclui "a probabilidade será ditada não tanto pela situação dos autos em termos de contraditório e prova das alegações, mas pela urgência na tutela do direito, que determinará cognição *prima facie* em relação ao caso apresentado em juízo". O autor não esclarece como a urgência atua na atividade cognitiva (à margem da situação dos autos quanto ao contraditório e quanto às provas) para qualificar o produto dessa atividade como juízo de probabilidade e não como juízo de certeza.

Em vista do emprego da expressão "cognição *prima facie*", infere-se que para Daniel Mitidiero a urgência determina um exame superficial (ou, valendo-se da expressão recorrente nesta temática, consagrada nacionalmente na obra de Kazuo Watanabe, trata-se de cognição não profunda na perspectiva vertical). Ocorre que a superficialidade aqui não é apreensível objetivamente, porquanto, nesta perspectiva objetiva (considerando os elementos processuais) não se justifica exame perfunctório do julgador, visto que os elementos já estão disponíveis para sua análise. À superficialidade, então, remanesce residir no prisma subjetivo, o que refoge por completo da controlabilidade racional. Afinal, significa que o magistrado empreendeu atividade cognitiva açodada, que não constitui o melhor de sua capacidade? Qual a métrica para essa verificação? Decerto não há.

Por tudo isso, acredita-se que a compreensão teórica das espécies de cognição e consequentemente dos juízos por elas exarados deve-se pautar em critérios objetivos, hábeis ao controle racional e que, assim, permitem a unívoca identificação da espécie de cognição presente no caso e das possibilidades ou não de nova cognição, de modificação ou de cassação dos juízos prolatados.

A conclusão de Daniel Mitidiero de que a cognição exauriente não definitiva resulta em juízo de probabilidade revela-se uma tentativa de justificar a possibilidade de revogação ou alteração posterior desse resultado da chamada cognição exauriente não definitiva, denotando o enunciado de que apenas juízo de probabilidade comporta tais modificações. Entende-se, no entanto, que tal proposição não é necessariamente correta. É que excepcionalmente o juízo de certeza pode comportar modificação ou cassação, excepcionalidade determinada pela especificidade do julgamento colegiado.

Com efeito, acredita-se que não é a urgência que marca a chamada cognição exauriente não definitiva na situação de antecipação de tutela recursal em apelação, recurso especial ou recurso extraordinário, e sim as características do julgamento colegiado. A cognição é exauriente porque se pauta em todos os elementos processuais cabíveis no caso, devendo esses elementos aduzir a situação urgente para que esteja autorizada decisão singular, conforme exige o Código de Processo Civil brasileiro. E, como decisão exauriente que é, tem por produto juízo de certeza. Ocorre que a cognição e, via de consequência, o juízo de certeza são não definitivos (valendo-se da expressão de Daniel Mitidiero) porque podem ser alterados no julgamento colegiado, o que se dá pelas características desse julgamento, como aqui já esclarecido.

Pode-se até aduzir que a decisão singular do relator que concede a antecipação de tutela recursal ou o efeito suspensivo revela a probabilidade de procedência final da pretensão recursal. Entretanto, decerto, o emprego do vocábulo probabilidade não é porque a decisão do relator se funda em cognição sumária ou veicula juízo de probabilidade, porquanto, diversamente, a cognição no caso é exauriente e, por consequência, o juízo dela resultante é de certeza.

A mencionada probabilidade de procedência final da pretensão decorrente da decisão singular do relator que concede a antecipação de tutela recursal ou o efeito suspensivo deriva da não certeza de manutenção do conteúdo do juízo externado pelo relator no julgamento colegiado definitivo, seja considerando o voto do próprio relator (que, em razão da especificidade do julgamento colegiado, pode alterar seu voto individual até que seja concluído o julgamento colegiado), seja, principalmente, tendo em vista que no julgamento colegiado haverão os votos dos demais integrantes da turma julgadora, que necessariamente se somarão ao voto do relator para compor a decisão colegiada.

Ainda sobre o cabimento de antecipação de tutela recursal ou efeito suspensivo em grau recursal, impende reiterar que a decisão judicial que analisa essa pretensão deve necessariamente se pautar nas razões recursais e, a partir delas, empreender a atividade cognitiva a fim de constatar se a alegação de urgência corresponde à realidade e se as alegações que pugnam pela reforma da decisão recorrida também procedem. A decisão do relator em caso de apelação, recurso especial e recurso extraordinário, como já se assinalou, é baseada em cognição exauriente não definitiva, que pode ser alterada no julgamento colegiado, em vista das especificidades do julgamento colegiado.

Também consoante o já apontado nesta obra, o juízo de probabilidade anterior à sentença não pode ser simplesmente mantido na fase recursal, visto que a cognição exauriente/juízo de certeza da sentença inexoravelmente substitui o juízo de probabilidade anterior, independente do conteúdo. Assim, em caso de se manter na sede recursal o conteúdo do juízo de probabilidade anterior, verdadeiramente não se trata de manutenção do juízo de probabilidade, cuidando-se, sim, de nova decisão com igual conteúdo. Na nova decisão, mesmo em vista dos fundamentos da decisão recorrida pautada em cognição exauriente-juízo de certeza, entende-se que há razões no recurso que justificam a antecipação de tutela recursal ou o efeito suspensivo.

2

FORTALECIMENTO DA TUTELA DO DIREITO PROVÁVEL

2.1 A BALIZA NECESSÁRIA AO PROCESSO CIVIL: A EFETIVIDADE DOS DIREITOS

O mote das discussões jurídico-processuais tem-se voltado, mormente a partir da segunda metade do século XX, para as questões atinentes ao acesso à justiça, a fim de conceber medidas para otimizar a prestação jurisdicional aos cidadãos, e, em última análise, a concretização dos direitos fundamentais constitucionalmente garantidos. É cediço que houve relevantes alterações no prisma jurídico após o período que se denominou de Estado Liberal, sendo sucedido (não complemente superado) pelos denominados Estado Social e Estado Constitucional de Direito. Não se pode olvidar, porém, que o processo civil segue marcado pela compreensão liberal-individualista que constitui sua base científica originária, na qual seguem residindo as disposições gerais desta ciência.

Destarte, sem embargo da alteração dos paradigmas estatais, não se verifica modificação de mesma magnitude no âmago do paradigma processual. A segurança jurídica[1], com o viés de preservação da liberdade, cerne da concepção liberal-racionalista do processo, segue cunhando a disciplina e a prática processual, mesmo no atual contexto intitulado Estado Constitucional de Direito.

---

1 Sobre a compreensão de segurança jurídica adotada na presente obra, *Cf.* também itens 2.2 – "Revisitação de bases do processo civil em busca do processo aprioristicamente vocacionado à efetividade dos direitos" e 4.1 – "A sumarização da prestação jurisdicional e a preocupação com a segurança jurídica na tutela do direito provável".

Ocorre que o sistema processual civil que se alinha não apenas estritamente à lei, mas, sobretudo, à Constituição e, por conseguinte, aos desígnios democráticos transcende a esfera estritamente individual, devendo ter como compromisso maior, simultaneamente fundante e norteador, a efetividade dos direitos, o que, por óbvio, não olvida da observância do justo processo legal, consoante os parâmetros constitucionalmente fixados.

Assim sendo, a par da defesa do indivíduo e de seu patrimônio, o modelo teórico do processo civil brasileiro (mormente em vista do atual estágio sócio jurídico nacional) deve ser o pacto com a efetividade dos direitos, pois é esta a pretensão última e maior da sociedade que se organiza em um Estado Constitucional de Direito: ter os direitos satisfeitos, a tempo e modo. Neste quadro, outros escopos do aprimoramento do sistema jurídico – quais sejam, a redução da morosidade processual, a redução das demandas judiciais, dentre outros – dispõem-se também importantes, mas secundários, visto que concorrentes para a consecução da efetividade de direitos.

O cenário de inefetividade dos direitos pode ser vislumbrado por vários matizes, nos quais numerosa gama de causas concorre para sua construção. Na perspectiva dos direitos individuais, por exemplo, é possível identificar elementos comuns e elementos específicos quando se considera litigantes eventuais ou litigantes habituais. No mesmo diapasão, há elementos comuns à inefetividade dos direitos materiais individuais e à inefetividade de direitos coletivos, bem como existem aqueles que têm um destaque maior ou até são peculiares quando se trata de direitos coletivos.

O descumprimento dos direitos pode ser também observado adotando-se como marco o processo. Esclarece-se: por vezes se apura o desrespeito a um direito individual ou coletivo e tal desrespeito é mitigado ou até cessado com a instauração de um processo para resolução do conflito de resistência ou insatisfação da pretensão, considerando que aludido processo alcança um provimento efetivo, exarado a tempo e modo a ensejar o real cumprimento do direito.

Lado outro, que o descumprimento dos direitos pode se verificar também no curso de um processo judicial, impingindo ao titular a privação de seu legítimo direito não só no momento pré-processual, mas também no transcorrer da demanda em que, por concorrentes razões, não se alcança a tempo e modo provimento hábil a solucionar o conflito. Neste quadro, o desrespeito já instalado do direito material é agravado e acrescido do desrespeito ao direito constitucionalmente assegurado a uma prestação jurisdicional efetiva (atendendo à duração razoável do processo e à real tutela do direito violado).

Há, ainda, situações em que o desrespeito a direitos se protrai para além da prolação de um provimento jurisdicional, seja por inabilidade deste para convergir ao cumprimento voluntário, seja pela inefetividade de meios de satisfação coercitiva, seja também pela inaptidão de prevenir outros descumprimentos de direito em iguais premissas fáticas.

Em todos esses cenários – pré-processual, processual e pós-processual – igualmente uma diversidade de fatores agregam-se para equação da inefetividade. Sem o desiderato de ser exaustiva, principalmente cônscia de que a inefetividade de direitos é multifatorial, pode-se arrolar os seguintes[2]: deficiência na formação cidadã, na qual os cidadãos sejam conscientes de seus direitos e deveres e dotados de maior capacidade de autocomposição; deficiência na formação perene e interdisciplinar de magistrados comprometidos com a efetividade dos direitos; deficiência na formação de profissionais do Direito, que superem o foco em uma cultura adversarial e direcionem suas condutas para a solução dos conflitos e efetivação dos direitos; aparato estatal insuficiente para solução de demandas; grave carência de gestão/administração no Judiciário; ausência de dados empíricos precisos e estudos interdisplinares que subsidiem a identificação das falhas que prejudicam a efetividade dos direitos e a busca de soluções para sua superação; desatenção às realidades subjetivas de hipossuficientes e hipersuficientes; insuficiência teórico normativa para defesa de direitos coletivos.

Não obstante, a reflexão que se impõe é como o processo pode contribuir para a efetividade dos direitos. Porquanto o processo é o método empregado para solução de conflitos na seara do Poder Judiciário, ele não

---

2 A relação acima é empreendida em vista da experiência compartilhada de profissionais e estudiosos, bem como do que se identifica no quadro social. Verdadeiramente, essas concausas da inefetividade de direitos se alinham sem maior critério científico, seja para identificá-las, seja para mensurar a real repercussão que cada uma delas enseja no resultado de inefetividade. Significa dizer que não se pauta aqui em critérios estatísticos, por exemplo, ou outro estudo científico, seja das ciências exatas ou mesmo – o que é assaz pertinente – das chamadas ciências sociais, em atenção, por exemplo a estudos sociológicos, antropológicos, gerenciais, etc. A cientificidade aqui mencionada é desejável porquanto ele permite adequada análise do cenário sócio jurídico e consequente identificação dos problemas a serem enfrentados e do real resultado almejado. Ainda, a cientificidade permite a adoção de critérios objetivos, fugindo de imposições fruto de impressões estritamente subjetivas, bem como enseja a testagem experimental de pretensas soluções, concentrando esforços no que será mais precípuo para alcance do resultado desejado.
Contudo o não amparo aqui em diretrizes cientificamente estabelecidas justifica-se pela crônica deficiência de trabalhos dessa estirpe, colhendo-se, no máximo, iniciativas isoladas e pontuais que não se congregam com a amplitude e sistematicidade que o enfrentamento da inefetividade de direitos reclama. O método aqui empregado não se trata de demérito apenas deste. Infelizmente, assim vêm sendo empreendidas as tentativas de aprimoramento do sistema jurídico e da ordem social brasileira e, especificamente no tocante ao direito processual, assim se processaram as reformas processuais das últimas décadas, bem como assim também foi concebido e elaborado o Código de Processo Civil de 2015.

tem precipuamente o condão de impedir o alegado desrespeito a um direito que conduziu os sujeitos à busca da prestação jurisdicional, assim como não tem o desiderato maior de impedir a judicialização do litígio. Destarte, o processo tem como premissa de sua instalação exatamente a alegação de descumprimento de direito, bem como representa em si a judicialização da controvérsia.

Não se pode, entretanto, assentar categoricamente que o processo não tem nenhuma repercussão na busca da efetividade de direitos no cenário extraprocessual. Acredita-se que um processo realmente efetivo, que tutela direitos impondo maior ônus a que os descumpre, é um fomentador do cumprimento voluntário de obrigações, um catalizador de soluções negociadas pelos envolvidos nos conflitos e, via de consequência, um importante agente para superação da cultura demandista, em prol da cultura de pacificação.

A perspectiva aqui vislumbrada pode até aparentar paradoxal: sendo o processo efetivo, a tendência seria cada vez mais sujeitos buscá-lo como via para resolução de seus conflitos, usando-o até como primeira medida (e não última *ratio*). Contudo, acredita-se que este quadro tende a ser superado por aquele em que os sujeitos passam a ter maior consciência dos riscos envolvidos no processo, isto é, que ele não é um jogo de "ganha-ganha", de modo que compelidos pelo risco de perda tendem a buscar outras vias, inclusive a satisfação voluntária e tempestiva dos direitos.

Sob o ponto de vista transprocessual, acredita-se que o processo também tem a contribuir para a efetividade dos direitos, porquanto a efetividade do processo como instrumento para realização do direito já é fato que, em alguma medida, pode estimular o não descumprimento dos direitos e a utilização de outros meios para solução de conflitos. Impende ainda, no entanto, conferir maior robustez à exigibilidade das decisões judiciais, a fim de obstar ou pelo menos mitigar situações de frequente descumprimento de direitos, mesmo diante de reiteradas decisões judiciais[3].

Na perspectiva endoprocessual, caminha-se para a reaproximação de direito processual de direito material, não subjugando um ao outro ou entendendo o processo como mera faceta do direito substantivo, segundo se compreendia nos tempos que antecederem a fase científica da ciência processual. Mas, sim, encarando-os com igual grau de relevância, mormente

---

[3] Nesta linha, por exemplo, o incremento de atuação de fiscalização de agentes reguladores e da atuação de legitimados para ações coletivas, no sentido de exigir postura consentânea ao cumprimento de direitos reiteradamente reconhecidos, cogitando, inclusive, de sanções face a comportamentos de descumprimento reiterado de direitos, emerge como uma interessante via a ser debatida, tendo como norte o incremento da efetividade de direitos.

porque o direito material, quando ameaçado ou violado, recebe a devida proteção por meio do justo processo legal.

A referência ao processo com amparo e submissão à lei, notadamente à Constituição, bem como operacionalizado devidamente, não é de somenos importância ou assertiva vazia, como por vezes pode aparentar em discussões jurídico-processuais. Ao revés, é de máxima relevância a constitucionalmente adequada compreensão do justo processo legal, previsto, não por acaso, como garantia constitucional inarredável.

Quer-se evidenciar, com essas breves linhas, que a busca da reaproximação entre direito material e processual, sob as balizas da efetividade dos direitos e instrumentalidade do processo, coaduna-se com previsão constitucional que, em verdade, revela um direito fundamental dos cidadãos brasileiros, qual seja, o direito fundamental à prestação jurisdicional efetiva, insculpido no art. 5º, XXXV, da Constituição da República, que afirma que "a lei não excluirá da apreciação do Poder Judiciário lesão ou ameaça a direito".

Com efeito, o cidadão que se dirige ao Poder Judiciário objetivando a tutela de direito ameaçado ou lesionado não pretende tão-somente receber do Estado atestado de procedência de seu pleito, mas, sim, prestação jurisdicional que, em tempo razoável, verdadeira e efetivamente se reflita na ordem jurídica material, tendo o condão de solucionar o conflito de interesses instaurado.

A fundamentalidade do direito à efetividade da prestação jurisdicional é decorrência da constatação que ele é instrumento para realização dos demais direitos, inclusive os fundamentais. Nesse sentido, Luiz Guilherme Marinoni, ao se manifestar sobre o direito fundamental à efetividade da tutela jurisdicional afirma que "não é por outro motivo que o direito à prestação jurisdicional efetiva já foi proclamado como o mais importante dos direitos, exatamente por constituir o direito a fazer valer os próprios direitos"[4].

Acrescente-se que, com esteio na teoria de Robert Alexy, o direito fundamental à efetividade da prestação jurisdicional pode ser enquadrado como direito a uma prestação positiva do Estado, o qual, por sua vez, é possível ser vislumbrado como direito à técnica processual adequada, direito de participar do procedimento adequado e direito à resposta do juiz[5].

---

4 MARINONI, Luiz Guilherme. **O direito à tutela jurisdicional efetiva na perspectiva da teoria dos direitos fundamentais**. Disponível em <http:// egov.ufsc.br/portal/sites/default/files/anexos/15441-15442-1-PB.pdf>. Acesso em 02 de setembro de 2016.

5 Op. Cit.

A atividade jurisdicional do Estado é tanto mais efetiva, ou seja, consentânea com os propósitos de composição do litígio e pacificação social para os quais é instituída, quando capaz de realizar o direito material, pelo postulado da máxima coincidência possível entre a tutela jurisdicional e a satisfação voluntária do direito. Ainda, requer-se que esta prestação jurisdicional se dê em tempo razoável, em plena conformidade com a acertada lição de Rui Barbosa, segundo a qual "justiça tardia não é justiça".

Em outros termos, o direito fundamental à efetividade da prestação jurisdicional é alçado por meio da conjugação ótima entre realização do direito material e tempestividade, de modo que o processo representará real aporte para efetividade de direitos se for hábil a tutelá-lo a tempo e modo.

A relação do processo com o tempo é constatação evidente, porquanto a sucessão de atos em contraditório para o alcance de provimento de mérito, a solucionar o litígio e promover a pacificação social, demanda inexoravelmente tempo. De se notar que entre a fase postulatória e a decisória há um lapso temporal, ainda que mínimo, necessário à devida formação da convicção do julgador, à observância do justo processo legal e, assim, à preservação da segurança jurídica.

Na prática, contudo, verifica-se que o tempo transcorrido entre a postulação em juízo e a definitiva decisão da demanda, com a efetiva entrega da prestação jurisdicional ao cidadão, tem sido não mínimo, mas máximo, até exagerado e, por vezes, inaceitável, quando torna a resposta do Estado inócua, pouco útil ou imprestável àquele que demandou em juízo a proteção de sua esfera de relações jurídicas. O tempo é, então, fator corrosivo dos direitos, como expõe Cândido Rangel Dinamarco:

> Por mais de um modo o decurso do tempo pode ser nocivo. A primeira hipótese é a do processo que chega ao fim e o provimento de mérito é emitido, quando o mal temido já está consumado e nada mais se pode fazer; isso se dá, p. ex., quando o juiz concede um mandado de segurança para que o impetrante possa participar de um concurso público, fazendo-o no entanto depois do concurso já realizado. O segundo grupo de situações é representado pela tutela jurisdicional demorada que chega depois de uma espera além do razoável e muito sofrimento do titular de direitos – p. ex., no caso do titular do direito a alimentos, que permanecesse anos a fio esperando a tutela jurisdicional, recebendo-a somente depois de muito tempo de injustas privações. O terceiro caso é o do processo que deixa de dispor dos meios externos indispensáveis para sua correta realização ou para o exercício útil da jurisdição – o que sucede se vem a falecer a testemunha que poderia trazer informes úteis ao bom julgamento da causa ou se desaparece o bem que poderia ser penhorado para a futura satisfação

do credor. No primeiro caso, o processo não terá produzido tutela jurisdicional alguma, porque sem a efetiva oferta do bem a que o sujeito tem direito não se pode falar em verdadeira tutela jurisdicional; no segundo, a tutela jurisdicional se realiza mas não é tempestiva, sendo ilegítimo e injusto sujeitar o titular do direito a tanta espera. No terceiro, ter-se-á um processo incapaz de oferecer a tutela justa ao sujeito que tiver razão, porque uma instrução sem o concurso da testemunha pode conduzir a resultados injustos e a execução sem a penhora do bem nada produzirá.[6]

Sem prescindir dos variados fatores que convergem para uma prestação jurisdicional efetiva (institucionais, formação de pessoal, etc.), mas focando aqui estritamente na técnica processual[7], compete que a tempestividade acima referida se traduza na constitucionalmente assegurada duração razoável do processo, para o que podem se congregar uma série de medidas procedimentais, a citar, exemplificadamente: aprimoramento da técnica recursal, permitindo o processamento mais célere até o trânsito em julgado, sem prejuízo do direito de defesa; agravamento da sucumbência, onerando progressivamente aquele que resta vencido após sucessivas fases processuais; aprimoramento da execução provisória, por exemplo, ampliando a sua hipótese de cabimento, sem prejuízo, também, do direito de defesa.

Ainda na ótica endoprocessual, vislumbra-se a melhor distribuição do ônus do tempo no processo como importante medida convergente para a efetividade do processo e, assim, maior efetividade dos direitos. É que imputar à parte que provavelmente teve seu direito lesado o ônus de aguardar uma decisão fundada em cognição exauriente significa dar azo para que o processo seja mais um campo de iniquidade, de descumprimento de direitos. Lado outro, aquele que provavelmente descumpriu direito alheio possivelmente será mais impelido a fazê-lo se cônscio de que apenas após a prolação de decisão com juízo de certeza não sujeita a efeito suspensivo será instado ao cumprimento da obrigação.

Com efeito, conferir ao cidadão a prestação jurisdicional por ele pleiteada ao tempo em que essa não lhe é mais útil, ou que seja quando o

---

6 DINAMARCO, Cândido Rangel. O regime jurídico das medidas urgentes. **Revista Jurídica**, nº 286, p. 5-28, ago/2001, p. 8.
No mesmo sentido, manifesta-se Humberto Theodoro Júnior: "Como o sistema do contraditório é inafastável da duração temporal do processo, e como essa duração pode, em muitos casos, frustrar a esperança de justiça daquele que depende da tutela jurisdicional para rechaçar a violação ao seu direito subjetivo material, o tempo pode se transformar numa causa de fracasso da própria justiça estatal, sempre que o dano atual ou iminente se apresentar como irrecuperável, caso não seja debelado de imediato." THEODORO JÚNIOR, Humberto. Direito fundamental à duração razoável do processo. In: Armelin, Donaldo (Coord.). **Tutelas de urgência e cautelares: estudos em homenagem a Ovídio A. Baptista da Silva**. São Paulo: Saraiva, 2010, p.676-691.

7 Visto que o recorte aqui é sobre como o processo em si contribui para a efetividade dos direitos.

inadimplemento de seu direito já lhe gerou prejuízo, é atestar a ineficiência do Estado em cumprir seu mister constitucionalmente assumido de dirimir os conflitos de interesses trazidos à sua solução, de pacificar os conflitos, de garantir a paz e harmonia social, ou em ampla compreensão, de fazer justiça.

Trata-se, como abordado, do efeito corrosivo do passar do tempo sobre o direito, aliado à inação, ou melhor, à não prestação jurisdicional que o satisfaça, efeito nefasto que deve ser prontamente combatido e contra o qual a tutela do direito provável constitui importante expediente.

A insuficiência do sistema jurídico-processual para garantir a efetividade dos direitos revela a necessidade de se ter uma nova mentalidade, um novo embasamento teórico sobre o processo, revisitando/questionando as bases liberais da segurança jurídica (nos moldes como originalmente concebida), a cognição exauriente e o juízo de certeza e a coisa julgada material[8] dela decorrente como única via para a satisfação, a correspondência falaciosa entre certeza processual e verdade[9], dentre outros. Novamente instigante é a seguinte lição de Ovídio A. Baptista da Silva:

---

8 "Aliás, é interessante lembrar a insistência, que possui fundamento chiovendiano e mesmo pós-chiovendiano, no sentido de que só há jurisdição onde há provimento capaz produzir coisa julgada material. A ideia de ligar jurisdição à coisa julgada material, que deu origem ao "mito da coisa julgada", está destinada a desaparecer em vista das novas exigências do mundo contemporâneo, que não mais podem esperar a "coisa julgada material" (isto é, a declaração relevante, que somente pode ser produzida pela cognição exauriente) para realização dos direitos. Não é apenas a qualidade da coisa julgada material que dá conteúdo jurídico a um provimento, nem é apenas a tutela marcada pela coisa julgada material que incide sobre as relações substanciais. A tutela satisfativa (de cognição) sumária realiza o direito material afirmado pelo autor, ou, em outras palavras, dá satisfação ao direito material afirmado, obviamente incidindo (ainda que na angulação processual, de forma provisória) sobre o plano das relações substanciais. A realização de um direito através da tutela antecipatória é realização de um direito que preexiste à sentença de cognição exauriente. (...) Na verdade, concluir que a tutela anterior ao trânsito em julgado não confere satisfação jurídica, mas apenas fática, e supor que a satisfação jurídica apenas pode ser encontrada quando da formação da coisa julgada material é não perceber a superação da relação entre "tutela do direito" e coisa julgada material, e caminhar no sentido contrário ao pensamento da doutrina que está preocupada com a efetividade da tutela dos direitos." MARINONI, Luiz Guilherme. **Antecipação de tutela.** 7 ed. São Paulo: Malheiros Editores, 2002, p. 45-46 e 136.

9 "Para obter-se a decisão judicial mais qualificada será preciso uma revolução cultural, ao mesmo tempo abandonando-se a onisciência dos juízes (e do legislador), admitindo-se, no mesmo passo, a insuficiência da norma *a priori* para fornecer 'a verdade' e dos fatos isoladamente para levarem à certeza jurídica. Nestas águas, é de rigor que se discuta direito e fato, buscando-se uma verdade provável, com alto grau de correção, dependente, justamente, do elevado contraditório processual e do comprometimento com a decisão justa e aderente aos problemas discutidos, demonstrando-se a racionalidade desta 'certeza' judicial pelo *racconto* do procedimento utilizado na sua construção. Este momento compele ao regresso no passado, ao conceito de probabilidade tópico, em que 'provável' era a verdade obtida com alto grau de questionamento, esgotadas as possibilidades de outra solução racional ao problema. Evita-se, destarte, a distinção falaciosa entre verdade processual (formal) e verdade real." ZANETI, Jr. Hermes. O problema da verdade no processo civil. In. **Revista de Processo**. v.29, n.116, p.334-371, jul./ago., 2004, p. 345-346.

Dentre as tantas irracionalidades que o *racionalismo* nos impõe, encontramo-nos, no direito brasileiro, ainda presos à ideologia da *plenitude* de cognição, ou da "cognição ordinária", como se ela nos desse a desejada segurança com que sonharam os filósofos do século XVII.

A irracionalidade está no seguinte. Contra uma eminente tradição histórica, que sempre privilegiou as *ações sumárias*, fomos ao exagero de inscrever em texto constitucional o pressuposto da *plenitude de defesa*, como exigência do "devido processo legal".

Isto poderá dar ao menos avisados a ideia de que o procedimento ordinário, como essa "cognição ordinária" de que falava Chiovenda, seja uma inevitável purgação, uma espécie de auto-flagelação, necessária para que o juiz decida apoiado num juízo de certeza, tão seguro quanto a solução do teorema de Pitágoras. (...)

Pois bem. Se essa deve ser a razão que justifica a universalização da ordinariedade, então como se haverá de explicar o novo sacrifício exigido pelo nosso sistema recursal? Seria de supor que, uma vez assegurado o princípio constitucional de "plenitude de defesa", a sentença tivesse afinal descoberto a verdade, de modo que os recursos só estariam legitimados para que os tribunais, como instâncias revisoras, pudessem reapreciar as "questões de direito", nunca as "questões de fato", já descobertas pelo julgador de primeiro grau através da "cognição ordinária". (...)

Ou o procedimento ordinário – com cognição *plenária* – permite que se alcance a verdade definitiva, caso em que os recursos deveriam limitar-se ao rejulgamento das *"quaestiones iuris"*; ou, ao contrário, o penoso procedimento ordinário impor-nos-ia um mortificante sacrifício totalmente inútil, dado que a busca da certeza sobre fatos acompanharia todos os recursos ordinários, a testemunhar que a almejada segurança jurídica prometida pela plenitude de cognição não passa de um sonho inatingível,

---

Também reconhecendo a relevância que se deve conferir aos provimentos fundados em cognição sumária, manifesta-se Lea Querzola: *"Considerando l'argomento di questi righe e tentando un pronostico per il futuro, mi pare si debba riconescere che, se nella concezione del modello di processo ideale che ispirò il legislatore del 1940 la cognizione piena faceva la parte del leone a fronte di una cognizione sommaria che rappresentva l'eccezionalità dell'ipotesi, la giustizia del futuro (sulla scorta dell'esperienza del nostro passato prossimo) vede un ribaltamento delle posizioni, probabilmente sintomo di un certo svilimento contemporaneo della tensione ideale verso nobili obiettivi, ma non solo. Le esigenze che, storicamente, sono alla base dell'introduzione di tecniche di tutela, e quindi di cognizione, sommaria (individuate, prevalntemente, nell'esigenza di economia dei giudizi, di evitare l'abuso del diritto di difesa da parte del convenuto in mala fede e che abbia torto, di assicurare l'effettività della tutela giurisdizionale), oggi non solo sono ancòra presenti ma, se possibile, straordinariamente accentuate; e la dottrina più autorevole ha affermato como la tutela (e quindi la cognizione) sommaria sia una componente essenziale ed ineliminabile di un sistema di tutela giurisdizionale dei diritti che voglia essere efficiente ed effettivo."* QUERZOLA, Lea. **La tutela antecipatoria fra procedimento cautelare e giudizio di merito.** Bologna: Bononia University Press, 2006, p. 182.

> pois a função do julgador não se limita à constatação de fatos, mas à realização da justiça no caso concreto e esta, enquanto juízo de valor, não poderá produzir a certeza própria dos juízos matemáticos.[10]

Nessa ordem de ideias, é que se acredita que a tutela do direito provável é via significativa para consecução da efetividade dos direitos, em plena realização da acertada lição de que "justiça tardia não é justiça". Ademais, a tutela do direito provável consubstancia realização da justiça no caso concreto, ao permitir comutar com a justiça, nos termos da justiça distributiva aristotélica, pautada não em igualdade absoluta, mas, sim, proporcional e voltada à distribuição de ônus e bônus entre os sujeitos.

É que a tutela do direito provável tem com relevante desiderato a distribuição do risco do processo, diga-se, da solução em juízo do conflito de interesses, entre as partes. Com efeito, a tutela do direito provável é técnica para distribuição do risco do processo, pela demora/decurso do tempo, visto que objetivam conciliar direitos fundamentais de autor e réu. Por esse caráter funcional dos provimentos fundados em cognição sumária, já é assente a doutrina:

> Nesse perspectiva, fica claro que o objetivo da tutela sumária não está em evitar que a duração do processo altere o *"equilibrio iniziale dele parti"* – já que esse foi ditado pela lei do mais forte. A finalidade da tutela sumária está em *distribuir de forma isonômica o ônus do tempo* no processo de acordo com as necessidades e particularidades do direito material afirmado em juízo, fazendo prevalecer o direito *provável* em detrimento do direito improvável. O que interessa para a técnica antecipatória, portanto, é a promoção do equilíbrio das partes de acordo com a respectiva posição processual diante do direito material – o que pode inclusive determinar a *alteração* da situação inicial das partes no processo.
>
> Nesse quadro, a tutela sumária serve à prestação de tutela adequada e efetiva aos direitos. Ela não se esgota no fenômeno da urgência. A técnica

---

[10] BAPTISTA DA SILVA, Ovídio A. O contraditório nas ações sumárias. In: BAPTISTA DA SILVA, Ovídio A. **Da sentença liminar à nulidade da sentença.** Rio de Janeiro: Forense, 2001, p. 284-286. No mesmo sentido: "Até ontem, e talvez ainda hoje, se dizia que a antecipação de tutela não tem conteúdo declaratório e que o juízo de verossimilhança é inapto à produção de coisa julgada. Dizia-se, e talvez ainda se diga, que o modelo constitucional do processo civil brasileiro é o modelo da segurança e da ordinariedade. Não se vê no panorama doutrinário atual sinais de um câmbio tão decisivo de orientação dos temas que se vem suscitar. Tem razão, então, Ovídio Baptista da Silva, ao postular o abandono da ordinariedade como paradigma central? Em tendo, é necessário fundamentar a mudança de perspectiva, ampliando o diálogo sobre o tema. Caso contrário, estaremos arriscados a produzir uma doutrina *ex post factum*, limitada à descrição do sistema, sem um debate mais profundo sobre seus pressupostos". FLACH, Daisson. Estabilidade e controle das decisões fundadas em verossimilhança: elementos para uma oportuna reescrita. In ARMELIN, Donaldo. **Tutelas de urgência e cautelares**. São Paulo: Saraiva, 2010, p. 311.

antecipatória serve para adequar o processo às especificidades do direito material alegado em juízo (urgência ou evidência) a fim de que o processo seja capaz de promover a efetividade da tutela jurisdicional (satisfação ou asseguração dos direitos).[11]

As mudanças no direito material no Estado Social e Democrático de Direito impõem mudanças também no direito processual[12]. Assim, não se pode, para efetividade dos direitos consagrados no Estado Constitucional de Direito, valer-se do processo pelo viés teórico e prático do Estado Liberal, primando exacerbadamente pela segurança jurídica de caráter liberal-racionalista (que, além de previsibilidade, muitas vezes refere-se à manutenção do *status quo*) em detrimento da efetividade dos direitos[13].

---

11 MITIDIERO, Daniel. **Antecipação de tutela: Da cautelar à técnica antecipatória.** São Paulo: Editora Revista dos Tribunais, 2013, p. 53.

12 "A superação do modelo liberal-burguês repercutiu no âmbito do processo civil sob diversas perspectivas, sendo significativa a evolução das tutelas de urgência nesse contexto. Se antes a atuação do juiz por meio do processo era considerada uma ameaça ao *statu quo* e um perigo para segurança da classe burguesa, com a evolução tecnológica, o fim das Grandes Guerras e a ocorrência de crises significativas na economia mundial, a atividade jurisdicional limitada à condição já então obsoleta é que se tornou uma verdadeira ameaça aos direitos reconhecidos pelo Estado Social. Esse aspecto foi notado por diversos processualistas que, na atualidade, demonstraram a insuficiência do sistema precedente às reformas do Código de Processo Civil e preconizaram uma interpretação das normas legais mais consentânea com as garantias constitucionais (entre nós, especialmente aquela do inc. XXXV do art. 5º da CF) e com a tutela dos direitos em estado de periclitação." ALVIM, Arruda. A evolução do direito e a tutela de urgência. In ARMELIN, Donaldo. **Tutelas de urgência e cautelares**. São Paulo: Saraiva, 2010, p. 169.

13 Em "Requiém para a tutela preventiva", Ovídio A. Baptista da Silva reitera a necessidade de os pressupostos estruturais do sistema processual**:** "Os que imaginam que o sistema processual seja autossuficiente e sozinho para transformar-se não levam em conta os gigantescos obstáculos estruturais que formam os alicerces do sistema. São estes pressupostos estruturais que os quatorze anos de reformas, introduzidas no Código de Processo Civil, não tocaram e que são os responsáveis pelos modestos resultados efetivos que as reformas vêm produzindo. Luiz Guilherme Marinoni, por exemplo, considera que 'a tutela cautelar, além de ter causado complicações desnecessárias, nunca foi capaz de propiciar uma tutela preventiva realmente efetiva' (Tutela inibitória, 2. ed. RT, p. 54). O remédio que lhe pareceu recomendado para 'introduzir' uma autêntica tutela preventiva, em nosso sistema, foi a chamada 'ação inibitória', que não passa de uma ação, que ele supôs mandamental, mas que sequer ultrapassou os limites da tutela condenatória. Não percebeu o processualista que a culpa pelo fracasso da tutela cautelar se devia aos pressupostos estruturais do sistema, não à essência ou à funcionalidade da tutela de simples segurança. É de prever que, mais dia menos dia, alguém, sofrendo as mesmas angústias com as carências de nosso processo, resolva eliminar a 'ação' inibitória, sob o plausível fundamento de que ela também, 'além de ter causado complicações desnecessárias, nunca foi capaz de propiciar uma tutela preventiva realmente efetiva' (...) Ao contrário do que ainda imagina o conservadorismo liberal, não está na preservação do status quo a salvação de que sobrou da modernidade. É urgente aceitar e enfrentar com coragem a 'sociedade do risco', a sociedade que exige, antes de mais nada – por isso, sociedade 'do' risco –, a proteção preventiva, como mostrou, em obra seminal, o sociólogo alemão Ulrich Beck (*La sociedade del riesgo*, original alemão de 1986, versão espanhola, 1998, Barcelona, Paidós)". BAPTISTA DA SILVA, Ovídio A. Réquiem para a tutela preventiva. In CIANCI, Mirna (Coord.); QUARTIERI, Rita (Coord.); MOURÃO, Luiz Eduardo (Coord.); GIANNICO, Ana Paula Chiovitti (Coord.). **Temas atuais das tutelas diferenciadas: estudos em homenagem ao Professor Donaldo Armelin.** São Paulo: Saraiva, 2009, p. 643-645.

2.2 REVISITAÇÃO DE BASES DO PROCESSO CIVIL EM BUSCA DO PROCESSO APRIORISTICAMENTE VOCACIONADO À EFETIVIDADE DOS DIREITOS

O cenário de inefetividade de direitos e o desafio de diametralmente revertê-lo exige revisitar as bases do processo civil, sobretudo a ideia de que a tutela jurisdicional[14] se direciona exclusivamente ao direito certo, isto é, àquele obtido mediante cognição exauriente e, então, objeto de juízo de certeza.

---

[14] Anote-se que a tutela jurisdicional é aqui compreendida como produto do exercício da jurisdição estatal, afeto à proteção ao direito material. Em sentido estrito, fala-se em tutela jurisdicional quando o Estado soluciona o conflito de interesses trazido à sua apreciação pelo reconhecimento da procedência ou improcedência dos pedidos. Inexistindo resolução de mérito, o pronunciamento do Estado configura-se (também em sentido estrito) tão somente como prestação jurisdicional. Diz-se "em sentido estrito" porque, mesmo na situação em que a prestação jurisdicional não soluciona a controvérsia meritória, pragmaticamente a posição do réu resta protegida, dado que não foi compelido ao adimplemento do direito reclamado pelo autor. Dessa feita, muito embora não solucionado o conflito, a prestação jurisdicional conferiu tutela ao réu.

Sobre tutela jurisdicional, colhem-se as seguintes lições:

"A proteção judicial das relações jurídicas e, consequentemente, dos direitos e deveres que delas decorrem, denomina-se tutela de direito. (...) Assim, paulatinamente, a sociedade monopolizou o poder jurisdicional, tutelando os direitos subjetivos, tornando ilícita a justiça privada. No mundo civilizado, somente no caso de legítima defesa e no de estado de necessidade é possível a justiça pelas próprias mãos. Portanto, a tutela (defesa) do direito é procedida mediante a intervenção do poder público. A ação (judicial) é o meio clássico de defesa do direito por meio da qual o titular ingressa em juízo pleiteando a defesa de seu direito ameaçado ou lesado. Através dela o titular recorre ao Poder Judiciário para obter o reconhecimento e tutela de seu direito. É, portanto, o meio de se forçar o pronunciamento do juiz competente, com o objetivo de ser reconhecido ou tutelado o direito lesado. A forma correta de tutela das relações jurídicas é, portanto, a ação (judicial), que tem por objetivo declarar ou reconhecer determinado direito, reparar dano, fazer cessar ato antijurídico, condenar e, enfim, possibilitar o exercício do direito impedido por alguém, ou então obrigar o cumprimento de uma obrigação legal ou contratual. Nesse sentido, a ação (judicial) é o meio de tutela do direito." GUSMÃO, Paulo Dourado de. **Introdução ao estudo do direito**. 31. ed. Rio de Janeiro: Forense, 2002, p. 257.

"(...) a tutela jurisdicional só pode ser entendida como a realização concreta do direito que foi lesado ou ameaçado. Seja para o autor, quando ele tem razão, seja para o réu, quando ele, o réu, tem razão. (...) O que é importante, pois, ter em mente é que a tutela jurisdicional significa, a um só tempo, o 'tipo' de proteção pedida ao Estado-juiz, mas também – senão principalmente – os efeitos práticos dessa proteção no plano do direito material. (...) É mister que aquilo que estiver decidido pelo magistrado possa, vez por todas, surtir efeitos práticos e palpáveis, isto é, efeitos para fora do processo, no plano do direito material." BUENO, Cassio Scarpinella. **Tutela antecipada**. 2. ed. São Paulo: Saraiva, 2007, p. 23.

"Existe uma escalada de intensidade entre os poderes e faculdades de que o Estado municia as pessoas para a defesa judicial de seus interesses, de modo que (a) todos têm a faculdade de ingressar em juízo, independente de terem o direito alegado e mesmo de serem amparadas pelas condições da ação; (b) têm o poder de exigir o provimento jurisdicional final quem estiver amparado pelas condições da ação, quer tenha ou não o direito subjetivo material alegado; (c) só têm direito à tutela jurisdicional quem reunir as condições e ainda desfrutar do direito subjetivo material alegado (no processo de conhecimento, fará jus à sentença favorável)". DINAMARCO. Cândido Rangel. **Execução Civil**. São Paulo: Malheiros, 1998, p. 371.

Sem dúvidas, a efetividade dos direitos exige que a determinação para seu adimplemento ocorra tempestivamente, o que implica eficácia imediata quanto ao específico direito em debate e também repercute para além daquela relação material, destacadamente com caráter preventivo, ao informar à sociedade que o descumprimento de direitos será repelido com ordem para seu pronto adimplemento.

Nesse cenário é que se acredita adequado o fortalecimento da tutela do direito provável. Com efeito, além da Jurisdição oportunizar aos cidadãos a defesa definitiva de direito certo – o que exige o tempo necessário à ordinariedade do procedimento, bem como à realização da cognição exauriente e, por conseguinte, ao alcance do juízo de certeza –, cumpre lhes facultar também a defesa daquele direito que se mostra apenas provável, ainda não certo, porquanto o rito para obtenção dessa tutela é sabidamente mais célere e, por isso, tende a ser mais efetivo: não exige a completa trilha da ordinariedade, embasando-se em decisão fundada em cognição sumária que, por sua essência, dado que não recai sobre todos os elementos possíveis de determinado processo, requer tempo comparativamente menor do que o dispendido com a cognição exauriente.

Como visto, o quadro de referências em que se cunhou a cognição exauriente como modelo com primazia (quase exclusividade) para prestação da tutela jurisdicional tem a marca teleológica de preservar o *status quo* inaugural da relação jurídico-processual, salvaguardando incólume a esfera jurídica do demandado até decisão exauriente definitiva (imutável pela coisa julgada), que, então, prestaria tutela ao direito certo.

Nas situações em que realmente se verifica o descumprimento de um direito e o cidadão precisa agir em juízo para reclamar seu adimplemento, o modelo de tutela apenas ao direito certo induvidosamente está à serviço do réu, protegendo, em verdade, o descumprimento do direito por ele perpetrado. O processo, nessa senda, erige-se como guardião do inadimplemento do direito, um escudo que assegura ao réu ser admoestado em sua esfera jurídica, mormente em seu patrimônio, apenas após o frequentemente longo percurso da ordinariedade, quando já empreendida a cognição exauriente e se tenha juízo de certeza sobre o controvertido direito; em suma, quando se alcança a "verdade" sobre dada controvérsia. A justificativa secular desse modelo, como visto, é a segurança, consubstanciada exatamente na garantia de não alteração do *status quo* inaugural da relação jurídico-processual até que se atinja a certeza, é dizer, a decisão definitiva (juízo de certeza imutável).

O que essa perspectiva olvida é que o *status quo* inaugural da relação jurídico-processual já veicula, em si, atentado à segurança da esfera jurídica do autor que teve seu direito violado e que, por isso, precisou se valer do processo para pugnar por seu adimplemento[15]. Assim é que o tempo necessário à ordinariedade, à cognição exauriente e à obtenção do juízo de certeza resta por convir à insegurança, gerada e agravada pela consciência de que o descumprimento de um direito somente será rechaçado após aquele longo tempo, quando, então, será ordenado ao inadimplente cumprir exatamente aquilo que deveria tê-lo feito antes do processo.

Sem dúvidas, o transcurso do tempo, aliado à inação da jurisdição culminam no agravamento da lesão ao direito a que se objetiva cessar ou evitar mediante a atuação jurisdicional monopolística do Estado. O tempo processual, quando dissociado do tempo real das relações humanas abordadas no processo, implica dano ainda maior para a parte cujo direito foi lesado ou se encontra ameaçado de lesão.

Importa considerar também, é claro, situações em que, realmente, não houve qualquer descumprimento de direito, sendo descabido, sim, o acionamento do aparato estatal. Nessas hipóteses o processo é, e deve mesmo ser, zelador da esfera jurídica do demandado, obstaculizando o pronto implemento do intento do demandante.

A efetividade dos direitos, baliza fundamente do Estado Constitucional de Direitos, impele que se estabeleça modelo processual hábil a realmente tutelar o direito – seja o direito reclamado pelo autor, seja o direito de resistência defendido pelo réu – e não tutelar sua lesão ou ameaça de lesão.

É claro que não é possível, aprioristicamente, identificar a quem assiste o direito em discussão e quais seus contornos, para, então, fixar-se o instrumento adequado para sua tutela. Todavia, exatamente porque as situações são diversas e diametralmente antagônicas, é que, acredita-se, não se pode estabelecer preferência de tutelar prioritariamente a posição de uma das partes: afinal, como saber, de antemão, que é o réu quem merece ter sua esfera jurídica preservada ou se, ao revés, não é o autor a quem se deve

---

15 "Poucos se dão conta que, em regra, o autor pretende uma modificação da realidade empírica e o réu deseja a manutenção do *status quo*. Essa percepção, até banal, da verdadeira realidade do processo civil, é fundamental para a compreensão da problemática do tempo do processo ou do conflito entre o direito à tempestividade da tutela jurisdicional e o direito à cognição definitiva.
Em qualquer processo civil há uma situação concreta, uma luta por um bem da vida, que incide de modo radicalmente oposto sobre as posições das partes. A disputa pelo bem da vida perseguido pelo autor, justamente porque demanda tempo, somente pode prejudicar o autor que tem razão e beneficiar o réu que não a tem.
Em um "processo condenatório", a demora na obtenção do bem significa a sua preservação no patrimônio do réu. Quanto maior for a demora do processo maior será o dano imposto ao autor e, por consequência, maior será o benefício conferido ao réu." MARINONI, Luiz Guilherme. **Antecipação da tutela.** 7 ed. São Paulo: Malheiros, 2002, p. 192.

conferir essa preservação, com o reestabelecimento de sua esfera jurídica prejudicada pela conduta do réu? Decerto, ao se fixar o procedimento para solução do conflito não se tem esse conhecimento.

Não obstante, o que se verifica é que o modelo de processo civil ainda vigente fez a opção de tutelar uma das partes, no caso, o réu, facultando-lhe permissivamente tempo para que sua esfera jurídica seja realmente atingida, ao eleger procedimento que prima pela ordinariedade e pela cognição exauriente.

Ainda, fortalecendo a posição do réu, o processo civil conta com instrumentos exatamente voltados a obstar que descabida demanda prossiga em seu desfavor, o que se dá em vista dos elementos trazidos ao processo até o momento, permitindo a verificação da presença ou não de pressupostos indispensáveis para estabelecimento válido e regular da relação jurídico-processual e para se prosseguir ao exame de mérito, os chamados pressupostos processuais e condições da ação.

É dizer, o réu conta com instrumentos voltados à salvaguarda célere de sua posição ao impedir o prosseguimento de demanda descabida e, igualmente, é amparado por instrumentos que substancialmente zelam por sua esfera jurídica no mérito, dada a garantia de que esta será alcançada apenas após decisão de certeza imutável (que envolve geralmente ordinariedade e, ainda, cognição exauriente/juízo de certeza e coisa julgada).

Lado outro, no modelo de processo civil ainda vigente o que se observa é que ao autor é reservada essencialmente a tutela do direito certo, que, como é cediço, demanda o tempo necessário da cognição exauriente para que se alcance o juízo de certeza. Enquanto isso, resta-lhe conviver com a lesão ou ameaça de lesão a seu direito, sofrer a insegurança de sua esfera jurídica afetada sem que lhe se seja conferido instrumento para efetiva reparação.

Em vista dessa cena de notório desequilíbrio é que se reputa equivocado estabelecer-se um modelo processual cujo finalidade precípua é resguardar a posição de uma das partes[16]. Sem dúvidas, o desiderato maior do processo

[16] Em ensaio que conclui assentando que "é necessário que a doutrina tenha a coragem de enfrentar essa figura mitológica, chamada Processo de Conhecimento", Ovídio A. Baptista da Silva leciona: "Ora, não se necessita de grande perspicácia e nem de investigações laboriosas, para saber que o inteiro Processo de Conhecimento é geneticamente, por índole e afeição, um vastíssimo e portentoso *procedimento ordinário,* que, apenas por sê-lo, não admite provimentos liminares; e, como natural decorrência da consagração universal da ordinariedade, não poderá conviver com qualquer coisa que se defina como "tutela antecipatória". (...) Finalmente, não pode haver sentenças liminares que, de alguma forma, antecipem a tutela jurisdicional, porque os juízes do sistema romano-canônico estão proibidos de julgar apoiados em juízos de verossimilhança. É interessante – e mais do que interessante, dramática e perversa – a ideologia que se oculta sob este princípio que, em última

deve ser, sim, a realização dos direitos, a promoção da efetividade desses, seja quem for seu titular, autor ou réu. Assim é que o modelo jurídico-processual deve edificar instrumentos que constituam justo-meio ante as adversas posições estabelecidas no processo.

É óbvio que não se pode admitir que o mero direito alegado pelo autor seja de pronto coercitivamente satisfeito, privando-se o réu de quaisquer garantias, o que a toda evidência representaria ofensa aos capitais fundamentos do Estado de Direito, mormente do Estado Constitucional de Direito. Cumpre reconhecer, igualmente, que admitir que o direito reclamado pelo autor seja tutelado apenas quando tido como certo e imutável representa também atentado aos desígnios do Estado Constitucional de Direito, ao substancialmente ferir a efetividade dos direitos. Acredita-se, então, que entre a tutela do mero direito alegado e a tutela apenas do direito certo, constitui importante justo-meio a tutela do direito provável.

Direito provável é aquele reconhecido por juízo de probabilidade, razão pela qual constitui o aludido justo meio entre o direito meramente alegado e o direito certo: destarte, o direito provável mitiga para o titular do direito o aspecto nocivo do direito certo, visto que se lastreia em cognição sumária, essencialmente mais célere, oportunizando satisfação do direito em tempo menor se comparado àquele exigido pelo direito certo; outrossim, o direito provável aplaca para aquele que se encontra em posição de resistência a faceta perniciosa do direito meramente alegado, na medida que exige juízo positivo de probabilidade para que se dê azo a atos executivos.

Eis, então, as características que, juntas, convergem para que o direito provável seja instrumento para promoção da efetividade dos direitos (seja quem for seu titular, autor ou réu): o juízo de probabilidade e a consequente possibilidade de execução imediata da pretensão. Aliás, a rigor, é instrumento para promoção da efetividade dos direitos a *tutela* do direito provável, ou seja, exatamente a possibilidade que o sistema confere de, reconhecido o direito provável, executar a pretensão a ele afeta.

---

análise, é o motor teórico da concepção, tão profundamente arraigada do Direito Processual Civil, da *neutralidade* do Juiz, face ao conflito judiciário, que, por sua vez, nem seria necessário dizê-lo, é o fundamento da ordinariedade. Sempre que se alude a estas questões fundamentais de teoria geral do processo, é importante ter presente a relação entre processo e tempo; entre função jurisdicional e custo processual, representado pelo elemento temporal que Carnelutti, com seu admirável talento, indicara como o grande inimigo do Juiz (*Diritto e processo,* nº 232). A suprema sabedoria do legislador de processo está em saber distribuir, com equidade e equilibradamente esse custo, de modo a não onerar exclusivamente um dos litigantes, em benefício de seu adversário. Ora, este irremediável desequilíbrio, na distribuição do custo processual, é uma característica congênita do Processo de Conhecimento – enquanto procedimento conceitualmente ordinário." BAPTISTA DA SILVA, Ovídio A. Tutela antecipatória e juízos de verossimilhança. In: BAPTISTA DA SILVA, Ovídio A. **Da sentença liminar à nulidade da sentença.** Rio de Janeiro: Forense, 2001, p. 218-219.

2.3 FORTALECIMENTO DA TUTELA DO DIREITO PROVÁVEL: ATIPICIDADE E GENERALIZAÇÃO DO COMBATE AO DANO MARGINAL

Como já destacado nessa obra, o sistema processual vigente comporta a tutela do direito provável, fazendo-o, no entanto, como signo de excepcionalidade, decorrente da expressa opção do sistema, de índole liberal-racionalista, pela tutela do direito certo e imutável (e toda as características que lhe são inerentes).

Assim é que, por imperativo da exceção que lhe marca, no modelo ainda em vigor, na maioria das situações em que é admitida, não basta para a tutela do direito provável o seu reconhecimento através de juízo de probabilidade fundado em cognição sumária: Acrescentou-se ao rol de exigências para tutela do direito provável a urgência, que, etimologicamente aludindo à emergência, à necessidade de imediata solução, de atendimento com rapidez, sem demora, tem essa noção semântica refletida no processo civil na realidade excepcional que requer pronta resposta do Estado no exercício da jurisdição, com celeridade que não se verifica nos procedimentos ordinários e de cognição exauriente.

A realidade excepcional que configura a urgência é, então, aquela em que se identifica imediato e necessário comprometimento do direito material caso não assegurada a pronta execução da pretensão, seja de índole conservativa, seja realizadora do direito propriamente dito. É o que se verifica, exemplificadamente, em situações em que o devedor está a dilapidar seu patrimônio em prejuízo da satisfação de provável crédito, o que exige a imediata execução da pretensão de conservar o patrimônio do devedor para garantia do adimplemento do provável crédito (cautelares de arresto e sequestro), bem como em situações em que o provável titular do direito a alimentos, pela necessidade que constitui direito material desse jaez, precisa necessariamente dele fruir com brevidade, sob pena de ele próprio alimentando sucumbir (tutela antecipada de alimentos/alimentos provisórios).

A urgência assim compreendida transcende os riscos decorrentes da simples espera da prestação jurisdicional definitiva, que visa a reconhecer o direito certo. Ou seja, o risco que o tempo traz para a efetividade dos direitos é, na conotação processual de urgência, mais robusto que aquele que a doutrina convencionou nominar de "dano marginal do processo"[17].

[17] "Por conta de ser caracterizado pelo perigo concernente ao tempo do processo, o perigo da demora está ligado ao conceito de dano marginal, embora com ele não se confunda. Todo processo se desenvolve com prejuízo à parte que tem razão. Em especial, esse prejuízo é ainda mais intenso se a parte

A expressão "dano marginal do processo" utilizada para designar a relação do processo com o tempo quando não há urgência já é, em si, eloquente ao reconhecer que necessariamente o processo, em razão do tempo que lhe é inarredável, causa dano àquele que tem seu direito lesado ou ameaçado de lesão, gerando, em contrapartida, vantagem indevida àquele que lesa ou ameaça.

Destarte, o tempo é variável inerente às atividades humanas, notadamente àquelas que transcorrem segundo um *iter* procedimental, como é o processo, seja ele curto ou longo, porquanto em ambas as situações inexiste resultado instantâneo, fazendo-se imperativo o decurso do tempo. Ocorre que as relações de direito material exigem, sim, resultado instantâneo quanto ao direito que lhes é objeto, ou melhor, exigem o adimplemento do direito no tempo específico fixado naquela relação, que não se sujeita à lógica de um *iter* procedimental, mas, sim, à vontade dos envolvidos e/ou ao estabelecido pelo sistema jurídico para aquela relação material. Por essa constatação é que necessariamente a submissão do resultado esperado na relação jurídico-material ao tempo do processo consubstancia prejuízo à efetividade daquele resultado, na medida em que altera, precisamente, atrasa, o implemento do resultado.

Nessa ordem de ideias, é que o tempo processual, em qualquer cenário, constitui fator corrosivo de direitos. A doutrina comumente emprega a indicação do tempo como fator corrosivo de direitos nas excepcionais situações de urgência. Todavia, não se pode negar que o efeito nocivo do tempo ocorre em qualquer cenário, mesmo quando não há urgência: aquele que tem seu direito lesado ou ameaçado de lesão sempre terá o prejuízo ao seu direito agravado por ter que aguardar qualquer tempo, longo ao até mesmo curto, para que tenha seu direito respeitado. Sem dúvidas, o tempo natural do processo gera dano.

A denominação desse dano decorrente do tempo natural do processo como dano marginal, além de se prestar a distingui-lo da situação excepcional de urgência, resta por também revelar a ideologia liberal-racionalista

---

que tem razão amarga o tempo do processo sem poder fruir do direito de que é titular. Daí a razão pela qual se diz que o processo é concomitantemente fonte de prejuízo para todo autor que tem razão em seu direito pelo simples fato de ter que esperar pelo seu desenvolvimento e fonte de benefício para todo réu que resiste injustificadamente à posição jurídica do autor. Quanto mais o processo demora, maior é o dano experimentado pelo autor que em razão na defesa de sua posição jurídica. O conceito de dano marginal, portanto, concerne à simples duração do processo. Já o conceito de perigo da demora vai além: ele concerne à duração do processo capaz de inviabilizar a frutuosidade da tutela do direito. São conceitos distintos, nada obstante aludam igualmente à duração do processo." MITIDIERO, Daniel. **Antecipação de tutela: Da cautelar à técnica antecipatória**. São Paulo: Editora Revista dos Tribunais, 2013, p. 132.

que marca o modelo processual civil. Afinal, porque adjetivar o dano nessa hipótese de "marginal", que semanticamente refere-se ao que está fora, à margem? Cuida-se de vocábulo empregado tão somente para distinguir da situação excepcional de urgência, ou, mais do que isso, é o reconhecimento de que o sistema, abalizado pela doutrina (que o comenta e, em significativa medida, também o constitui), trata como dano de somenos importância? Entende-se que a denominação marginal atribuída ao dano tem, sim, esse segundo desiderato, porquanto firmado para designar que esse dano não é geralmente merecedor de mitigação ou pronto reparo. Tanto é assim que o modelo processual ainda vigente segue privilegiando a tutela definitiva do direito certo, sendo a tutela do direito provável marcada pela excepcionalidade e prioritariamente em combate à situação de urgência.

Ao chamado dano marginal do processo, conforme quadro consolidado até o Código de Processo Civil de 2015, ou majoritariamente não se fazia combate algum, ou tal enfretamento era empreendido em situações pontuais previstas taxativamente pelo legislador, algumas até sem a necessária adesão pela prática forense (o que é exemplo a antecipação de tutela por abuso no exercício do direito de defesa ou manifesto propósito protelatório do réu).

Nessa perspectiva consolidada até o Código de Processo Civil de 2015, para que apenas o direito provável seja suficiente para concessão da tutela, impera o entendimento de que é necessária taxativa previsão legal em procedimentos específicos, tipicidade/taxatividade que confere à tutela desse direito provável não urgente elevada previsibilidade e impede que a temática se situe na esfera decisória do julgador. Logo, cabe privativamente ao legislador a apriorística escolha dos procedimentos que comportam a tutela do direito provável que combate o chamado dano marginal do processo, o que, em tese, justifica-se pela importância que o legislador vislumbra no direito material em discussão. Por exemplo, observa-se que nas ações possessórias o legislador secularmente (desde os interditos romanos) admitiu tutela contra o dano marginal do processo. Interessante trazer à baila novamente as lições de Ovídio A. Batista da Silva:

> É necessário ter presente, no entanto, que o pressuposto da urgência, embora não se exteriorize em nossas ações possessórias, ninguém que conheça a origem dos interditos romanos e sua história terá dúvida sobre a íntima relação entre a proteção interdital e a urgência em prover, contra a mora do juízo que sempre os caracterizou, desde quando a tutela interdital primitiva era outorgada como remédio *ad hoc* pelo pretor romano.
>
> De um modo ou de outro, as ações sumárias legitimam-se em virtude da urgência. Este pressuposto aparece de modo explícito em certas hipóteses

> desta classe de ações, mas em sua grande maioria a urgência oculta-se sob a norma que as disciplinam, sem que este fator tenha expressão legislativa visível. As ações surgem como sumárias em virtude de peculiaridades especiais que lhe são impostas pelo direito material, mas, mesmo nesses casos, a urgência – em geral traduzida em *periculum in mora* – é o fator que lhes dá legitimidade.[18]

Sabe-se que tanto a urgência quanto o dano marginal dizem respeito à relação do processo com o tempo; ocorre que na primeira, o impacto do tempo sobre o processo e, em último exame, sobre o direito material que visa tutelar, é tido como mais expressivo, enquanto que no dano marginal a repercussão do tempo é tida como "normal" e geralmente não merecedora de tutela imediata para mitigá-lo ou remediá-lo. Valendo-se da distinção assentada entre urgência e dano marginal, assim compreende-se a afirmação de Ovídio A. Baptista da Silva de que as ações possessórias e outras que ele denomina sob o gênero de ações sumárias[19] têm a característica da urgência: na verdade, nelas o legislador regulou de modo diverso da disciplina ordinária a relação do tempo com o processo, que combate também o que se convencionou denominar de dano marginal, por imperativo do direito material em comento.

Em suma, no sistema em que a tutela do direito provável é exceção, ou ela se dá em situação de urgência, ou ela ocorre pela via da chamada tutela de evidência, que, estabelecida no ponto máximo da excepcionalidade admitida pelo sistema, conta com limitadas hipóteses de aplicação na generalidade dos procedimentos, condicionadas a requisitos outros que não apenas a probabilidade do direito. O modelo processual civil que assim relega a mitigação ou o reparo do dano marginal do processo, patenteia sua clara opção apriorística de tutelar aquele que se posiciona no processo em resistência à pretensão de outrem, ou seja, o réu.

Impende registrar que é sim possível que o decurso do tempo requerido até a prolação da decisão definitiva de mérito da demanda acarrete danos tanto para o autor, quanto para o réu, ou até, danos apenas para o réu, que se vê onerado pela defesa em face de demanda infundada. Contudo, a prática forense revela que a regra é que os prejuízos do transcurso do tempo se

---

[18] BAPTISTA DA SILVA, Ovídio A. O contraditório nas ações sumárias. In: BAPTISTA DA SILVA, Ovídio A. **Da sentença liminar à nulidade da sentença.** Rio de Janeiro: Forense, 2001, p. 271.

[19] Esclarece-se que para Ovídio A. Batista, as ações sumárias são aquelas em que há cognição sumária, por ele conceituada não apenas como a cognição superficial (própria das liminares), mas também aquela em que o objeto da discussão é limitado no plano do direito material, como acontece no mandado de segurança, nas ações possessórias, etc. *Op. cit.* p. 253-286.

imponham em detrimento da parte cujo direito é violado ou ameaçado e em favor daquele que resiste ou insatisfaz a pretensão.

Por tudo isso é que a carência de tutela jurisdicional efetiva – e também célere, uma das facetas da efetividade – se verifica não apenas em circunstâncias de urgência, mas também se faz sentir naquelas em que há probabilidade de procedência do direito alegado, ou seja, em que há direito provável, mas sem que se configure situação excepcional de risco, hipótese em que igualmente se justifica o provimento célere que distribua de modo mais equânime entre as partes o ônus do tempo, combatendo também, o chamado dano marginal do processo. Convenientes, aqui, são as palavras de Luiz Guilherme Marinoni:

> O procedimento comum, como já foi dito, faz com que o peso do processo seja suportado unicamente pela parte autora. Isto como é óbvio, não é justo, ainda que autor e réu, no momento da propositura da demanda, tenham iguais índices de probabilidade de ter direito ao bem em litígio.
>
> O tempo do processo não pode prejudicar o autor e beneficiar o réu, já que o Estado, quando proibiu a justiça de mão própria, assumiu o compromisso de tratar os litigantes de forma isonômica e de tutelar de forma pronta e efetiva os direitos.
>
> É possível distribuir o tempo do processo através dos procedimentos especiais – as chamadas tutelas jurisdicionais diferenciadas –, elaboradas a partir das técnicas da cognição. (...)
>
> Para que impere a igualdade no processo é preciso que o tempo seja isonomicamente distribuído entre as partes litigantes. O tempo deve ser repartido, no curso do procedimento, de acordo com o índice de probabilidade de que o autor tenha direito ao bem disputado.[20]

Destarte, o que se verifica é que a prática processual, ainda marcada pela excepcionalidade ao exigir para tutela do direito provável urgência ou taxatividade, segue insuficiente para melhor distribuir entre as partes o ônus do tempo, mormente em vista de sua timidez no que toca ao combate ao dano marginal do processo. A denominada tutela de evidência, que visa exatamente minorar esse dano, não obstante ser método vocacionado para a edificação de processo verdadeiramente efetivo e, assim, justo, nos termos em que preceitua a Constituição da República, não é largamente difundida na praxe forense.

---

20 MARINONI, Luiz Guilherme. **Tutela antecipatória e julgamento antecipado: Parte incontroversa da demanda.** 5 ed. São Paulo: Revista dos Tribunais, 2002, p. 27-28.

Conforme se detalhará a seguir, o Código de Processo Civil de 2015 veicula importante avanço na disciplina legislativa dessa espécie de tutela do direito provável, sendo possível, com esteio nessa nova regulamentação legal, maior fruição do potencial que a tutela de evidência detém para consecução de efetividade da jurisdição e dos direitos. Todavia, caso se prossiga em apego ao modelo processual que encara a tutela do direito provável com a marca indelével da excepcionalidade, poder-se-á, pela via da interpretação restritiva às novas previsões legais, encará-las com olhos do passado de modo taxativo e tímido.

Observa-se também que os trabalhos doutrinários sobre tutela de evidência se limitam, em sua larga maioria, a reproduzir a noção geral dessa espécie de tutela e suas hipóteses legais, estabelecendo-se um círculo de remissões aos doutrinadores que produziram obras de referência quanto às medidas urgentes e, em segundo plano, quanto às tutelas de evidência, sem, todavia, avançar fundada e criticamente para além das lições ali postas.

Com efeito, a tutela de evidência escasseia do debate e do apuro teórico alçado pelas medidas de urgência e tampouco pode se valer completamente do estágio evolutivo da técnica quanto a estas. Isso porque a especificidade de cada um desses provimentos no que concerne ao risco/perigo – presente nas medidas urgentes e ausente na tutela de evidência – é substancial para determinar estudos e técnica distintos para as duas espécies, ainda que tenham semelhanças entre si que permitam reuni-las sob o mesmo gênero.

Destarte, as medidas urgentes são a sede tradicional da tutela do direito provável. Deve-se considerá-la, no entanto, como ponto de partida – e não campo exaustivo – para avançar a prestação jurisdicional fundada em juízo de probabilidade em atenção maior, também, ao dano marginal do processo.

Ao ampliar a tutela do direito provável, passa-se a valorizar no processo mais a efetividade do que a segurança jurídica em perspectiva liberal-racionalista, mais a posição do autor que tem o direito lesado ou ameaçado de lesão, do que a posição do réu, que resiste à realização do direito alegado pelo autor. Não que isso já seja um entendimento apriorístico que assiste razão ao autor e não ao réu; a efetiva tutela exige que no caso concreto seja provável que o autor tenha razão, situação específica que justifica privilegiar sua posição.

O fortalecimento da tutela do direito provável, é dizer, cominar maior relevância às tutelas fundadas em cognição sumária no sistema jurídico-processual é instrumento para consecução de efetividade da prestação jurisdicional e, assim, serve à realização da efetividade dos direitos porque as tutelas sumárias atuam promovendo melhor distribuição do ônus do tempo sobre o processo, de modo a contribuir para que esta via seja palco para adimplemento e não fomento de inobservância de direitos[21].

Propõe-se que a referida robustez à tutela do direito provável é alcançada, dentre outros[22], por meio de sua atipicidade[23] e generalização de sua aplicação, guiada pela verificação da probabilidade do direito pelo magistrado em quaisquer casos concretos, que não apenas os taxativamente elencados pelo legislador e sem condicionantes outras à concessão da tutela. Nessa esteira, o fortalecimento da tutela do direito provável envolve mitigar a excepcionalidade da cognição sumária e do juízo dela consequente, ampliando as hipóteses de tutela do direito provável notadamente em combate também ao dano marginal do processo e, por conseguinte, ampliando as hipóteses de execução célere da pretensão sem cognição exauriente.

Oportuno aqui mencionar a lição de Ovídio A. Baptista da Silva, na obra "Do processo Cautelar", cuja primeira edição é de 1985, na qual que se verifica que a despeito do autor pugnar pelo desprendimento do processo civil das amarras do pensamento liberal-racionalista, aponta que apenas a tutela fundada em cognição sumária de finalidade conservativa, ou seja, somente

---

21 "A gradação da cognição depende da exigência prevista em lei e tem sua importância na medida em que venha a proporcionar, no menor espaço de tempo, a tutela a quem seja titular de uma situação jurídica favorável naquele momento reconhecida. Ao autorizar a realização de atos práticos sujeitos ainda ao exame dos órgãos jurisdicionais, a preocupação do legislador incide unicamente sobre a efetividade do processo. A técnica da antecipação na execução provisória deve ser vista como instrumento de realização da justiça e não como obstáculo a consecução do direito justo. Ao possibilitar a atuação imediata de uma decisão, o instituto da execução provisória evita manobras dilatórias e reforça a credibilidade dos órgãos jurisdicionais. (...) Na busca da efetividade do processo, verifica-se um verdadeiro 'elastecimento da tutela cautelar na nossa época, assim como a concepção de remédios jurisdicionais de índole provisória, autônomos ou não, com caráter antecipatório e satisfativo do pretendido direito. Daí a importância de separar definitivamente a executoriedade das decisões do instituto da coisa julgada. Como é natural, as regras e os institutos jurídicos têm seu valor na exata medida dos benefícios sociais que possam gerar." LUCON, Paulo Henrique dos Santos. **Eficácia das decisões e execução provisória**. São Paulo: Revista dos Tribunais, 2000, p. 203-204.

22 Outras vias para fomento da tutela da probabilidade são conferir executoriedade imediata não só às tutelas do direito provável, mas também às tutelas definitivas, e admitir que as partes escolham a via da tutela do direito provável para solução de seus conflitos, prescindindo de tutela definitiva.

23 Inclusive, também da obra "Do Processo Cautelar", de Ovídio A. Baptista da Silva, pode-se concluir que a atipicidade da tutela fundada em cognição sumária é caminho que vem sendo adotado, até por consequência de necessidades da praxe jurídica. Assim, registra o autor que: "É interessante observar que a execução provisória, ao contrário do que ocorre no Direito brasileiro – que apenas a admite nas raras hipóteses taxativamente previstas em lei –, percorre, nos sistemas europeus, um caminho de visível liberalização, através da supressão do *numerus clausus* previsto em lei e da correspondente outorga ao julgador da faculdade de conceder execução provisional à própria sentença, sempre que, a seu juízo discricional, o direito possa estar sob risco de sofrer um prejuízo em razão da demora". BAPTISTA DA SILVA, Ovídio A. **Do processo Cautelar**, 2 ed. Rio de Janeiro: Forense, 1999, p. 26.

Ademais, a tutela antecipada prevista no art. 273 do CPC/1973, por redação da Lei nº 8.952/1994, é tutela do direito provável satisfativa atípica, isto é, não restrita a certas causas, aspecto não abordado por Ovídio Baptista na obra mencionada (cuja primeira edição é de 1985/1986).

a cautelar poderia ser atípica e, então, admitiria que o magistrado analisasse a presença de seus requisitos gerais (probabilidade e urgência) no caso concreto; para o autor, os demais provimentos sumários, isto é, os satisfativos, deveriam ser típicos, isto é, deveriam ser previstos pelo legislador, a quem caberia eleger as situações que merecem tratamento diferenciado. Na aludida obra, Ovídio A. Baptista da Silva não expõe claramente os fundamentos teóricos dessa sua conclusão, conjecturando, tão somente, possível insuficiência do instrumento para redução da litigiosidade[24].

Não obstante a respeitabilidade da lição, não se comunga na presente obra da mesma conclusão, porquanto se acredita que os fundamentos teóricos que obstariam a ampliação da tutela do direito provável – notadamente a prevalência da cognição exauriente em busca da certeza, equivocadamente associada à verdade – estão inquinados teleologicamente do individualismo liberal-racionalista que estabeleceu o processo com contornos voltados à preservação do patrimônio individual, dificultando seu acesso, pelo Estado e por outros indivíduos que se valham do aparato estatal.

Diversamente, o desiderato que deve nortear o processo é a efetividade dos direitos, que impõe revisitação e questionamento de seus fundamentos teóricos, a fim de verificar sua adequação ou não ao propósito de efetividade de direitos, característico do Estado Democrático. Nesse exercício de reflexão, impõe-se ao processo a reconstrução de suas bases teóricas, a destacar aqui, em pertinência ao presente estudo, a posição demasiadamente secundária e excepcional conferida à tutela do direito provável, que merece ser fortalecida para combater também o chamado dano marginal do processo de modo atípico na generalidade dos procedimentos e, assim, com maior amplitude, melhor distribuir entre as partes o ônus do tempo e contribuir com maior robustez para a efetividade dos direitos.

Em ensaio à luz da tutela antecipada atípica/geral, consagrada no art. 273 do CPC/1973, com redação determinada pela Lei nº 8.952/1994, Ovídio A. Baptista da Silva já reconhece seu significativo impacto e consequente necessidade de reavaliação dos pressupostos teóricos do processo civil,

24 "É necessário, porém, deixar registrada uma advertência final que poderia até mesmo ser dispensada por aqueles que tenham acompanhado com atenção o que acabe de ser escrito: as formas de tutela urgente, sejam cautelares ou não, devem ser postas no sistema jurídico como remédios extraordinários, para situações especiais, quando os meios jurisdicionais comuns se mostrem incapazes de tutelar adequadamente o direito eventual. Sua generalização, além de não solucionar os problemas institucionais criados pela morosidade excessiva da prestação jurisdicional ordinária, em verdade correria o risco de uma duplicação desnecessária dos litígios, o que, evidentemente, só poderia estar justificado em casos excepcionais". BAPTISTA DA SILVA, Ovídio A. **Do processo Cautelar**, 2 ed. Rio de Janeiro: Forense, 1999, p. 88.

evidenciando o aprimoramento também de sua obra, não obstante o brilhantismo que sempre lhe cunhou.

> Sem qualquer exagero, é possível dizer que a construção do conceito de "tutela antecipatória", resgatando uma categoria que a ciência moderna pretendera sepultar, ao universalizar o procedimento ordinário, reveste-se de um sentido marcadamente sugestivo, cujas consequências ainda não foram suficientemente avaliadas, de modo que se pudesse extrair desta nova visão conceitual todos os resultados e implicações doutrinárias que ela poderá, sem dúvida, determinar.
>
> (...)
>
> Pois bem, a reintrodução em nosso direito de uma forma de tutela antecipatória – tão extensa quanto o permite sua conceituação, como tutela genérica e indeterminada – invalida todos os pressupostos teóricos que sustentam o Processo de Conhecimento, pois as antecipações de julgamento, idôneas para provocarem tutela antecipatória, pressupõem demandas que contenham, conjugadas e simultâneas, as atividades de conhecimento e execução. E mais: pressupõem que a tutela antecipada seja fruto de um juízo de verossimilhança, a ser depois confirmado ou infirmado pela sentença final.
>
> Em última análise, supor que exista uma espécie de tutela jurisdicional que se defina como antecipada, importa negar todos os princípios que dão sustentação teórica ao Processo de Conhecimento, especialmente significa resgatar o conceito de sentenças liminares, e mais do que isso: – significa reintroduzir, no direito contemporâneo, a estrutura romana dos interditos, legitimando, por esta via, os juízos de verossimilhança, que o direito moderno em vão procura suprimir de nosso horizonte teórico, e com os quais o procedimento ordinário não pode conviver.
>
> Seria pertinente reproduzir, a respeito desta questão vital para a ciência do processo, a conhecida sentença: "Voltamos ao passado. Viva o progresso...!"[25]

Cumpre assinalar que é sabido que a habilidade do fortalecimento da tutela do direito provável como via para maior efetividade da prestação jurisdicional e dos direitos liga-se diretamente a verificações de ordem prática, a exemplo de sua atuação como agente redutor da litigiosidade. Contudo, pela carência de dados estatísticos precisos, não é possível neste momento empiricamente afirmar que o fortalecimento sugerido da tutela do direito provável irá realmente ser contribuição de relevo para tornar o processo

---

25 BAPTISTA DA SILVA, Ovídio A. Tutela antecipatória e juízos de verossimilhança. In: BAPTISTA DA SILVA, Ovídio A. **Da sentença liminar à nulidade da sentença.** Rio de Janeiro: Forense, 2001, p. 218, 220, 221.

desinteressante para aquele que objetiva desrespeitar direitos, diminuindo o número de demandas, reduzindo a litigiosidade e, assim, fomentando o acesso à justiça. Não obstante, acredita-se que pelas diretrizes teóricas em que se embasam, as propostas ora formuladas têm tal potencial.

3

TUTELA DO DIREITO PROVÁVEL EM COMBATE AO DANO MARGINAL: TUTELA DE EVIDÊNCIA

O Código de Processo Civil de 2015 inova na disciplina das denominadas tutelas provisórias dentre outros, ao cunhar na legislação codificada a expressão tutela de evidência para designar a tutela do direito provável em situações em que não há situação excepcional de urgência, que, no direito brasileiro, tradicionalmente mereceu tutela pela via da cautelar e, a partir da década de 1990, pelo instrumento da antecipação de tutela.

O legislador de 2015, no entanto, escorou-se em lições doutrinárias nacionais, que, pelo menos desde também a década de 1990, valiam-se da locução tutela de evidência para nominar essa espécie de provimento jurisdicional fundada em juízo de probabilidade, ausente perigo de dano, buscando sinalizar que o nível da probabilidade exigido para concessão de tutela desse jaez seria superior àquele hodiernamente exigido para as chamadas tutelas de urgência. Assim, por exemplo, verifica-se na obra de Luiz Fux, "Tutela de segurança e tutela de evidência", cuja primeira edição data de 1989, em que o autor conceitua tutela de evidência como aquela direcionada ao que denomina direito evidente, por sua vez, assim conceituado pelo autor:

> De tudo quanto aqui foi exposto, merece estender-se a tese ao que se denomina, hodiernamente de "direito evidente". A expressão vincula-se àquelas pretensões deduzidas em juízo nas quais o direito da parte revela-se evidente, tal como o direito líquido e certo que autoriza a concessão do *mandamus* ou o direito documento do exequente.
>
> São situações em que se opera mais do que o fumus boni juris, mas a probabilidade de certeza do direito alegado, aliada à injustificada demora que o processo ordinário carreará até a satisfação do interesse do demandante, com grave desprestígio para o Poder Judiciário, posto que injusta a espera determinada. (...)

> É o material probatório fornecido com a postulação de 'tutela urgente' que vai indicar da "evidência do direito".
>
> Essa forma de tutela distingue-se daquela do *mandamus*, porque não se trata de ato de autoridade apenas, mas também de ato de particular; isto é, não exclui a tutela da evidência qualquer que seja a pessoa jurídica, quer de direito público, quer de direito privado.[1]

Importa rememorar que a hoje nominada tutela de evidência tem sede secular no direito pátrio, para situações assaz excepcionais, que o legislador ponderou o relevo do direito material em discussão e, assim, admitiu a concessão de provimento célere, antes, portanto, da prestação jurisdicional definitiva, fundada eminentemente em juízo de probabilidade quanto ao direito alegado. Exemplo recorrente são as liminares das ações possessórias e das ações locatícias, que em defesa de posse e também de propriedade sobre o bem, prescindem da discussão sobre excepcional urgência no deferimento da tutela.

Apenas em 1994 o legislador tradicionalmente escorado na tratativa extraordinária da tutela do direito provável, admitiu a tutela de evidência para a generalidade dos procedimentos de conhecimento, ao permitir a antecipação de tutela desprovida de perigo de dano em hipótese de abuso no exercício do direito de defesa ou manifesto propósito protelatório do réu, consoante previa o art. 273, II, do Código de Processo Civil de 1973, acrescentado pela Lei n.º 8.952, de 13.12.1994.

Como já se destacou, a excepcionalidade da tutela jurisdicional em tais casos é avigorada pela exigência de requisito outro para além do juízo de probabilidade positivo quanto ao direito alegado (na redação do art. 273 do CPC/1973, para além da verossimilhança e da prova inequívoca da alegação). Muito se discutiu doutrinariamente a respeito do requisito entabulado no inciso II do art. 273 do CPC/1973, prevalecendo majoritariamente a conclusão de que se cuidaria de tutela-sanção[2], imposta, por conseguinte,

---

1 FUX, Luiz. **Tutela de segurança e tutela de evidência: fundamentos da tutela antecipada.** São Paulo: Saraiva, 1996, p. 305-306 e 310.

2 "Rejeitada a pretensão do autor, não parece possível sejam mantidos os efeitos decorrentes da antecipação da tutela. Essa providência foi tomada com base em cognição sumária, que apontou para a probabilidade do direito afirmado na inicial. Investigação mais profunda dos fatos revelou, todavia, o equívoco dessa conclusão, o que motivou a improcedência da pretensão. (...)
Nada impede, porém, dirija-se o apelante ao tribunal, em conformidade com o disposto no art. 800, parágrafo único, do Código de Processo Civil, e pleiteie novamente a concessão da tutela antecipada. Isso, evidentemente, para quem entenda tratar-se de medida com natureza cautelar.
Tal solução não se afigura possível, todavia, nas hipóteses do inciso II do art. 273. Se a demanda foi julgada improcedente, significa não ter ocorrido abuso do direito de defesa ou intuito manifestamente protelatório do réu. O próprio juiz concordou com seus argumentos, conclusão que não se coaduna com a denominada antecipação-sanção." BEDAQUE, José Roberto dos Santos. **Tutela**

não apenas em benefício do titular de direito provável, mas, sobretudo, em reprimenda àquele que exerce resistência abusiva ou protelatória.

O Código de Processo Civil de 2015 amplia as hipóteses de cabimento da tutela de evidência, conferindo regulamentação mais ampla do que dispunha o CPC/1973, precisamente trazendo no art. 311 rol mais extenso de cabimento geral da tutela de evidência, para além do abuso no exercício do direito de defesa e manifesto propósito protelatório do réu, previsto no art. 273, II, do CPC/1973.

Muito embora disponha sobre a tutela de evidência em um único artigo, o novo Código brasileiro avança também da disciplina dessa espécie de provimento jurisdicional ao capitula-lo no livro das Tutelas Provisórias, reunindo-as, assim, ao mesmo gênero a que também integram as tutelas de urgência, indicando, por conseguinte, a presença na tutela de evidência das características que definem o gênero tutela provisória e, também como consectário dessa capitulação, determinando a aplicação à tutela de evidência de regulamentações procedimentais similares à tutela de urgência.

O direito estrangeiro também conhece essa espécie de prestação jurisdicional fundada em juízo de probabilidade e ausente situação emergencial, igualmente utilizando-se de expressões que indicam a marca característica de alta probabilidade para designar a tutela jurisdicional dessa estirpe.

Exemplificadamente, o direito suíço refere-se à possibilidade de proteção estatal em situação de clara procedência da pretensão do demandante, através do chamado *Befehlsverfahren* previsto no art. 257 do novo Código de Processo Civil Suíço. Consoante esclarece a doutrina, o desiderato do dispositivo legal é redistribuir entre as partes o ônus do tempo do processo, facultando ao demandante o acesso ao bem da vida pleiteado sem a necessidade de submeter-se ao longo trâmite do procedimento ordinário[3]. Merece

cautelar e tutela antecipada: tutelas sumária e de urgência (tentativa de sistematização). 3ª ed. São Paulo: Malheiros, 2003, p. 395-397.

[3] "O novo Código incorpora, em um único dispositivo (art. 257) um importante instituto, sob a denominação *Befehlsverfahren*, a ser veiculado por meio do procedimento sumário. Segundo apontam *Hofmann* e *Lüscher*, embora desconhecido nos cantões de influência francesa, o referido instituto já se encontrava presente na experiência daqueles de influência alemã. A denominação literal no texto da lei invoca a ideia de tutela jurisdicional no sentido de proteção a ser outorgada pelo Estado-Juiz para os casos de clara, manifesta, patente pertinência da pretensão do demandante (*Rechtsschutz in klaren Fällen, Tutela giurisdizionale nei casi manifesti, Cas clairs*).
É possível ainda, grosso modo, uma equiparação do instituto com aquelas hipóteses em que se torna factível a antecipação da própria tutela jurisdicional a ser concedida sobre a parte incontroversa da demanda. A particularidade do instituto, que não prescinde do necessário contraditório, reside no caráter definitivo da decisão que vier a ser pronunciada, hábil a formar, em caso de procedência da ação, coisa julgada. Revela-se a opção do legislador em conferir ao demandante, o mais rápido

destaque que a referida espécie de prestação jurisdicional suíça tem contornos e características que não coincidem exatamente com aqueles identificados no direito nacional: nessa esteira, no direito suíço, o *Befehlsverfahren*, quando concedido, recebe o manto da coisa julgada material, opção até então rechaçada pelo legislador brasileiro em qualquer tutela fundada em juízo de probabilidade, reunidas no Código de Processo Civil brasileiro de 2015 sob o gênero tutelas provisórias.

No direito francês, ao seu turno, a tutela do direito provável em situações de ausência de perigo também é disciplinada no bojo das *ordonnace de référé*, que congrega na França os provimentos fundados em cognição sumária. Cuida-se do chamado *référé-provision* disciplinado no artigo 809 do *Nouveau Code de Procédure Civile*[4], que autoriza ao magistrado a expedição de medida de natureza conservatória ou, até mesmo, satisfativa, em situações

---

possível, o bem da vida por ele almejado, nos casos em que restar patente a pertinência de sua pretensão.

A rigor, a previsão legal em comento demonstra inquestionável intenção do legislador em criar um mecanismo processual extremamente ágil, mediante um procedimento sumário, redistribuindo, na prática, o ônus do tempo no processo, vez que permite que o autor, quando puder demonstrar, de forma evidente e de plano, o acerto e a pertinência de sua pretensão, não tenha de se submeter ao alongado procedimento ordinário, para, apenas ao final de suas múltiplas fases, conseguir obter o bem jurídico que, desde o início, poderia ser adjudicado a seu favor. Trata-se, pois, de uma autêntica tutela de evidência. Procurando conferir contornos dogmáticos mais precisos para o novel instrumento, *Haldy* destaca que o referido instituto não deverá ter aplicação nos casos de direito indisponíveis, encerrando seu raciocínio com uma emblemática questão: *La plus importante innovation, en particulier pour les Romands, reside dans l'institution de cette protection dans les cas lairs, soit lorsque les faits, ne sont pas contestes ou qu'ils sont patents et que la situattion juridique est Claire (art. 257 CPC): on se demande au fond pourquoi il a un procès.*

Ao que parece, na análise de *Hofmann* e *Lüscher*, o instituto encontrará aplicação corriqueira nos casos em que, ocorrendo a extinção do contrato de locação ou de arrendamento rural, por exemplo, na hipótese de resolução contratual por falta de pagamento, se tornar necessário despejar rapidamente o locatário ou o arrendatário. Trata-se de um mecanismo que permitirá que o demandante obtenha a tutela jurisdicional de maneira rápida, por meio de um procedimento abreviado (sumário), cuja pretensão, em tese, deveria normalmente ser submetida ao procedimento ordinário ou, eventualmente, simplificado. Os autores insistem para o fato de que a aplicação desse instituto demandará prova pré-constituída e robusta, sendo que a verossimilhança, exigência hábil a embasar os pleitos de outras medidas provisionais, não será, no caso, elemento suficiente para a outorga da tutela. Por sua vez, se o demandante não conseguir provar que as condições para a concessão da referida tutela se encontram presentes no caso, o juiz rejeitará a pretensão, entretanto a referida decisão denegatória não se revestirá dos atributos da autoridade decorrente da coisa julgada. O demandante, nessa hipótese, poderá então reajuizar a sua pretensão, agora, porém, 'mediante um processo ordinário'. De qualquer modo, diante do caráter inovador e ainda impreciso do referido instrumento, a ser, em breve, introduzido na praxe judiciária da Confederação, parece oportuna a percepção de *Hofmann* e *Lüscher*, acerca da aplicação do instituto em matéria de ações pecuniárias: *l'avenir dirá si la protection des cas clairs est susceptible de révolutionner la pratique judiciaire – et la stratégie des avocats*." CRUZ E TUCCI, José Rogério (coord.). **Direito processual civil europeu contemporâneo**. São Paulo: Lex Editora, 2010, p. 366-368.

[4] *Article 809: Le président peut toujours, meme en presence d'une contestation sérieuse, prescrire en référé les mesures conservatoires ou de remise en état qui s'imposent, soit pour prevenir un dommage imminent, soit pour faire cesser um trouble manifestement illicite.*

nas quais não sobrevenha contestação séria e a demora da decisão puder comprometer os interesses do demandante [5].

Observe-se que o escopo cunhado aos mencionados *référé* é também a distribuição entre as partes do ônus do tempo do processo, que igualmente marca os provimentos jurisdicionais de urgência. Ainda, eles são

---

Dans les cas ou l'existence de l'obligation n'est pas sérieusement contestable, il peut accorder une provision ou créancier, ou ordonner l'exécution de l'obligation même sil s'agit d'une obligation de faire." FRANÇA. **Nouveau code de procédure civile**. Paris: Dalloz, 2008.

"La supression de la condition de l'urgence. Éviction du periculum in mora. Le référé-provision est sans doute l'exemple le plus frappant d'un référé dont la mise en ceuvre n'est plus en aucune façon sousime à l'urgence. Introduite pour la première fois dans le système français par le décret nº 73-1122 du décembre 1973, cette procédure perment au jude des référés d'accorder immédiatement une provision à valoir sur le montant de la condamnation qui sera éventuellement proposée par le tribunal, dès lors que l'obrigation n'est pas sérieusement contestable. Le texte légal du Code ne le fait donc en aucune façon dépendre de la condition de l'urgence et la Cour de cassation a vigoureusement établi que cette condition n'était nullement exigée.

Essor corollaire du fumus boni juris. En compensation de cette éviction totale de l'urgence, le référé-provision repose sur la condition du caractère non contestable de l'obligation. À cet égard, il incarne une mesure provisoire comportant un préjugement du fond du litige, le fond étant entendu, comme le suggère l'équivalent en italien de l'expression <<juge du fond>> - giudice di merito – comme le mérite, le bien-fondé, de la demande définitive corespondante. S'il se limitanit à l'apparence (<<n'est pas apparemment contestable>>), le juge sembleraint juste se prononcer sur l'apparence de bien-fondé de la demande provision. Mais en introduisant l'adjectif <<sérieusement>>, l'article 809 alinéa 2 insinue la possibilité d'un jugement porté sur la validité même de la prétention". CHAINAIS, Cécile. **La protection juridictionnelle provisoire dans le procés civil en droit français et italien.** Paris : Dalloz, 2007, p. 515.

5 "E mais: nos termos da 2ª alínea, quando a obrigação afirmada pelo requerente não lhe parece "seriamente contestável", ele pode conceder ao credor uma *"provision"* ou ordenar o cumprimento da obrigação, mesmo que se trate de uma obrigação de fazer. Essa figura do chamado *"référé-provision"* é a que mais nitidamente se destaca do quadro tradicional. Para empregar a terminologia agora usual em nosso país, ela abandona sem rebuço o terreno das cautelares e fixa domicílio no das medidas antecipatórias. Com efeito, a decisão que concede a *"provision"* pode apresentar conteúdo igual ao da sentença que julgar procedente o pedido na causa principal, qualitativa e até quantitativamente: tem-se admitido que a *"provision"* corresponda à soma total pleiteada naquela causa. Acentua a doutrina que o *référé* se vai despindo, em hipóteses assim, da feição provisória que lhe era inerente, para adquirir a fisionomia de julgamento definitivo, senão de direito, pelo menos de fato." BARBOSA MOREIRA. José Carlos. Notas sobre as recentes reformas do processo civil francês. **Revista de Processo**, v.32, n.150, p. 59-69, ago., 2007, p. 62.

"Os modelos do *référé provision* e do *référé injonction* constituem a evolução mais recente do instituto em que a urgência é eliminada e o pressuposto básico para obtenção da medida é a existência de uma obrigação que não seja seriamente contestável, situação em que o juiz pode deferir a tutela provisória do direito do credor no âmbito de obrigações de entrega de coisa e de dinheiro (*référé provision*) ou no âmbito de obrigações de fazer (*référé injonction*). Assim, os modelos do *référé provision* e do *référé injonction* traduzem procedimentos simples que impedem que o devedor de má-fé ou que queira se valer do processo para fins meramente protelatórios se valha de todos os artifícios do processo de cognição plena para que a obrigação seja rapidamente acertada pelo juízo, de modo que a decisão do *référé* se economizam recursos da própria Justiça, que se concentra na busca de uma solução rápida para o litígio. E, como aponta a doutrina francesa: o devedor condenado no âmbito do *référé* só usa o processo de cognição plena se realmente existe motivo sério para contestar a obrigação". THEODORO JÚNIOR, Humberto; ANDRADE, Érico. A autonomização e a estabilização da tutela de urgência no projeto de CPC. **Revista de processo**, v. 37, n. 206, p. 13-59, abr. 2012.

regulamentados legislativamente na esteira da disciplina da tutela de urgência, figurando como exceção a essa para as situações em que o demandado, ausente a urgência, não apresente o que o direito francês denomina de "contestação séria".

> *Une contestation sérieuse ne survient donc que lorsque l'un des moyens de défense opposé aux prétentions du demandeur n'apparaît pas immédiatement vain et laisse subsister un doute sur le sens de la décision au fond qui pourrait éventuellemente intervenir par la suite sur ce point si les parties entendaient saisir les judes du fond. La contestatacion doit être sérieuse et donc paraître susceptible de prospérer au fond. Si un doute subsiste sur le sens d'une éventuelle décision au fond, une contestation sérieuse existe. Cette appréciation est évidemment susceptible de varier selon la personnalite dú juge, ce qui ne peut que rendre nécessaire un contrôle de la Cour de cassation.*
>
> *Em ce sens, le juge des référés étant le juge de l'évident et de l'incontestable, selon la formule largemente usitée de Monsieur le premier président Drai, il se doit d'analyser les moyens développés devant lui, mais doit se reconnaître prive de pouvoirs pour prendre une mesure qui supposerait un droit reconnu, dès que celui-ci n'apparaît pas incontestable ou évident. Notons cependant, que compte tenu la double fonction du jude des référés, celui-ci peut, toujours, même dans cette circonstance, ordonner des mesures d'attente.*
>
> *C'est ainsi qu'il a pu être jugé que violaint le texte visé (NCPC, art. 809, al. 2 en l'espèce), la cour d'appel qui retenait l'existence d'une contestation sérieuse, alors que l'inverse se déduisait nécesssairement de ses constatations.*
>
> *L'évidence est ici donc l'aunee à laquelle l'intervention du juge des référés doit être mesurée et l'absence de contestation sérieuse doit être vérifiée en fonction de telles évidences.*
>
> *Cette appréciation est nécessairement contradictoire. La vanité des moyens de défense s'oppose donc à l'existence d'une contestation sérieuse.*[6]
>
> *La contestation sérieuses existe, dès lors que des arguments peuvent être sériusement opposés, ce qui exclut les allégations manifestement artificielles. Cette afirmation ne résuoud cepedant pas tout : si le jude pousse son analyse au fond du dossier, il pourr, em réalité dans certains cas, déterminer la solution du litige et reveler de ce fait l'absensce de contestation sérieuse.*[7]

---

6 VUITTON, Jacques; VUITTON, Xavier. **Lês referes**. Paris: LITEC, 2003, p. 23-24.

7 *Op.cit.*, p. 25.

É dizer, admite-se no direito francês o provimento provisório excepcionalmente para situações não emergenciais quando a pretensão não é infirmada por contestação séria, expressão utilizada na França com o desiderato de designar atuação inábil a incutir no convencimento do magistrado dúvida razoável sobre o provável direito alegado pelo autor.

> L'article 809, alinéa 2 du Nouveau Code de procédure civile a instauré le référé provision et le référé injonction, à la condition de l'existence d'unde obligation non sérieusement contestable sur laquelle la demanda doit reposer. (...)
>
> *Le caractère non-sérieusement contestable de l'obligation est la seule condition d'octroi d'une provision. Rappelons, ainsi qu'il a été vu, que l'urgente n'est pas une condition nécessaire à l'octroid d'une provision et qu'elle n'a pas à être relevée.*
>
> *Cette condition est suffisante el la provision peut être octroyée, quelle que soit l'obligation em cause. La nature de l'obligation sur laquelle est fondée la demande de provision est, en effet, sans importance. Elle peut être quasi-délictuelle, contractuelle ou délictuelle. (...)*
>
> *Lé référé proviosion, procédures simple, empêche, en effetc, que le débiteur de mauvaise foi n'utilise toutes les arcanes de la procédure au fond pour éviter de régler normalement, et donc rapidement, une dette incontestable, épargne les recours multiples et abusifs et apporte une solution rapide et efficace à un litige que n'en méritain pas d'autre. Une somme due évidemment l'est hors de toute procédure et n'a pas à être soumise aux juges du fond, même si le débiteur est de mauvaise foi.*
>
> *En outre et par voie de conséquence, il paraît indéniable que le référé provision permet de détourner un contentieux aux solutions simples et évidentes du rôle des juges du fond et de les décharger de manière salutaire.*[8]

Merece destaque que a opção no direito francês quanto aos consectários do *référé-provision* diverge da opção suíça no que toca ao *Befehlsverfahren*, dado que a França elegeu solucionar o litígio provisoriamente[9], é dizer,

---

8 VUITTON, Jacques; VUITTON, Xavier. **Lês referes**. Paris: LITEC, 2003, p. 23-24.

9 *"Ces arrêts manifestent un choix en faveur de l'autonomie du référé, qui privilégie sa raison d'être et incite à y recourir. Le but principal du reféré est la stabilisation d'une situation, l'interrupetion d'une illicéité ou l'arrêt d'un abus. Dès lors, il ne saurait être reproché à une partie, compte tenu de la gravité inhérente à cette situation, de ne pas avoir analysé d'autres considérations inutiles à l'existence des pouvoirs du juge des référés. Ce choix perment qu'un litige soit soumis à un juge, parce que les parties considèrent qu'il est une juridiction adaptée et efficace, en l'absence de laquelle la justice privée interviendrait seule, à l'exclusion de tout autre juge. Pour favoriser ce recours au juge, fût-il simplement des référés, il ne fallait pas en tirer des conséquences qui pouvaient s'avérer irréversibles dans le cadre d'un futur litige au fond. Cette solution est, de plus, parfaitement cohérente avec le fait que l'ordonnance, aboutissement de l'instance de référé, est dépourvue*

ausente a imutabilidade inerente à coisa julgada[10], mas sem, no entanto, condicioná-lo à composição definitiva da lide.

O direito italiano, recorrente fonte de inspiração para a processualística brasileira, disciplina os provimentos fundados em cognição sumária pela via da tutela cautelar, não havendo maiores distinções entre medida cautelar e medida satisfativa antecipatória. Assim, com arrimo no art. 700 do Código de Processo Civil italiano, amparo legislativo do poder geral de cautela, é dado ao magistrado deferir medidas cautelares conservativas e medidas cautelares satisfativas. Mencionado dispositivo legal sobreveio no ordenamento italiano no Código Processual de 1940, restringindo-se, naquele tempo, aos provimentos de cunho conservativo. Todavia, as necessidades impostas ao sistema processual pela realidade fática e pela premência na consecução do direito material, conduziram a doutrina e a jurisprudência peninsular ao delineamento mais amplo das disposições preconizadas pelo art. 700 do Código de Processo, abarcando nessa proposição também medidas de caráter satisfativo.

Salta à vista no direito italiano que o desenvolvimento do direito processual é marcado pela concepção científica de processo, com os caracteres liberal, racionalista e individualistas já apontados na presente obra. Com efeito, na Itália abarcou-se a tutela cautelar, de caráter conservativo, como exceção no sistema processual fundado em cognição exauriente e juízo de certeza, avançando, também excepcionalmente, por imperativo social, a situações de cunho antecipatório/satisfativo.

No entanto, na esteira da processualística ainda predominante, o direito italiano excepciona o cabimento da cognição sumária para situações em que o transcurso do tempo impõe risco excepcional, a chamada urgência, não contando com previsão de provimento geral – ou seja, admitido na generalidade dos procedimentos – para combate ao dano marginal do processo, isto é, quando inexiste perigo de dano (muito embora se verifique na doutrina italiana manifestações pela introdução no sistema processual daquele país de instituto análogo ao *référé provision* francês)[11].

---

d'autorité de chose jugée au principal et n'est que provisoire. De même, il a éte jugé qu'aucune litispendance ne pouvait être retenue entre une instance au fond et une instance de référé." VUITTON, Jacques; VUITTON, Xavier. **Lês referes**. Paris: LITEC, 2003, p. 205.

10 *"L'absence d'autorité de la chose au principal des décisions de référé est le necéssárire corrollaire et le complément inévitable du caractere provisoire de ces ordonnances. Il presente deux facettes distinctes: d'une part, il implique que l'ordonnance de référé ne lie pas le juge du fond intervenant ultérieurement mais, d'autre part, il n'empêche pas le juge des referes d'être tenu par elle." Op.cit.*, p. 233.

11 "*Da tempo la dottrina italiana ha «subito il fascino» dei référés: il référé provision ha, in particolare, attirato l'attenzione di coloro che hanno auspicato l'introduzione in Italia di «una forma di*

Dessas concisas notícias do direito estrangeiro focadas no combate ao dano marginal do processo, interessa assinalar que os ordenamentos que disciplinam provimento geral com esse desiderato apontam como finalidade maior a mitigação dos danos ocasionados pelo transcurso do tempo sobre o processo. Outro ponto de identidade que sobressai nos ordenamentos analisados é a expressiva influência jurisprudencial na edificação dos sistemas de tutela do direito provável.

3.1 CONCEITO DA TUTELA DE EVIDÊNCIA

O estabelecimento do conceito da tutela de evidência, bem como a identificação dos requisitos necessários à concessão dessa espécie de provimento exigem que se tenha por baliza a finalidade visada por essa prestação jurisdicional, porquanto imprescindível que os requisitos e conceito sejam hábeis a apreender e realizar tal desiderato.

Nessa ordem de ideias, forçoso ter por premissa que a finalidade dos instrumentos processuais, genericamente considerados, é assegurar a efetividade dos direitos, qual seja, sua melhor realização. Inclusive, dos princípios da segurança jurídica, da efetividade da prestação jurisdicional e da

---

tutela sommaria esecutiva, provvisoria e senza giudicato, di carattere atipico»130; un analogo interesse all'ordinamento d'oltralpe hanno manifestato quegli autori favorevoli a svincolare l'efficacia del provvedimento cautelare – o almeno di alcuni di essi – dalla proposizione e dalla coltivazione del giudizio di merito. Il modello francese dei référés ha, quindi, «sedotto» il legislatore italiano degli ultimi anni: da un lato, è stata mutuata la regola dell'indipendenza del procedimento di référé dal giudizio di merito rispetto all'«attenuazione» o «allentamento» del vincolo della strumentalità cautelare, di cui agli artt. 23 e 24, d.lgs. n. 5 del 2003 (attualmente abrogati dalla legge n. 69 del 2009) e all'art. 669-octies c.p.c. italiano (come modificato dalla legge n. 80 del 2005 e dalla legge n. 69 del 2009); dall'altro lato, è stato preso come modello di riferimento (ma in modo assai discutibile) il référé provision per l'introduzione del procedimento sommario del rito societario, di cui all'art. 19, del d.lgs. n. 5 del 2003 (parlmentl abrogato dalla legge n. 69 del 2009). (...)Per quanto riguarda l'interesse suscitato dal référé provision sulla tutela sommaria italiana, è noto come l'istituto francese sia stato richiamato ai fini dell'analisi dell'abrogato procedimento sommario di cognizione di cui all'art. 19, d.lgs. n. 5 del 2003: alcuni autori hanno sottolineato le similitudini tra i due procedimenti in questione, mentre altri, più correttamente, hanno messo in luce le loro differenze. Sul punto, ci limiteremo a ricordare che la soluzione tendente a generalizzare il ricorso alla tutela sommaria alternativa al giudicato – auspicata da quella parte della dottrina italiana precedentemente citata – resta foriera di diverse perplessità, alla luce della centralità costituzionale che occupa nel sistema italiano il processo di cognizione piena ed esauriente e la cosa giudicata formale e sostanziale sui diritti soggetti e status; perplessità che sono acuite dalla circostanza che anche in Francia sono stati avanzati dei seri dubbi sui rischi, in termini di diritto di difesa, provocati dall'istituto référé provision. Tra l'altro, lo stesso legislatore italiano dell'ultima riforma, di cui alla legge n. 69 del 2009, ha abbandonato la soluzione della tutela sommaria alternativa al giudicato e ha ricollocato quest'ultimo «al centro della tutela dichiarativa», introducendo il procedimento sommario di cognizione, di cui agli artt. 702-bis e ss.159, la cui ordinanza conclusiva ha l'attitudine al giudicato sostanziale dell'art. 2909 c.c. (art. 702-quater)." BONATO, Giovanni. I *référés* nell'ordinamento francese. In: CARRATA, Antonio. **La tutela somaria in europa – studi.** Napoli: Jovene Editore, 2012, p. 35-76.

inafastabilidade do controle jurisdicional, advém a imperativa necessidade de o Estado dispor, no exercício da jurisdição, de técnicas hábeis a tutelar, com adequação ao direito material e tempestividade, todas as lesões e ameaças a direito trazidas à sua apreciação.

Outrossim, consoante já destacado na presente obra, a tutela do direito provável é via de relevo para incremento da efetividade dos direitos, porquanto permite a realização de direitos frente a efeitos nocivos do tempo necessário à definição do direito certo. Impende ter em vista que é direito constitucionalmente assegurado ao cidadão a efetividade da prestação jurisdicional, da qual decorre o direito subjetivo processual à mitigação do risco do tempo no processo.

A doutrina é uníssona ao apontar a distribuição dos ônus do tempo do processo como finalidade específica precípua das tutelas de urgência, escopo que é adimplido mediante concessão da tutela em favor do requerente em lapso temporal inferior ao geralmente dispendido para a chamada tutela definitiva.

Precisamente ao ter por finalidade específica a distribuição dos ônus do tempo no processo é que as tutelas de urgência cumprem o desiderato maior de efetividade da prestação jurisdicional e, em último exame, efetividade dos direitos.

Sem dúvidas, a tutela de evidência também tem esse mesmo propósito de distribuir entre as partes o ônus do tempo do processo, tutelando o direito provável e, por conseguinte, assegurando maior efetividade do direito. É o que se conclui observando que, na tutela de evidência, a prestação jurisdicional também ocorre em prazo reduzido em comparação aquele necessário à prestação jurisdicional ordinária.

Merece nota que a conclusão de que a finalidade da tutela de evidência identifica-se com o escopo das tutelas de urgência não é alterada pelo fato de estas serem vocacionadas a situações emergenciais, cujo risco trazido pelo transcurso do tempo impele premente resposta jurisdicional. Isso porque, como já destacado na presente obra, existe também risco trazido pelo transcurso do tempo mesmo quando ausente circunstância que se denomina urgente, dado que o tempo necessário à prestação jurisdicional ordinária indiscutivelmente traz prejuízo àquele que teve seu direito lesado ou se encontra em ameaça de lesão. É dizer, o chamado dano marginal do processo é também risco imposto pelo tempo, ônus do tempo no processo, ainda que, na maioria das situações concretas, os prejuízos dele derivados sejam de menor gravidade se comparados às hipóteses de urgência (em que há grave comprometimento da utilidade da prestação jurisdicional e/ou do próprio direito material).

Nessa ordem de ideias é que a busca pela efetividade dos direitos por meio da tutela do direito provável é insuficiente se focada estritamente no combate às situações de perigo, precisamente porque não comporta tutela diferenciada e adequada para defesa do direito provável em enfrentamento do dano marginal do processo.

Essas considerações revelam o desiderato a que se visa com a tutela diferenciada denominada tutela de evidência, finalidade essa guia para estabelecimento de seu conceito e identificação de seus requisitos: objetiva-se à tutela do direito provável (instrumento em prol da efetividade dos direitos) em combate ao chamado dano marginal do processo, de modo a conferir maior amplitude à justa distribuição entre as partes do ônus do tempo no processo.

O conceito de tutela de evidência adotado na presente obra detém, então, caráter finalístico, eis que decorre diretamente do escopo dessa prestação jurisdicional: tutela de evidência é a tutela do direito provável em combate ao dano marginal do processo, visando à distribuição das partes do ônus do tempo e à efetividade dos direitos.

Poder-se-ia adotar critério analítico para conceituar tutela de evidência, pautando-se na descrição de seus caracteres para tal propósito. Opta-se pelo critério finalístico, no entanto, não por erro ou correição de um critério em comparação ao outro, mas sim por se acreditar ser relevante manter em foco o caráter instrumental da prestação jurisdicional em prol da realização dos direitos.

Merece exame a expressão adotada para nominar a tutela jurisdicional ora em análise: tutela de evidência. É cediço que o termo tutela designa proteção, sendo no contexto jurídico empregado como produto do exercício da jurisdição estatal, afeto à proteção ao direito material. Ou seja, tutela jurisdicional é a proteção que o Estado confere ao direito material[12], como produto do exercício monopolístico da jurisdição.

O adjetivo evidente é associado à tutela com o fim de indicar que a proteção estatal é conferida ao direito tido por evidente, pelo que a tutela de evidência é a tutela do direito evidente.

Evidente deriva do latim *evĭdens*, ēntis, que significa o que é visível, aparente. Semanticamente, evidente indica o que é claro, óbvio, manifesto,

---

12 "Tutela jurisdicional: Quando o Estado, em dado momento da evolução da humanidade, retirou dos indivíduos a possibilidade de resolver suas pendências mediante a intimidação ou a força bruta, avocou, para si, o dever de solucioná-las conforme normas genéricas e institucionalizadas. Tal dever assumido pelo Estado chama-se tutela jurisdicional e o princípio respectivo (...) art. 5º XXXV. (...) A tutela jurisdicional se manifesta pela jurisdição, isto é, o poder privativo dos juízes de aplicar a lei no caso concreto. (...) Concluindo a tutela jurisdicional é dever do Estado, levado a efeito dos juízes, que, portanto, não podem esquivar-se de tal ônus, como se observa no item XXXV, do art. 5º, da Constituição Federal e também no art. 126 do Código de Processo Civil". ACQUAVIVA, Marcus Cláudio. **Dicionário jurídico brasileiro Acquaviva: de acordo com o novo Código Civil**. 12. ed. São Paulo: Jurídica Brasileira, 2004.

sendo associado, também, ao que se compreende prontamente, dispensando demonstração, e ao irrefutável e incontestável.

Essas compreensões do adjetivo evidente podem conduzir ao entendimento de que o direito evidente seria o direito certo, ao passo que a tutela de evidência, então, seria tutela pautada em juízo de certeza.

Contudo, como ressai claro do presente trabalho, está-se aqui a abordar a prestação jurisdicional direcionada à proteção não do que é certo, mas, sim, do que é provável, que corresponde semântica e tecnicamente a *minus* em comparação à certeza. É nessa esteira que se alude à tutela do direito provável.

Entende-se, dessa feita, que a expressão mais adequada para nominar a tutela jurisdicional que objetiva a proteção ao direito provável, visando à distribuição entre as partes do ônus do tempo e à efetividade dos direitos, é tutela do direito provável, porquanto confere realce à característica do direito objeto da proteção estatal – qual seja, a probabilidade – tem correspondência mais fidedigna à semântica dos vocábulos empregados, bem com evita confusão no sentido de que se trataria na espécie de tutela de direito certo.

Destarte, como se destacou, a evidência por vezes é associada à irrefutabilidade, à dispensa de comprovação, o que processualmente melhor se associa à certeza do que à probabilidade. Inclusive, Luiz Fux, ao dissertar sobre tutela de evidência, em várias passagens denota que a tutela de evidência consubstanciaria a proteção ao direito inconteste, ou seja, direito evidente seria o direito incontestável, indicando mais certeza a seu respeito, do que propriamente probabilidade, à qual é ínsita a possibilidade de entendimento em sentido diverso:

> O alijamento do procedimento ordinário na persecução dos direitos evidentes implica a fixação do conceito de evidência. Insta assentar, inicialmente, que a evidência a que se refere a tese não se cinge no plano objetivo-normativo, por isso que, nesse sentido, todos os direitos são evidentes, na medida em que se exige do legislador a fixação imune de dúvidas na tarefa atributiva das normas jurídicas.
>
> O problema se põe no plano fático, sobre ser evidente ou não o direito demonstrado ao juízo para viabilizar a tutela sumária não cautelar, de satisfatividade plena e por vezes irreversível. Os fatos, como sabido, são levados ao juízo através das provas, razão pela qual, quando se fala em direito evidente, diz-se direito evidenciado ao juízo através de provas. Esse caráter é um misto de atributo material e processual. Sob o ângulo civil, o direito evidente é aquele que se projeta no âmbito do sujeito de direito que postula. Sob o prisma processual, é evidente o direito cuja

> prova dos fatos sobre os quais incide revela-os incontestáveis ou ao menos impassíveis de contestação séria.[13]
>
> *Mutatis mutandis* poder-se-ia aplicar à evidência a doutrina da "liquidez e certeza" que informa o mandado de segurança e a execução. Entretanto, impõe-se não olvidar que o processo "trabalha" com a certeza e o verossímil, situando-se a evidência em ambos os planos, com diferença de graus, que, de toda sorte, afasta-se da incerteza. A busca da certeza absoluta, embora ideal no processo, já restou afirmada como em princípio inalcançável sob o plano jusfilosófico, porque os "fatos existem" independentemente da maneira como se lhes expressa a prova dos autos.[14]
>
> Verifica-se, pois, que a evidência toca os limites da prova e será tanto maior quanto mais dispuser seu titular de elementos de convicção. Assim é evidente o direito demonstrável prima facie através de prova documental que o consubstancie líquido e certo, como também o é o direito assentado em fatos incontroversos, notórios, o direito a coibir um suposto atuar do *adversus* com base em "manifesta ilegalidade", o direto calcado em questão estritamente jurídica, o direito assentado em fatos confessados noutro processo ou comprovados através de prova emprestada obtida sob contraditório, provas produzidas antecipadamente, bem como o direito assentado como prejudicial da questão a ser resolvida e já decidido, como força de coisa julgada noutro processo, máxime quando de influência absoluta a decisão prejudicial, os fatos sobre os quais incide presunção jure et de jure de existência e em direitos decorrentes da ocorrência de decadência ou prescrição.[15]

É certo que a expressão tutela do direito provável resta por abarcar todas as espécies de provimento destinados à defesa do direito provável, isto é, pautados em juízo de probabilidade, não apenas aquela vocacionada ao combate ao dano marginal do processo, mas também a direcionada ao enfrentamento de situação de urgência.

Essa percepção conduz a recorrer à finalidade que individualiza a prestação jurisdicional em tela para nominá-la: o combate ao dano marginal do processo. De fato, tendo em vista que do propósito acima assinalado para a prestação jurisdicional dessa estirpe, a busca da efetividade dos direitos deve estar presente em qualquer tutela jurisdicional, que a tutela do direito provável, em distribuição entre as partes do ônus do tempo, está presente também na chamada tutela de urgência, remanesce apenas o combate ao

---

13 FUX, Luiz. **Tutela de segurança e tutela de evidência: fundamentos da tutela antecipada.** São Paulo: Saraiva, 1996, p. 311.

14 *Op. cit.*, p. 312.

15 *Idem*, p. 313.

dano marginal do processo como caractere específico da prestação jurisdicional ora em estudo.

Assim é que, acredita-se, a expressão tutela do direito provável em combate ao dano marginal é a mais adequada para denominar o provimento jurisdicional de proteção do direito provável e em enfrentamento ao dano marginal do processo, visando à distribuição das partes do ônus do tempo e à efetividade dos direitos.

A utilização da característica mais específica e que, portanto, individualiza o provimento para nominá-lo é reforçada pela expressão consagrada para denominar a tutela do direito provável em situações de urgência, qual seja, tutela de urgência. Nesta, é exatamente a urgência, situação peculiar para a qual se volta imediatamente esse provimento jurisdicional, o vocábulo empregado para individualizá-lo e identificá-lo. Diversamente, a oposição ao dano marginal do processo é a situação específica a que se destina imediatamente a aqui chamada tutela do direito provável em combate ao dano marginal do processo.

Sem embargo de todas as considerações acima, adota-se também na presente obra a expressão tutela de evidência para designar a tutela do direito provável em combate ao dano marginal do processo, o que se faz em razão de ser essa a expressão adotada pelo Código de Processo Civil de 2015 e que vem sendo, inclusive há pelo menos duas décadas que antecederam a publicação do novo Código, utilizada pela doutrina e pela jurisprudência para designar a prestação jurisdicional em comento.

Assim, a despeito da cientificidade que se acredita cara não apenas a trabalho deste jaez, mas, principalmente, à própria ciência processual, reputa-se devida concessão à expressão mais largamente utilizada no âmbito jurídico nacional, acadêmico e forense, com o fim de se obstar dispersões em discussões nominais e prejudicar a compreensão e a consolidação dessa espécie de prestação jurisdicional, que se confia importante para fortalecimento da efetividade dos direitos. Vale destacar que é relativamente recente o realce que a tutela de evidência (tutela do direito provável em combate ao dano marginal do processo) tem alçado na cena jurídica, pelo que se entende que proposta de alteração da nomenclatura, mesmo para aquela que se reputa tecnicamente mais correta, poderia ensejar confusões em prejuízo da consolidação do instituto e, principalmente, em desfavor do fortalecimento da tutela do direito provável e da superação da concepção liberal-racionalista de processo pelo paradigma da efetividade dos direitos.

Ainda quanto à nomenclatura, pertinente noticiar que Luiz Guilherme Marinoni denomina de "tutela antecipatória através da técnica da reserva da cognição da exceção substancial indireta" espécie de tutela jurisdicional destinada ao combate do dano marginal do processo especificamente decorrente do tempo necessário para a instrução probatória cujo ônus compete ao réu.

> Se é verdade que o ônus da prova, no que diz respeito aos fatos que devem ser considerados na sentença, é repartido entre o autor e o réu na medida do que estes alegam (deve o autor provar o fato constitutivo e o réu o fato impeditivo, modificativo ou extintivo), cabe perguntar porque o tempo do processo também não é repartido de acordo com esta regra. Melhor explicando: se cabe ao réu provar o fato impeditivo, modificativo ou extintivo, porque incumbe ao autor suportar o tempo necessário à produção da prova tendente à demonstração de um fato que não foi por ele alegado? Esta questão ainda não mereceu a devida atenção da doutrina brasileira, embora seja muito importante para a realização do princípio da efetividade, ou mesmo do princípio – de origem chiovendiana – de que o processo não pode prejudicar o autor que tem razão.[16]

Inspira-se Luiz Guilherme Marinoni na condenação com reserva do direito italiano, que tem previsões típicas, muito embora, como noticia Marinoni, na Itália exista discussão visando à ampliação dessa espécie de provimento rumo à generalização. Registrando concordar com a posição pela atipicidade da condenação com reserva[17], Luiz Guilherme Marinoni defende sua proposta para o direito brasileiro esclarecendo que:

> A condenação com reserva é ligada à ideia de permitir ao autor a obtenção da satisfação do seu direito no menor tempo possível. O instituto abre oportunidade à antecipação da tutela, ignorando a exigência – que nem sempre precisa ser observada – de que a execução somente é possível após a cognição plena e exauriente.
>
> O art. 326 do CPC [1973] afirma que "se o réu, reconhecendo o fato em que se fundou a ação, outro lhe opuser impeditivo, modificativo ou extintivo do direito do autor, este será ouvido no prazo de dez (10) dias, facultando-lhe o juiz a produção da prova documental". *O que o artigo quer dizer é que o réu, ao apresentar a exceção, e por um princípio de lógica, em regra reconhece o fato constitutivo do direito do autor.* Mas não que o réu somente pode alegar o fato impeditivo, modificativo ou extintivo se reconhecer o fato constitutivo. Não pode ser considerada, portanto,

---

16 MARINONI, Luiz Guilherme. **Tutela antecipatória e julgamento antecipado: Parte incontroversa da demanda.** 5 ed. São Paulo: Revista dos Tribunais, 2002, p. 33.

17 "O princípio que funda a condenação com reserva diz, em uma primeira interpretação, que o tempo do processo deve ser suportado pela parte que tem necessidade da instrução da causa. Ora, é óbvio que uma série de situações concretas, que estão à margem das hipóteses tipificadas no direito italiano, exigem a condenação com reserva para que este princípio possa encontrar aplicação." *Op.cit.*, p. 37.

> para o correto tratamento da tutela antecipatória fundada na técnica da condenação com reserva, a questão da evidência dos fatos constitutivos.
>
> A princípio poder-se-ia dizer que a evidência dos fatos constitutivos seria suficiente para a condenação com reserva. Se o tempo do processo deve ser repartido entre as partes, a evidência dos fatos constitutivos – significando que o autor não tem o *onus probandi* – seria suficiente para que o réu devesse arcar com o tempo necessário à demonstração de sua alegação. Cabe lembrar, aliás, que o fundamento da condenação com reserva seria o da repartição do tempo do processo de acordo com a necessidade da instrução da causa.
>
> A condenação com reserva somente tem sentido quando a exceção não admite imediato julgamento ou pronta solução. Isso porque a antecipação, aí, é justificada pelo tempo que o réu vai utilizar, com a instrução probatória, para permitir ao julgador um juízo de cognição exauriente sobre a exceção. É o tempo da instrução probatória que justifica a antecipação da tutela.
>
> Entretanto, não basta a evidência dos fatos constitutivos e uma exceção substancial indireta que exija instrução dilatória.
>
> (...)
>
> Para que seja possível a antecipação é necessário, ainda, que a exceção seja provavelmente infundada.
>
> Aludir-se a "exceção provavelmente infundada", no caso presente não é falar de algo muito diferente de *fumus boni iuris,* uma vez que ambas as expressões têm relação com a ideia de "probabilidade". A diferença é a de que *fumus boni iuris* significa probabilidade do direito, ao passo que "exceção provavelmente infundada", ao indicar probabilidade do direito do autor, também aponta para a probabilidade do insucesso do réu.[18]

Indica Luiz Guilherme Marinoni, ainda, que as justificativas para a, por ele chamada, "técnica da reserva da cognição da exceção substancial indireta infundada" são[19]: a) o critério da distribuição do ônus da prova como vetor para a repartição do tempo do processo; b) o princípio de que o tempo do processo deve ser suportado pela parte que necessita da instrução da causa; c) o processo não pode prejudicar o autor que tem razão; d) a necessidade de evitar o abuso do direito de defesa[20].

---

[18] MARINONI, Luiz Guilherme. **Tutela antecipatória e julgamento antecipado: Parte incontroversa da demanda.** 5 ed. São Paulo: Revista dos Tribunais, 2002, p. 38 e 50.

[19] *Op.cit.*, p. 54-61.

[20] "Quando são postas, como requisitos para a tutela antecipatória, a exigência de uma exceção substancial indireta que requer instrução dilatória e a sua falta de fundamento, deixa-se claro, a nosso ver, que a sua finalidade *não é a de simplesmente repartir o tempo do processo entre o autor e o réu*. Esta

Quanto à nomenclatura, observa-se que Luiz Guilherme Marinoni adotou por critério a descrição das técnicas decisória e cognitiva empregadas, destacando também seu objeto específico, qual seja, a exceção substancial indireta.

Luiz Guilherme Marinoni defende ainda o que denomina de "tutela antecipatória através da técnica monitória", que também tem cabimento frente a defesa que exija instrução dilatória e que seja provavelmente infundada, mas não restrita à situação de exceção substancial indireta – como o é a chamada "tutela antecipatória através da técnica da reserva da cognição da exceção substancial indireta" –, tendo cabimento frente à prova do fato constitutivo do direito[21].

Em vista das justificativas e também das características apontadas por Luiz Guilherme Marinoni em relação à "tutela antecipatória através da técnica da reserva da cognição da exceção substancial indireta infundada" e quanto à "tutela antecipatória através da técnica monitória", acredita-se que elas se aproximam da tutela de evidência (tutela do direito provável em combate ao dano marginal do processo) consoante os contornos expostos na presente obra, muito embora não se confundam, isto é, não são as técnicas sugerida por Marinoni exatamente o que se propugna na presente obra, o que se evidencia, sobremaneira, em razão de distinções quanto

modalidade de tutela antecipatória abre oportunidade para distribuição do tempo do processo na medida em que o *réu pode abusar do seu direito de defesa, apresentando uma exceção substancial indireta infundada somente para protelar o momento da realização do direito.* Melhor explicando: quem conclui que não é justo que o réu consuma tempo, em prejuízo do autor, para tentar demonstrar uma defesa de mérito indireta que se mostra infundada, deve partir da premissa de que o réu não pode assim proceder porque neste caso estaria abusando do seu direito de defesa. Portanto, a tutela antecipatória, neste caso, também possui finalidade pedagógica importante, pois, ao reprimir o abuso do direito de defesa, objetiva desestimular manobras protelatórias." MARINONI, Luiz Guilherme. **Tutela antecipatória e julgamento antecipado: Parte incontroversa da demanda.** 5 ed. São Paulo: Revista dos Tribunais, 2002, p. 60.

21 "O art. 273, II, ao admitir a tutela antecipatória fundada em abuso de direito de defesa, abre oportunidade para a tutela antecipatória, fundada na técnica monitória, no procedimento comum. (...)

A tutela antecipatória através da técnica da monitória, supõe i) prova do fato constitutivo do direito e ii) uma defesa que exija instrução dilatória e que seja provavelmente infundada.

Deixa-se claro que a tutela antecipatória, neste caso, exige prova do fato constitutivo, ou seja, prova que, dentro das regras probatórias que incidem no procedimento comum, é capaz de demonstrar o fato que constitui o direito do credor.

Para a tutela antecipatória é necessário, ainda, que a defesa não seja fundada em prova documental, vale dizer, em prova capaz de demonstrar, de plano, o fundamento da defesa. Também é inviável a tutela antecipatória quando a defesa se fundar sobre fatos incontroversos.

É necessário, para a tutela antecipatória fundada na técnica monitória, o pressuposto da defesa provavelmente infundada, uma vez que pode haver uma defesa séria não fundada em prova documental ou em fatos incontroversos, embora seja correto admitir que em tais casos a defesa não ancorada em prova documental seja, em regra, infundada." MARINONI, Luiz Guilherme. **A antecipação da tutela.** 7. ed. São Paulo: Malheiros, 2002, p. 198-199.

aos seus requisitos[22], bem como, segundo se destacará a seguir, por ter a tutela de evidência espectro mais amplo que as técnicas sugeridas por Marinoni.

Ou seja, exatamente por que não se confundem, não cabe utilizar as expressões sugeridas por Marinoni para nominar a espécie de tutela do direito provável em voga na presente obra. Assim é que, sem embargo das relevantes lições de Luiz Guilherme Marinoni, segue-se no presente trabalho o posicionamento que reputa mais apropriado o emprego da expressão tutela do direito provável em combate ao dano marginal do processo, bem como, até mesmo, a consagrada expressão tutela de evidência, para designar a tutela do direito provável direcionada imediatamente ao enfrentamento do dano marginal do processo.

3.2 REQUISITO DA TUTELA DE EVIDÊNCIA: PROBABILIDADE DO DIREITO

O conceito da tutela de evidência com vistas à finalidade dessa prestação jurisdicional é importante guia para identificação do requisito desse provimento, porquanto é imprescindível que ele convirja para a realização daquele propósito.

Induvidosamente, a tutela de evidência, como espécie de tutela do direito provável, objetiva prestação jurisdicional mais célere, se cotejada à tutela do direito certo, dando azo, desse modo, à distribuição mais equânime entre as partes dos ônus do tempo no processo.

A celeridade e, por conseguinte, a distribuição do ônus do tempo no processo observada na tutela do direito provável, em comparação à tutela do direito certo, verificam-se precisamente porque aquela se pauta em cognição sumária e, assim, juízo de probabilidade, enquanto esta se esteia em cognição exauriente a produzir juízo de certeza.

Como já se destacou na presente obra, a cognição sumária, por essência, é mais célere do que a cognição exauriente, visto que recai sobre parte dos elementos possíveis do processo sujeitos à cognição judicial, ao passo que a cognição exauriente é a análise intelectiva completa na perspectiva objetiva, é dizer, tem por objeto todos os elementos daquele caso concreto (manifestação dos envolvidos e provas). Em linha de simplificação, é notório que o exame incompleto demanda tempo inferior em vista do exigido para análise

[22] É o que se detalhará a seguir na indicação do requisito da tutela de evidência (tutela do direito provável em combate ao dano marginal do processo).

completa de todas as provas produzidas em determinado processo e das manifestações de todos os envolvidos.

O requisito basilar da tutela de evidência, então, é a cognição sumária geradora de juízo de probabilidade, isto é, como espécie de tutela do direito provável que é, imprescindível para concessão de proteção jurisdicional pela via da tutela de evidência que o magistrado, examinando os elementos que tem à disposição no feito, emita juízo reconhecendo como provável e, por conseguinte, merecedor de tutela, o direito alegado pela parte.

Assim, a probabilidade do direito é requisito essencial para concessão da tutela de evidência, mormente ao se ter em vista que essa proteção jurisdicional destina-se a evitar que aquele a quem provavelmente socorre o direito alegado tenha que aguardar o trâmite exauriente do processo para sua realização, bem como, lado outro, objetiva impedir que a parte que provavelmente empreende resistência injustificada siga confortável nessa posição de negativa do provável direito alheio até decisão exigível fundada em juízo de certeza.

Oportuno novamente invocar a lição de Luiz Guilherme Marinoni quanto à sua proposta de "tutela antecipatória através da técnica da reserva da cognição da exceção substancial indireta", precisamente no ponto que indica os requisitos para concessão de provimento dessa estirpe: a) evidência dos fatos constitutivos; b) exceção substancial indireta que exija instrução dilatória; c) que a exceção seja provavelmente infundada23.

Desses elementos, vislumbra-se como requisito central da lição de Luiz Guilherme Marinoni a exceção substancial indireta que demanda instrução probatória, visto que é somente nessa situação que o autor admite a concessão de tutela antecipatória em *lege ferenda* ao previsto no Código de Processo Civil de 1973, após a reforma havida em 1994. Invoca para a restrição da técnica a essa hipótese de cabimento a justificativa de que apenas o réu quem precisa do tempo do processo, cumprindo, assim, suportá-lo.

Luiz Guilherme Marinoni acertadamente destaca que a cognição sumária é a espécie cognitiva adequada à cognição da exceção substancial indireta, conduzindo a juízo de probabilidade a respeito dessa exceção. Vale frisar que, para Luiz Guilherme Marinoni, o direito alegado pelo autor deve ser certo, isto é, estar amparado em cognição exauriente e, por conseguinte, juízo de certeza a seu respeito.

---

[23] MARINONI, Luiz Guilherme. **Tutela antecipatória e julgamento antecipado: Parte incontroversa da demanda.** 5 ed. São Paulo: Revista dos Tribunais, 2002, p. 38.

> Na técnica da tutela antecipatória com reserva da cognição da exceção substancial indireta, o juiz analisa com base em cognição "exauriente" apenas os fatos alegados pelo autor. Na perspectiva da cognição no "sentido horizontal" o juiz analisa, com base em cognição exauriente, somente parcela dos fatos alegados pelas partes (os fatos alegados pelo autor), razão pela qual a cognição pode ser dita "parcial" porque examina com base em cognição sumária a defesa de mérito indireta apresentada pelo réu.
>
> Se parcela da matéria (os fatos alegados pelo autor) é tratada com base em cognição exauriente, a outra parte (os fatos alegados na exceção) é analisada com base em cognição sumária.
>
> A exceção apresentada pelo réu deve ser examinada com base em cognição sumária justamente quando exige instrução dilatória. Nesta hipótese cabe ao juiz verificar se a exceção é – ou não – "provavelmente infundada". Importa, aqui, o uso das chamadas máximas da experiência, denominadas *Erfahrungssätze* pela doutrina alemã, e que não tem significado muito diverso daquele que pode ser extraído do brocardo *id quod plerumque accidit,* uma vez que com ambas as expressões se pretende aludir para o que ordinariamente acontece na presença de certas circunstâncias e de acordo com a experiência científica e histórica acumulada.[24]

Em síntese, para o citado processualista, em confronto entre o direito alegado pelo autor e a defesa indireta suscitada pelo réu, o magistrado realizará cognição exauriente a respeito do primeiro, reputando certo o direito alegado pelo autor, e empreenderá cognição sumária quanto à exceção veiculada pelo réu, reputando provavelmente infundada sua resistência, o que resultaria (certeza do direito do autor, aliada à probabilidade de insubsistência da defesa indireta suscitada pelo réu) na autorização para concessão do provimento antecipado. Esclarece o autor, no entanto, que a certeza a respeito do direito alegado pelo autor, na "tutela antecipatória através da técnica da reserva da cognição da exceção substancial indireta", é obtida não pela prova do fato constitutivo, mas pela falta de controvérsia a seu respeito[25].

---

[24] MARINONI, Luiz Guilherme. **Tutela antecipatória e julgamento antecipado: Parte incontroversa da demanda.** 5 ed. São Paulo: Revista dos Tribunais, 2002, p. 53-54.

[25] "(...) a técnica da condenação com reserva da exceção substancial indireta é ligada apenas à falta de controvérsia acerca dos fatos constitutivos, lembrando-se que, em regra, os fatos constitutivos, em caso de exceção substancial indireta, tornam-se incontrovertidos em razão de não-contestação, já que a apresentação de exceção equivale, em princípio, e por (in)compatibilidade lógica, à não-contestação dos fatos constitutivos." MARINONI, Luiz Guilherme. **A antecipação da tutela.** 7. ed. São Paulo: Malheiros, 2002, p. 199.

Com efeito, o autor utiliza a expressão evidência como sinônimo de certeza, ao indicar que os fatos constitutivos devem ser objeto de cognição exauriente, que, como se sabe, redunda em juízo de certeza. A probabilidade, por conseguinte, é requisito da tutela antecipatória sugerida pelo processualista paranaense em relação apenas às alegações de defesa indireta, a respeito das quais se empreende a cognição sumária, segundo o modelo proposto por Marinoni. Assim, a rigor, a técnica proposta por Luiz Guilherme Marinoni não se direciona diretamente à tutela do direito provável, mas, sim, ao direito certo do autor frente à provável improcedência da resistência do réu.

Induvidosamente, converge-se com a lição de Luiz Guilherme Marinoni quando propugna que a cognição sumária é a técnica cognitiva adequada para exame da defesa veiculada pelo réu, a fim de apurar o cabimento da tutela antecipatória[26] que visa impor àquele a quem provavelmente não assiste razão o ônus do tempo do processo.

Contudo, dissente-se do renomado processualista – e daí outra razão pela qual se afirma que a "tutela antecipatória através da técnica da reserva da cognição da exceção substancial indireta" é distinta da tutela de evidência (tutela do direito provável em combate ao dano marginal do processo) consoante os contornos expostos na presente obra – no ponto em que indica a cognição exauriente como atividade intelectiva devida a respeito do direito alegado pelo autor.

Acredita-se que a tutela de evidência (tutela do direito provável em combate ao dano marginal do processo) deve-se voltar prioritariamente à tutela do direito provável, diga-se, mesmo ao direito apenas provável do autor, e não certo, pelo que, como já se assinalou, a proposta defendida na presente obra admite cognição sumária também a respeito do fato constitutivo do direito do autor. É dizer, é cabível a tutela de evidência quando o autor trouxe prova suficiente para o juízo de probabilidade positivo, sendo cabível, então, que o autor também se valha de instrução probatória futura para conduzir a juízo de certeza a respeito de seu direito. Conforme se infere da lição de Luiz Guilherme Marinoni ao indicar a cognição exauriente como a aplicável ao direito alegado pelo autor – a despeito do autor não detalhar na obra em referência sua compreensão acerca da cognição sumária e da cognição exauriente –, este não comportaria outras provas, tampouco decisão em sentido

[26] Expressão aqui utilizada no sentido de técnica decisória, isto é, decisão proferida antes da decisão final fundada em cognição exauriente, não correspondendo, aqui, à tutela de urgência satisfativa, também chamada de antecipação de tutela, consagrada no art. 273, I, do CPC/1973, conforme reforma legislativa ocorrida em 1994.

contrário, sendo definitivo, naquela instância, o pronunciamento acerca de sua existência.

É sem dúvidas significativa a sugestão trazida por Luiz Guilherme Marinoni, contudo observa-se que ela não rompe com a concepção liberal-racionalista do processo, marcada por encarar a solução fundada em juízo de certeza como a única merecedora de tutela jurisdicional. A perspectiva processual que se acredita adequada, porém, isto é, a efetividade dos direitos, reclama tutela também ao direito provável, dado que se promoverá por essa via divisão mais justa do ônus do tempo do processo, combatendo, inclusive, o dano marginal.

Ademais, a "tutela antecipatória através da técnica da reserva da cognição da exceção substancial indireta" sugerida por Luiz Guilherme Marinoni tem sede em hipótese em que o réu logicamente admite o direito invocado pelo autor (não contestação decorrente logicamente da apresentação da exceção indireta) e suscita as chamadas defesas indiretas, isto é, fatos extintivos, impeditivos ou modificativos do direito do autor. Nessa esteira, como argumenta o mencionado processualista, o réu é quem precisa do tempo do processo para fazer prova firme que ampare sua posição, o que justifica a concessão de provimento antecipatório em favor do autor.

Acredita-se, porém, que a tutela de evidência (tutela do direito provável em combate ao dano marginal do processo) tenha cabimento mesmo quando a discussão é restrita ao direito alegado pelo autor, é dizer, quando o réu nega o fato constitutivo do direito do autor, cabendo a este, em regra, o ônus probatório. Assim, mesmo que o próprio autor necessite do tempo do processo para fazer prova do fato constitutivo do seu direito suficiente para amparar juízo de certeza, entende-se cabível o provimento antecipatório em favor do autor quando o direito por ele alegado evidencia-se provável, com esteio nos elementos havidos no processo até o momento, de modo que a negativa trazida pelo réu não detenha provável procedência.

Salta à vista também que, tanto a "tutela antecipatória através da técnica da reserva da cognição da exceção substancial indireta", quanto a "tutela antecipatória através da técnica monitória", sugeridas por Luiz Guilherme Marinoni, têm a marca do abuso de direito de defesa do réu, representando a tutela jurisdicional, também, reprimenda a essa conduta da parte. A tutela de evidência (tutela do direito provável em combate ao dano marginal do processo), ao seu turno, conforme se detalhará na presente obra, não deve ter por requisito essencial conduta abusiva da parte adversa, muito embora ele possa estar presente corroborando a probabilidade do direito merecedor de proteção estatal.

Importa também trazer à baila a lição de Luiz Fux a respeito da cognição empregada na tutela de evidência. A tutela evidência, segundo o aludido doutrinador, "sugere sumariedade formal" e "é deferível mediante cognição exauriente, decorrência mesmo da evidência, diferentemente do que ocorre nos juízos de aparência (fumus boni juris) peculiares à tutela de urgência cautelar ou de segurança"[27]. Luiz Fux aponta também que a evidência se situa no plano da certeza e do verossímil, com diferença de graus, podendo-se a ela aplicar a doutrina da liquidez e certeza. Observa-se, no entanto, que o processualista não é preciso ao indicar qual seria a intensidade de grau presente na tutela de evidência, mormente quando o mesmo autor assevera que essa espécie de provimento seria deferida mediante cognição exauriente (cujo conceito também não é apontado na obra em tela).

Entende-se, porém, que não assiste razão a Luiz Fux ao indicar a cognição exauriente como a técnica utilizada na tutela de evidência. Isso porque o emprego da cognição exauriente revela que todos os elementos do processo necessários à solução de determinada controvérsia constam para exame do magistrado, bem como redunda no julgamento definitivo do mérito, não sendo cabível decisão em sentido diverso naquela instância. A hipótese, portanto, será de julgamento antecipado de mérito (art. 355 do CPC/2015, art. 330 do CPC/1973), caso todas as controvérsias sejam solucionadas, ou julgamento antecipado parcial de mérito (art. 356 do CPC/2015, sem correspondente no Código de Processo Civil de 1973), caso apenas parte das questões controvertidas sejam resolvidas.

A tutela de evidência (tutela do direito provável em combate ao dano marginal do processo), todavia, comporta, em regra[28], decisão do mesmo juízo em sentido diverso, o que somente é admitido caso se tenha empregado na análise da controvérsia a técnica da cognição sumária, sob pena de violação da preclusão *pro iudicato*. Ressalva-se, uma vez mais, que a modificação do convencimento exarado na tutela de evidência é potencial e não necessariamente cabível, visto que na eventualidade de não ocorrer contraditório ou instrução probatória posteriores à tutela de evidência, a cognição nela realizada restou por examinar todos os aspectos da controvérsia, não comportando que o magistrado decida novamente a questão.

[27] FUX, Luiz. **Tutela de segurança e tutela de evidência (fundamentos da tutela antecipada)**. São Paulo: Saraiva, 1996, p. 311.

[28] Diz-se em regra porque não será cabível outra decisão na hipótese de se admitir estabilização para a tutela de evidência, bem como porque se entende descabida decisão exauriente com conteúdo diverso do decido por ocasião do juízo de probabilidade quando inexistam elementos outros no feito para além dos analisados por ocasião da cognição sumária.

Em regra, outrossim, a tutela de evidência objetiva distribuir entre as partes o ônus do tempo necessário do processo para alcance da tutela definitiva, fazendo-o, assim, pela via da tutela do direito provável. Se, porém, a tutela definitiva já é de plano alcançada, por ter se empregado no caso a cognição exauriente, não há razão para se perquirir sobre ônus do tempo; o que se deve, sim, é assegurar a pronta exigibilidade do direito certo já reconhecido.

Como se destacou, na obra "Tutela de segurança e tutela de evidência (fundamentos da tutela antecipada)" Luiz Fux não elucida os conceitos de cognição exauriente e cognição sumária, assim como não detalha os fundamentos de sua indicação da cognição exauriente como técnica adequada à tutela de evidência. Acredita-se que esse apontamento do autor se justifica pela concepção excepcional que tradicionalmente marcou os provimentos fundados em cognição sumária, fortemente ligados à situação de urgência, pelo que, ausente emergência que justificasse provimento antecipatório fundado em probabilidade, a antecipação nessa linha de pensamento tradicional somente poderia se dar em caso de cognição exauriente, porque assim se atenderia à segurança jurídica na perspectiva da concepção liberal-racionalista do processo. Inclusive, nesse diapasão, é que Luiz Fux denomina o provimento ora em exame de tutela de evidência, na conotação inclusive semântica da expressão, que, conforme já se anotou, liga-se à ideia de certeza.

Frise-se que a tutela de evidência tem cabimento em situações de interferência natural do tempo nas relações jurídicas – o chamado dano marginal do processo –, não exigindo ocorrência excepcional de urgência. Há quem admita provimento jurisdicional antecipado (isto é, antecedente ao juízo de certeza) em hipótese exclusiva de extrema urgência, olvidando, até mesmo, de algum juízo de probabilidade a respeito do direito em discussão[29].

---

[29] "A constatação, na prática forense, de situações de dificuldade de aplicação precisa dos requisitos das espécies de tutela de urgência segundo seus conceitos tradicionais conduziram alguns estudiosos a afirmar que não há precisos contornos teóricos nos requisitos para análise, concessão e indeferimento desses provimentos, existindo, em verdade, uma zona fluída pela qual transitam juízo de probabilidade e perigo da demora. Assim, não haveria grande rigor e precisão na exigência dos requisitos sempre com a mesma intensidade em qualquer situação jurídica; diversamente, as especificidades de cada caso concreto ditariam o contorno exato, naquele caso, dos requisitos da tutela de urgência, acarretando seu deferimento ou indeferimento." THEODORO JÚNIOR, Humberto; OLIVEIRA, Fernanda Alvim Ribeiro de; NORATO REZENDE, Ester Camila Gomes (coord.). **Primeiras lições sobre o novo direito processual civil brasileiro (de acordo com o Novo Código de Processo Civil, Lei 13.105, de 16 de março de 2015).** Rio de Janeiro: Forense, 2015, p. 195.
Por exemplo: "(...) tudo se passa como se, nos processos concretos de concessão de tutelas liminares, o *fumus boni iuris* e o *periculum in mora* fossem 'elementos' ou 'forças' que se articulam de forma variável, sem absolutismo e fixidez dimensional. O que importa, no final das contas, é a 'imagem global' do caso, ainda que a relação entre o *fumus* e o *periculum* seja assimétrica". COSTA, Eduardo José da Fonseca. Tutela de evidência no Projeto do Novo CPC – uma análise dos seus pressupostos.

Inclusive, a concepção tradicional e majoritária de *fumus boni iuris* exigida para a concessão da medida cautelar, conforme previa, por exemplo, o Código de Processo Civil de 1973, fazia incidir a cognição sumária não sobre o direito material em debate, mas, sim, sobre o direito de ação, isto é, o direito do requerente da medida cautelar de ajuizar ação principal para discutir em juízo o direito que alega lesado, ameaçado de lesão ou insatisfeito. Essa compreensão da fumaça do bom direito era justificada pelo entendimento de que a medida cautelar se destinava a proteger imediatamente o processo como instrumento para prestação jurisdicional efetiva e não diretamente o direito material em debate em juízo. Em vista de a cautelar, nessa linha de entendimento, não exigir exame do direito provável, diga-se, do direito material provável, poder-se-ia dizer ser ela medida de urgência pura, ou melhor esclarecendo, prestação jurisdicional que exigiria para seu deferimento tão somente a presença de situação emergencial, sendo prescindível e até impertinente sindicar a respeito da probabilidade do direito material em discussão. Vale anotar, no entanto, que o Código de Processo Civil de 2015 trouxe alteração significativa na compreensão da medida cautelar, estabelecendo como seu requisito não a fumaça do bom direito na acepção tradicional e majoritária da expressão, mas, sim, a probabilidade do direito (como defendia Ovídio A. Baptista da Silva), como se verifica do art. 300 do referido diploma[30].

Em sede de tutela de urgência, é recorrente a referência de que a técnica da cognição sumária é a adequada porque permite atender ao reclamo de urgência que distingue as medidas de emergência dos demais provimentos jurisdicionais[31]. Diversamente, a prolação de decisão com esteio em juízo de probabilidade, no caso da tutela de evidência, não é justificada por situação emergencial, e sim porque a técnica da cognição sumária é a consentânea com a justa distribuição entre as partes do ônus do tempo do processo, o que deve se verificar não apenas em relação a situações de urgência, como também frente ao dano marginal do processo.

In: ROSSI, Fernando et al. (Coord.). **O futuro do processo civil no Brasil. Obra em homenagem ao advogado Claudiovir Delfino**. Belo Horizonte: Fórum, 2011. p. 165.

30 Reputa-se acertada a mudança de requisitos da cautelar promovida pelo Código de Processo Civil de 2015, visto que, muito embora de caráter conservativo, induvidosamente a medida cautelar afeta a esfera jurídica de quem deve suportá-la. Logo, nada mais adequado que essa interferência na órbita jurídica do sujeito se dê frente à probabilidade de procedência da pretensão do beneficiário da cautela e consequente improcedência da resistência daquele que se sujeita à ordem conservativa.

31 Quanto à aplicabilidade da cognição sumária, Kazuo Watanabe leciona que esta espécie de técnica cognitiva tem vez "em razão da urgência e do perigo de dano irreparável ou de difícil reparação, ou para antecipação de provimento final, nos casos permitidos em lei, ou ainda em virtude de particular disciplina da lei material, faz-se suficiente a cognição superficial para concessão da tutela reclamada". WATANABE, Kazuo. **Da cognição no processo civil**. São Paulo: Saraiva, 2012, p. 86 e 110.

Destacou-se na presente obra que, em vista da concepção liberal racionalista de processo, a tutela de evidência (tutela do direito provável em combate ao dano marginal d 'o processo) configura a maior exceção no sistema, ao romper com a exigência de juízo de certeza sem lastro em situação igualmente excepcional, a urgência, que justifique tal ruptura.

Contudo, acredita-se, na concepção de processo norteada pela efetividade dos direitos, a perspectiva deve ser distinta, encarando-se como consectário devido à atividade jurisdicional prestar de pronto (em atenção, é claro, ao princípio dispositivo) tutela ao direito provável, impondo o ônus do tempo do processo àquele cujo direito alegado é improvável.

Por tudo isso, a probabilidade do direito é verdadeiramente o único requisito para concessão da tutela de evidência (tutela do direito provável em combate ao dano marginal do processo), sendo a tutela do direito provável por excelência. Em vista da finalidade da tutela de evidência, direcionada à tutela do direito provável em enfrentamento do dano marginal do processo, visando proporcionar distribuição mais justa do ônus do tempo do processo e, assim, efetividade dos direitos, entende-se que inexistem razões ontológicas para se exigir requisito outro além do juízo de probabilidade. Afinal, é precisamente o juízo de probabilidade o suficiente para cumprir o desiderato dessa espécie de prestação jurisdicional, repita-se, tutelar o direito provável em combate ao dano marginal do processo.

Poder-se-ia dizer que, para concessão de tutela de evidência não bastaria a probabilidade do direito, mas imprescindível seria a presença de dano marginal do processo, exatamente porque provimento jurisdicional desse jaez se identifica e individualiza precisamente por combater o dano marginal do processo. De fato, analisando-se o tema nessa perspectiva, sem dúvidas é imprescindível que exista dano marginal do processo, para que se configure a justificativa para concessão da tutela de evidência.

Não obstante, deixa-se de apontar detidamente o dano marginal do processo como requisito da tutela de evidência – a par da urgência, requisito para concessão da tutela de urgência – porque se entende que, verdadeiramente, o dano marginal é ínsito a qualquer processo, é dizer, está sempre presente, consoante ressai claro do conceito de dano marginal, invariavelmente atrelado ao tempo necessário para qualquer atividade jurisdicional e à atuação deste como fator corrosivo dos direitos.

Nessa esteira, elencar como requisito para concessão da tutela de evidência (tutela do direito provável em combate ao dano marginal do processo) a presença de dano marginal seria o mesmo que exigir que a concessão da tutela fosse empreendida por quem se encontra investido de poderes da jurisdição, o que induvidosamente se exige, mas que, pela obviedade da exigência, deixa-se de elencá-la como requisito específico para o provimento jurisdicional em voga.

3.2.1 Defesa não razoável

Impende analisar se para configuração da probabilidade do direito do autor concorre necessariamente defesa não razoável do réu.

Inicialmente, posta-se para enfrentamento a questão sobre em que consiste a defesa incapaz de gerar dúvida razoável, ou, em termos outros, defesa não razoável. Claramente, está-se em sede de conceitos abertos, desprovidos de precisão objetiva e universal. É possível, até, estabelecer uma escala gradativa em que se situa, em primeiro plano, a defesa razoável, seguida da defesa não razoável e, em último patamar, a defesa abusiva. Em situações concretas, a distinção de defesa razoável daquela abusiva pode se dar com maior clareza, todavia o discernimento entre defesa não razoável e defesa abusiva pode não ser tão notório, assim como também pode não o ser a diferenciação entre defesa razoável e defesa não razoável.

Em verdade, não socorrem critérios objetivos para tal distinção, residindo-a no convencimento do julgador, é dizer, é defesa razoável aquela hábil a trazer-lhe dúvida a respeito do direito em debate, ao passo que a defesa não razoável é aquela insuficiente, naquele momento cognitivo, para edificar em seu convencimento dúvida quanto ao direito alegado pelo autor. A defesa abusiva, ao seu turno, além de não ter o condão de imprimir dúvida no convencimento do julgador, é ainda contrária à boa-fé.

É claro que, estando o exame da defesa, em contraponto à alegação autoral, ainda em sede de cognição sumária, o juízo que reputa aquela não razoável é ainda de probabilidade e, então, potencialmente provisório, dado que podem sobrevir no feito elementos outros que robusteçam a defesa conferindo-lhe não apenas razoabilidade – isto é, habilidade para suscitar dúvida no magistrado –, como, até, conduzindo à juízo de certeza em favor do réu.

A despeito de ser possível conceituar teoricamente defesa razoável e defesa não razoável, acredita-se que sua sindicabilidade resta dificultada – não inviabilizada, é claro –, abrindo-se margem para debates desprovidos de parâmetros objetivos, de modo que um julgador pode concluir pela razoabilidade da defesa, ao passo que outro a identifica como não razoável. Esta constatação, porém, não prejudica a disciplina da tutela do direito provável, tampouco especificamente a da tutela de evidência, porquanto revela que se está no campo do convencimento do julgador – que é livre, porém deve ser devidamente motivado/fundamentado –, o que se verifica também em sede de juízo de certeza e de juízo de probabilidade (é dizer, o que para um julgador pode ser certo, para outro pode não ser, o que para um julgador pode ser provável, para outro pode não ser).

No que toca estritamente ao conceito de probabilidade, entende-se possível sua coexistência com defesa razoável apresentada pelo réu. Isso porque, a despeito da incompletude da tramitação processual, notadamente da instrução probatória, mesmo frente a argumentos sérios de ambas as partes, é possível a dado julgador, em sua atividade cognitiva a luz dos elementos de que dispõe àquele momento, identificar a posição que se apresenta com maior probabilidade de procedência. Acrescente-se que é indiscutivelmente possível, ou melhor, é até devido, que seja exarado juízo de certeza em conflito cuja defesa apresentada configura-se razoável, dado que é vedado ao Judiciário o *non liquet*. Nessa esteira, visto que frente a defesa razoável o julgador deve proferir juízo de certeza, logicamente é tecnicamente cabível exarar juízo de probabilidade, *minus* em comparação à certeza.

Em termos outros, mesmo diante de dúvida, é cabível o magistrado vislumbrar maior probabilidade de êxito da alegação de uma parte, em comparação à de outra. Dessa feita, a tão só existência de dúvida razoável trazida pela defesa quanto à pretensão do autor não significa dizer que ambas as posições têm, em sede de cognição sumária, exata e precisamente o mesmo nível de probabilidade de procedência. Há sim situações em que a dúvida instalada é tal que o julgador não se vê em condições de emitir qualquer juízo sumário (muito embora, ao final da tramitação do feito, não possa se furtar ao juízo de certeza, por vedação de *non liquet*); todavia, não se pode negar a existência de situações outras em que, sem embargo da dúvida, o convencimento do julgador já pende a favor de determinada alegação.

Essas considerações impelem à seguinte indagação: a probabilidade que se configura mesmo frente a apresentação de defesa razoável é suficiente para amparar a concessão de tutela do direito provável (tutela de urgência e tutela de evidência)?

Conforme se detalhará a seguir, importa aqui destacar que não convém, em sede de tutela do direito provável, distinguir em níveis de probabilidade e relacioná-los às espécies de tutela do direito provável, em vista da impossibilidade de sindicância segura do que venha a ser probabilidade baixa, média ou alta.

Por essa premissa, poder-se-ia concluir que a probabilidade, mesmo frente à defesa razoável, como probabilidade que é, seria suficiente para amparar a concessão de tutela do direito provável, em quaisquer de suas espécies, urgência ou evidência.

Oportuno rememorar que, diversamente, o direito francês admite a concessão de *référé-provision* apenas quando a pretensão não é infirmada por contestação séria. O foco da probabilidade tutelada por essas vias do *référé* é a atuação do réu reputada como inábil a instalar controvérsia relevante a respeito do direito alegado pelo autor, em vista da fragilidade, diga-se, não seriedade das alegações de defesa trazidas. Nessa senda, a perspectiva não é a probabilidade em si do direito alegado pelo autor, mas, sim, a contestação não séria que converge para a probabilidade do direito alegado pelo autor. Pode aparentar inexistir diferença entre esses dois prismas e, realmente, com frequência, a probabilidade do direito do autor e a não probabilidade da resistência do réu compõem uma realidade única.

Contudo, acredita-se que há sim diferença em ter por foco para concessão da tutela a não probabilidade do direito do réu, ao invés de considerar, prioritariamente, o direito alegado pelo autor. Isso porque o que merece tutela é o direito provável, ao revés de a tutela ser utilizada como reprimenda ao direito não provável do réu. A tutela jurisdicional é instrumento para promoção da efetividade dos direitos, o que exige, em primeiro plano, que os direitos sejam tutelados, sendo consequente a reprimenda a eventual resistência injusta.

Essa perspectiva diversa de examinar a temática, focada na tutela do direito e não na sanção da resistência, tem a consequência prática de impor como requisito para concessão da tutela do direito provável exatamente o reconhecimento do direito provável do autor, independente da presença de contestação não séria/defesa não razoável pelo réu. É bem verdade que os dois podem estar presentes em dada situação concreta, pelo que nesses casos apresentam-se, como já se assinalou, como dois lados de uma mesma realidade. Mas é possível, também, que a contestação apresente argumentos relevantes, ditos sérios, e que ainda assim o magistrado repute que a probabilidade de procedência penda a favor do direito alegado pelo autor, e não em prol da resistência erguida pelo réu. Neste cenário, seria cabível a tutela do direito provável?

Poder-se-ia argumentar que a concessão de tutela do direito provável em quadro como tal representaria ofensa à segurança jurídica, dado que se imporia ao réu suportar o provimento jurisdicional antes de finda cognição exauriente, quando ele veiculou firmes argumentos em amparo à sua resistência.

Cumpre, porém, analisar a questão por outro olhar: é consentâneo à segurança jurídica, adequada à concepção de efetividade dos direitos, o autor, cujo direito é provável mesmo frente a contestação séria do réu, ter que suportar a falta da tutela até que finda a cognição exauriente? Por que o tempo do processo deve ser suportado pelo autor cujo direito alegado é provável? Por que só caberia ao réu suportar o tempo do processo se se estivesse diante de conduta sua – contestação não séria/ defesa não razoável, ou defesa abusiva – merecedora de sanção?

Novamente, reputa-se que a resposta para esses questionamentos estão no modelo processual adotado: a concepção de processo que liga a segurança jurídica à manutenção do *status quo* inicial da relação processual – que, como se destacou, já é um estágio desiquilibrado no qual uma parte tem seu direito lesado ou ameaçado de lesão – e que cultua a solução de conflitos pela trilha da cognição exauriente exige que o rompimento daquele *status quo* por intermédio da cognição sumária (que considera excepcional) se dê pela gravosa via sancionatória, isto é, que se esteja diante mais do que de um direito provável do autor, mas também de uma conduta do réu negativa que, esta sim, justifique lhe impor o dano marginal do processo.

Entretanto, entende-se que a segurança jurídica deve ser adequadamente compreendida não como trilha de manutenção do *status quo* inicial do processo, mas, sim, pelo prisma da efetividade dos direitos, isto é, um sistema é seguro juridicamente tanto quanto realiza satisfatoriamente, a tempo e modo, os direitos reconhecidos na ordem jurídica. Não pode ser qualificado como seguro um sistema jurídico que o cidadão que tem seu direito lesado tenha que suportar exclusivamente o ônus do tempo do processo até delongada solução definitiva, fundada em juízo de certeza, mesmo quando seu direito se mostra provável (antes de finda a cognição exauriente). Segurança é ter o direito tutelado, mesmo quando ainda provável, pois tutelar apenas o direito certo representa um *minus* na tutela e consequentemente na segurança do sistema, em vista da atuação do tempo como fator corrosivo de direitos.

Não se olvida que a situação aqui proposta envolve riscos. Aliás, a prestação jurisdicional invariavelmente envolve o risco de não compor o conflito da maneira mais adequada em comparação ao quadro de adimplemento voluntário de direitos, é dizer, inexistência de lide. O que busca o processo é equilibrar os reclames de solução célere e de solução estritamente consentânea ao direito.

A questão é como promover esse equilíbrio: fazendo escolha apriorística em prol do réu, como está fundado o sistema processual atual? Não se considera esta opção a mais adequada à efetividade dos direitos.

Acredita-se que a baliza para imposição do risco envolvido na prestação jurisdicional, diga-se, precisamente para distribuição do ônus do tempo no processo – não apenas na excepcional situação de urgência, mas, também, frente ao dano marginal do processo – seja a própria efetividade dos direitos, que se realiza não apenas no direito tido como certo, mas também no direito provável.

Pelo até aqui exposto, dever-se-ia admitir a tutela de evidência mesmo quando a probabilidade do direito alegado pelo autor se confronta com defesa razoável apresentada pelo réu. É que: conceitualmente, pode existir probabilidade do direito alegado mesmo frente a defesa razoável (o que deve ser apurado em cada caso concreto); descabe distinguir em níveis de probabilidade e relacioná-los às espécies de tutela do direito provável; a probabilidade do direito é o requisito único, por excelência, para a concessão de tutela de evidência.

A contundência da medida pode conduzir a certo receio quanto à sua aplicação, dado que ela é induvidosamente gravosa a quem a suporta e este apresentou, pelo menos, defesa razoável. Todavia, não se pode olvidar que a prestação jurisdicional em comento tem o desiderato de promover a distribuição do ônus do tempo, o que também é via para a consecução da efetividade dos direitos, de modo que negar essa distribuição em favor daquele que alega direito que se mostra provável quando, em contrapartida, existe defesa razoável, é admitir que o sistema aprioristicamente favoreça a posição de uma parte em detrimento da outra: no caso, o sistema assim concebido, seguirá privilegiando a posição do réu, dado que o autor, mesmo tendo a seu favor alegação de direito que se mostra provável, terá que suportar o ônus do tempo.

Contudo, a despeito da coerência dessas conclusões, há que se reconhecer que elas têm por foco estritamente a tutela de evidência, isto é, a tutela do direito provável em combate ao dano marginal do processo. Urge, assim, que elas sejam verificadas numa perspectiva sistêmica, que abranja todo o gênero de tutela do direito provável – que o Código de Processo Civil de 2015 denomina de tutela provisória – cujo procedimento adotado no direito brasileiro para sua concessão ainda privilegia a tutela definitiva (isto é, não se admite procedimento autônomo que necessariamente[32] se encerre com

[32] Mesmo na estabilização da tutela antecipada antecedente, prevista no art. 304 do CPC/2015 também não há extinção necessária do procedimento com provimento fundado em cognição sumária, dado que encerramento nesses moldes está condicionado à inércia do réu. É dizer, se o réu não concordar, invariavelmente o procedimento seguirá seu trâmite até julgamento definitivo, fundado em cognição exauriente.

tutela do direito provável, isto é, com provimento amparado em juízo de probabilidade).

O exame sistêmico da questão ora em enfrentamento conduz à seguinte reflexão: Admitir a concessão de tutela de evidência mesmo frente a defesa razoável, quando, é claro, a despeito desta, se vislumbra provável o direito alegado pelo autor, não representaria um esvaziamento da chamada tutela de urgência, fazendo com que ela esteja integralmente contida na tutela de evidência?

Acredita-se que a resposta para esse questionamento é positiva e esclarece-se: se for possível, exatamente com a mesma probabilidade, a concessão da tutela de evidência, a tutela de urgência perderá interesse, por sua desnecessidade, mormente porque sem sentido agregar ao pleito a demonstração do requisito da urgência (indispensável à concessão da tutela de urgência), dado que este tornaria mais difícil a obtenção do provimento jurisdicional.

Para manter a coerência do sistema, com a coexistência das espécies de tutela do direito provável – quais sejam, a tutela de urgência (cuja concessão exige, concomitantemente, urgência e probabilidade do direito) e a tutela de evidência (para a qual se requer apenas probabilidade do direito) – imperativo que exista situação em que caiba apenas a tutela de urgência, isto é, que a tutela do direito provável somente seja possível se houver, mais que dano marginal, situação emergencial que reclame pronta prestação jurisdicional.

Solução frequentemente referida para a conciliação entre tutela de urgência e tutela de evidência é a que se pauta em graus de probabilidade, aduzindo que para a evidência seria necessário juízo de probabilidade elevadíssimo, mais próximo ao juízo de certeza, se comparado à probabilidade suficiente para concessão da tutela de urgência. Entretanto, como se detalhará nesta obra, julga-se descabido discernir em graus de probabilidade e associá-los às espécies de direito provável, pela ausência de métrica hábil a identificar e discernir probabilidade baixa ou média da probabilidade alta. Assim é que a simples fala de que a probabilidade na tutela de evidência deve ser elevada não socorre à conciliação sistêmica entre tutela de urgência e tutela de evidência.

Outra solução posta para tal conciliação é o recurso à tipicidade da tutela de evidência, como tradicionalmente adotado no sistema pátrio. Dessa feita, muito embora a concessão da tutela de urgência seja mais difícil pela exigência de dois requisitos, a urgência e a probabilidade, alça-se a tutela de evidência a patamar ainda mais excepcional, exigindo, além da probabilidade, requisito outro para sua concessão (por exemplo, o abuso no exercício do direito de defesa) ou seu cabimento estritamente em procedimento específico (por exemplo, a liminar em ação possessória), o que se faz em atenção à expressa previsão do legislador.

Todavia, na esteira do que já se discorreu, acredita-se que a atipicidade e a generalização da tutela de evidência – admitindo seu cabimento na generalidade dos procedimentos e mediante a presença de seu requisito essencial, a probabilidade do direito – são vias mais consentâneas à distribuição do ônus do tempo do processo, porquanto ampliam o combate do dano marginal, o que se reputa convergente ao propósito de efetividade dos direitos.

Nesse quadro de atipicidade e generalização da tutela de evidência, a conciliação desta espécie de tutela do direito provável (em combate ao dano marginal do processo) com a tutela de urgência exige, então, a utilização de critério objetivo para qualificação da probabilidade do direito na hipótese de tutela de evidência, de modo que ausente esse critério, apenas caberá tutela do direito provável se presente urgência.

É dizer, nas situações já típicas de tutela de evidência, notadamente os incisos I a III do art. 311 do Código de Processo Civil de 2015, bem como naquelas previstas em procedimentos especiais codificados ou de leis extravagantes, não há prejuízo à coexistência entre a tutela de evidência e a tutela de urgência. Tal convivência é proporcionada pela tipicidade, de modo que para o magistrado tutelar o direito provável em combate ao dano marginal do processo, necessário é, além da probabilidade do direito, que verifique se o caso concreto se subsume à hipótese típica prevista pelo legislador, que, ainda, comumente exige também requisitos outros para autorizar a concessão da tutela de evidência (abuso no exercício do direito de defesa, precedentes etc.).

Na situação, porém, em que a tutela do direito provável se admite apenas por intermédio da probabilidade do direito, a coexistência no sistema jurídico-processual entre tutela de urgência e tutela de evidência reclama que a probabilidade do direito necessária ao deferimento da tutela de evidência atípica seja afastada pela apresentação de defesa razoável. Muito embora a presença de defesa razoável não seja suficiente por si para sempre e necessariamente afastar a probabilidade, essa probabilidade que se erige presente mesmo frente à defesa razoável somente é hábil a amparar a tutela do direito provável se aliada à urgência.

Em outras palavras, para que apenas a probabilidade do direito seja suficiente para fundar o deferimento da tutela de evidência, na esteira da atipicidade e generalização defendida na presente obra e em conciliação sistêmica com a tutela de urgência, necessário é que a probabilidade do direito seja revelada pela conciliação das alegações do autor e a defesa não razoável do réu (que não se confunde com defesa abusiva), como dois lados da mesma realidade.

Recorre-se, pois, a juízo de ponderação[33], em que se analisam os riscos derivados de se imputar ao réu, que apresentou defesa razoável, suportar a tutela do direito provável, em contraposição aos riscos decorrentes de se atribuir ao autor a privação da tutela do seu direito alegado que se apresenta provável na situação em que o réu ventilou defesa razoável.

Há, nessa esteira, uma tensão entre as garantias processuais fundamentais do réu e a efetividade do direito reclamado pelo autor. Como não há direito absoluto, que necessariamente se aloque superior aos demais, no cenário em que se confrontam direito provável e defesa razoável e em que o ônus do tempo não atua de modo excepcional, isto é, em que há apenas o chamado dano marginal, a efetividade do direito provável deve ceder espaço à salvaguarda dos direitos e garantias de defesa. Essa solução deflui da verificação de quem sofreria o mal maior: a efetividade do direito alegado pelo autor não resta gravemente comprometida tendo este que suportar o dano marginal, diversamente do que se constata na posição do réu, que, sim, remanescerá seriamente prejudicado se tiver que suportar tutela mesmo tendo apresentado resistência séria/razoável.

Porém, alterando-se o cenário para confronto de direito provável e defesa razoável em situação de urgência, a ponderação pende para sentido diverso: em caso de urgência, isto é, quando o transcurso do tempo impõe sério prejuízo ao direito material em debate ou à utilidade do provimento jurisdicional, a efetividade do direito alegado que se mostra provável resta gravemente lesada se a parte titular do direito provável tiver que suportar esse ônus do tempo. Assim sendo, caberá tutela do direito provável mesmo

---

33 "A decisão, como ato de inteligência, deve ser o resultado de um exercício mental de ponderações dos valores em jogo. Nesse ponto reside o princípio da proporcionalidade, cujo escopo é revelar qual dos interesses deve prevalecer sobre os demais. No processo, a proporcionalidade é a atividade direcionada a encontrar o justo equilíbrio entre os meios utilizados e os objetivos a serem alcançados. São seus elementos: I) adequação, consiste na aptidão da medida para atingir os objetivos pretendidos; II) necessidade, como exigência de limitar um direito para proteger outro, igualmente relevante; III) proporcionalidade estrita, como ponderação da relação existente entre os meios e os fins, ou seja, entre a restrição imposta (que não deve aniquilar o direito) e a vantagem conseguida; o que importa na IV) não excessividade." LUCON, Paulo Henrique dos Santos. Tutela provisória na atualidade, avanços e perspectivas: entre os 20 anos do art. 273 do CPC de 1973 e a entrada em vigor no novo CPC. In: BUENO, Cassio Scarpinela.; MEDEIROS NETO, Elias Marques de.; OLIVEIRA NETO, Olavo de.; OLIVEIRA, Patricia Elias Cozzolino de.; LUCON, Paulo Henrique dos Santos. (Org.). **Tutela Provisória no Novo CPC - dos 20 anos de vigência do art. 273 do CPC/1973 ao CPC/2015**. 1 ed.São Paulo: Saraiva, 2016, v. 1, p.233-253.

frente a defesa razoável desde que presente no caso concreto urgência que reclame a pronta resposta jurisdicional.

3.2.2 Abuso no exercício do direito de defesa e manifesto propósito protelatório da parte

Na esteira do art. 273, II, do Código de Processo Civil de 1973, com redação dada pela Lei nº 8.952/1994, o Código de Processo Civil de 2015 segue elencando como hipótese de tutela de evidência a situação em quem presente o abuso no exercício do direito de defesa ou manifesto propósito protelatório da parte, ao assim dispor seu art. 311, I, devendo, é claro, haver juízo de probabilidade positivo sobre o direito alegado pelo autor. Assim é que a probabilidade do direito, aliada à defesa abusiva do réu, confere à pretensão autoral a possibilidade de ser tutelada provisoriamente, se assim pleiteado pelo autor.

A doutrina nacional, em larga maioria, qualifica a tutela prestada pela via do mencionado dispositivo legal como tutela sanção, isto é, uma reprimenda à conduta do réu reputada inadequada. Inclusive na sua proposta de "tutela antecipatória através da técnica da reserva da cognição da exceção substancial indireta", Luiz Guilherme Marinoni destaca, ao tratar a exceção substancial indireta infundada como requisito para concessão da tutela, que vislumbra como elemento desse provimento necessariamente uma conduta da parte contrária, o que permite a conclusão de que a proposta do doutrinador paranaense também se alinha à natureza de tutela sanção.

> Há quem diga que o presente instituto não tem por fim evitar que o réu abuse do seu direito de defesa, tendo a finalidade única de repartir o tempo do processo entre autor e réu.
>
> Não nos parece que esta posição seja correta. É preciso deixar claro que a tutela antecipatória baseada na técnica da reserva da cognição da exceção substancial indireta não encontra sustentação apenas na evidência dos fatos constitutivos do direito do autor. A tutela antecipatória, neste caso, requer ainda que a exceção substancial indireta afigure-se como infundada.
>
> Quando são postas, como requisitos para a tutela antecipatória, a exigência de uma exceção substancial indireta que requer instrução dilatória e a sua falta de fundamento, deixa-se claro, a nosso ver, que a sua finalidade não é a de simplesmente repartir o tempo do processo entre o autor e o réu. Esta modalidade de tutela antecipatória abre oportunidade para a distribuição do tempo do processo na medida em que o réu pode abusar do seu direito de defesa, apresentando uma exceção substancial indireta infundada somente para protelar o momento da realização do direito.

> Melhor explicando: quem concluiu que não é justo que o réu consuma tempo, em prejuízo do autor, para tentar demonstrar uma defesa de mérito indireto que se mostra infundada, deve partir da premissa de que o réu não pode assim proceder porque neste caso estaria abusando do seu direito de defesa. Portanto, a tutela antecipatória, neste caso, também possui finalidade pedagógica importante, pois, ao reprimir o abuso do direito de defesa, objetiva desestimular manobras protelatórias.[34]

O mesmo se verifica quanto à proposta do processualista a respeito da tutela antecipatória através da técnica monitória, ao também elencar como requisito desse provimento a defesa provavelmente infundada, afastando seu cabimento em situação de defesa séria[35].

Merece destaque, também, a associação feita entre a conduta abusiva do réu e a presunção de certeza do direito alegado pelo autor, é dizer, o entendimento de que o abuso no exercício do direito de defesa ou manifesto propósito protelatório são hábeis a transmutar a probabilidade do direito alegado pelo autor em certeza, autorizando, assim, a tutela jurisdicional antecipada. É a lição de Humberto Theodoro Júnior a respeito do art. 311, I, do CPC/2015:

> O dolo processual (abuso do direito de defesa ou prática de ato processual revelador de manifesto propósito protelatório), nesse sentido, não é, *per si*, o fundamento suficiente para a concessão da tutela da evidência. O que se obtém por seu intermédio é um reforço da "plausibilidade do direito".
>
> Os elementos de convicção produzidos pelo autor, autorizadores de um juízo de verossimilhança, tornam-se, após a defesa abusiva e procrastinatória, fonte de certeza, por decorrência de uma presunção legal. Não se trata, de tal sorte, de tutela um "direito naturalmente evidente", mas de impulsionar um "salto de verossimilhança para a certeza", por força de lei e por meio de uma "presunção relativa", que, afinal, poderá ser destruída por prova contrária, provocando a revogação da tutela antecipada e o deferimento da tutela definitiva em favor do demandado que antes abusara do direito de defesa.
>
> (...) A defesa abusiva ou a atitude procrastinatória do réu, faz, por opção legal, pender em favor do autor o juízo acerca da procedência das posições antagônicas defendidas no processo. A versão do autor, que em si já era verossímil, passa a revestir-se, enfim, da qualidade da certeza, diante da resistência inconsistente e maliciosa do réu. Justifica-se, por isso, a antecipação de tutela em favor do autor, visto que o prosseguimento do

---

34 MARINONI, Luiz Guilherme. **Tutela antecipatória e julgamento antecipado: Parte incontroversa da demanda.** 5 ed. São Paulo: Revista dos Tribunais, 2002, p. 60.

35 MARINONI, Luiz Guilherme. **A antecipação da tutela.** 7. ed. São Paulo: Malheiros, 2002, p. 198-199.

processo motivado pelo litigante ímprobo e o consequente aumento da duração do tempo necessário para atingir-se a sentença de mérito definitiva somente a ele deve ser debitado. Para evitar uma injustiça para o autor, que se acha em evidente melhor condição de merecer a tutela jurisdicional, é que a lei lhe concede o benefício de sua antecipação provisória.[36]

Não há na ordem jurídica e nas lições doutrinárias[37], porém, contornos precisos de identificação e individualização de conduta abusiva e protelatória do réu, para além daquelas práticas já capituladas como litigância de má-fé[38], o que convergiu para um esvaziamento na prática da potencialidade do mencionado dispositivo, de utilização assaz tímida.

Merece reflexão, todavia, o emprego pelo legislador de expressões distintas, o que impele à conclusão de que a concessão de tutela antecipatória sem urgência, fundada em abuso no exercício do direito de defesa e manifesto propósito protelatório da parte não coincide exatamente com a litigância de má-fé.

Sem dúvidas, o manifesto propósito protelatório é espécie de litigância de má-fé, como claramente se colhe da tipificação legal desta. O abuso no exercício do direito de defesa, ao seu turno, é mais amplo, não se adstringindo às previsões elencadas como litigância de má-fé, correspondendo, assim, a toda e qualquer conduta que, no caso concreto, revele abuso de direito na relação processual.

Assim é que impende considerar, mais do que a boa-fé subjetiva (cujo antônimo é a má-fé), principalmente a boa-fé objetiva, como conduta correta e leal, sob a ótica mediana do corpo social, encarada não com enfoque do

---

36 THEODORO JÚNIOR, Humberto. **Curso de Direito Processual Civil**. Vol I. 57 ed. Rio de Janeiro: Forense, 2016, p. 694-695.

37 "Para a antecipação não basta que o comportamento do réu configure ação descrita no inciso IV ou no inciso VI do art. 17 do Código de Processo Civil. Não é a indevida retenção dos autos, por exemplo, que autoriza a antecipação. A indevida retenção dos autos, se configura ilícito processual, pode abrir oportunidade para a penalização daquele que procede mal, mas jamais para a antecipação, que somente pode ter relação com a evidência do direito autor e com a fragilidade da resistência do réu. Não é possível confundir abuso de direito de defesa com litigância de má-fé. Para efeito de tutela antecipatória, é possível extrair do art. 17 do Código de Processo Civil alguns elementos que podem colaborar para a caracterização do abuso de direito de defesa. Isto não significa, porém, que as hipóteses do art. 17 possam servir de guia para a compreensão da tutela antecipatória fundada em abuso do direito de defesa." MARINONI, Luiz Guilherme. **A antecipação da tutela.** 7. ed. São Paulo: Malheiros, 2002, p. 194-195.

38 Código de Processo Civil de 2015: "Art. 80. Considera-se litigante de má-fé aquele que: I - deduzir pretensão ou defesa contra texto expresso de lei ou fato incontroverso; II - alterar a verdade dos fatos; III - usar do processo para conseguir objetivo ilegal; IV - opuser resistência injustificada ao andamento do processo; V - proceder de modo temerário em qualquer incidente ou ato do processo; VI - provocar incidente manifestamente infundado; VII - interpuser recurso com intuito manifestamente protelatório."

subjetivismo ou psiquismo do agente, mas de forma objetiva. A função limitativa do boa-fé objetiva é meio de controlar o exercício do direito em busca de impedir e sancionar o abuso do direito. Com efeito, a controvérsia entre exercício regular de direito e abuso de direito tem como baliza para sua solução o princípio da boa-fé objetiva, precisamente a real finalidade dos atos, eis que o desvio de finalidade macula irremediavelmente o exercício de qualquer alegado direito, evidenciando a abusividade e a consequente ilicitude.

Assim sendo, a indagação central reside na verificação se os atos praticados pela parte no processo eram necessários para a defesa dos direitos por ela alegados. Destarte, o exercício regular de direito exige mais que a invocação de um suposto direito para sua configuração. Necessário é apurar a pertinência do ato praticado em dita defesa do suposto direito e a habilidade para tal defesa, isto é, apurar a finalidade do ato praticado, se o foi realmente para defesa do alegado direito, ou para fins outros, notadamente em prejuízo da parte contrária.

Nesse quadro de referências, o abuso no exercício do direito de defesa é toda e qualquer conduta que, mesmo em exercício do direito de defesa, desenvolva-se transpondo os lindes da finalidade natural do exercício desse direito, visando finalidade outra, a destacar o ilegítimo prejuízo da parte contrária.

Como é cediço, o abuso de direito merece reprimenda no sistema jurídico, pelo que se considera adequada a qualificação de tutela-sanção atribuída pela doutrina majoritária à espécie de tutela que indica o abuso no exercício do direito de defesa como seu requisito. Alinha-se, como é necessário, à compreensão do abuso de direito como gênero, não o desnaturando ou transmutando sua natureza em razão da espécie do direito em específico objeto da atuação abusiva, no caso, o direito de defesa.

Ocorre que, muito embora induvidosamente o direito provável de uma parte mereça tutela quando somado ao abuso no exercício do direito de defesa da outra ou ao seu propósito manifestamente protelatório, por tudo que já assinalou aqui não deve ser propriamente a sanção o foco da prestação jurisdicional. O requisito essencial para concessão da tutela deve ser o direito provável, e não a conduta abusiva ou protelatória da outra parte, porquanto assim, acredita-se, serve-se à real e justa distribuição do ônus do tempo do processo e à efetividade dos direitos.

Na mesma ordem de ideias, a tutela é justificada pela presença de direito provável, e não de direito certo, atuando a conduta abusiva ou protelatória da outra parte para robustecer a probabilidade já presente, mas não exatamente para transmuta-la em certeza, no sentido processualmente adotado na presente obra (que alinha a certeza à cognição exauriente, portanto, recai sobre a gama completa dos elementos processuais, inadmitindo juízo pela mesma instância em sentido diverso). A tutela de evidência (tutela do direito provável em combate ao dano marginal do processo), consoante os contornos propostos nesta obra, funda-se em juízo de probabilidade e, por isso, potencialmente comporta ulterior decisão, do mesmo órgão jurisdicional, em sentido contrário, o que, acredita-se, não é possível frente a juízo de certeza.

Impende noticiar que Daniel Mitidiero defende que o abuso no exercício do direito de defesa previsto em lei como requisito da tutela do art. 273, II, do CPC/1973 (correspondente ao art. 311, I, do CPC/2015) não teria natureza de tutela-sanção, mas, sim, do que denomina de tutela de evidência por excelência, na medida em que não corresponderia, propriamente, a conduta abusiva do réu, mas, sim, a defesa inconsistente, isto é, uma comparação entre ação e defesa que revela provável o direito alegado pelo autor.

> A técnica antecipatória pode prestar tutela jurisdicional ao direito em face da evidência do direito postulado em juízo. Aí a tutela antecipada vem prevista despregada totalmente do perigo, fato que deixa à vista importante mudança na sua função, não mais assimilável simplesmente pela tutela de urgência. O objetivo da tutela de evidência está em adequar o processo à maior ou menor evidência da posição jurídica defendida pela parte no processo, tomando a maior ou menor consistência das alegações das partes como elemento para distribuição isonômica do ônus do tempo ao longo do processo.
>
> Poucas legislações preveem a técnica antecipatória fundada na simples evidência. Dentre elas, sem dúvida se destacam o *Nouveau Code de Procédure Civile* – NCPC francês com a possibilidade do *référé provision* (arts. 809, segunda parte, e 849, segunda parte, 873, segunda parte, e 894, segunda parte) e o nosso Código de Processo Civil com a previsão da tutela antecipatória à vista da defesa inconsistente (art. 273, II, do CPC 'abuso de direito de defesa' ou 'manifesto propósito protelatório do réu'). (...)
>
> A tutela antecipatória fundada no art. 273, II, CPC, visa promover a igualdade substancial entre as partes. Trata-se de expediente que tem como objetivo distribuir o peso que o tempo representa no processo de acordo com a maior ou menor probabilidade de a posição jurídica afirmada pela parte ser fundada ou não. Quando o legislador instituiu a tutela antecipatória baseada em abuso do direito de defesa ou contra o manifesto propósito protelatório do réu, seu objetivo estava em evitar que o demandante fosse prejudicado, e o demandado beneficiado em idêntica medida, pelo tempo do processo. O legislador tratou o tempo do processo como fonte potencial de dano às partes, sugerindo a sua distribuição

> isonômica a fim de que não represente prejuízo ao demandante que tem razão – que seria obrigado a suportá-lo integralmente – e benefício para o demandado que não a tem.
>
> A premissa desse raciocínio está em que quem deve suportar o tempo que o processo normalmente leva para o seu desenvolvimento e desenlace é aquele litigante que dele necessita para mostrar que tem razão. Só aí a tutela jurisdicional será realmente adequada à maneira como o direito material se apresenta em juízo. Aquele litigante que desde logo apresenta uma posição de maior evidência com relação à situação litigiosa, sendo provavelmente o titular do direito litigioso, deve fruir do bem da vida enquanto o seu adversário busca provar que a sua posição é merecedora de tutela jurisdicional.
>
> Essas observações forçam reconhecer que a finalidade da tutela antecipatória baseada no art. 273, II, do CPC, não está em sancionar eventual comportamento inadequado de uma das partes. Para punir o comportamento do litigante de má-fé, a propósito, a legislação alça mão de outras técnicas processuais – como, por exemplo, a sanção por ato atentatório à dignidade da jurisdição (art. 14, parágrafo único, do CPC) e a responsabilização por dano processual (art. 16 do CPC).
>
> Isso quer dizer que a tutela antecipatória fundada no art. 273, II, do CPC não pode ser tomada como tutela antecipatória sancionatória. Não é essa a sua natureza. A tutela antecipatória fundada em abuso do direito de defesa ou manifesto propósito protelatório do réu constitui mais propriamente tutela antecipatória fundada na maior probabilidade de veracidade da posição jurídica de uma das partes. Trata-se de tutela antecipatória da simples evidência.[39]

Observa-se que Daniel Mitidiero trata o abuso no exercício do direito de defesa ou manifesto propósito protelatório da parte como correspondente à contestação não séria disciplinada no direito francês[40] e, principalmente, considera que ambos não correspondem propriamente a uma tutela sancionatória, e, sim, a signo de maior probabilidade da posição jurídica da outra parte.

---

[39] MITIDIERO, Daniel. Tendências em Matéria de Tutela Sumária: da Tutela Cautelar à Técnica Antecipatória. **Revista de Processo**, v. 197, 2011, p. 41-43.

[40] Luiz Guilherme Marinoni também relaciona a antecipação em caso de abuso de direito de defesa com o *référé provision* francês: "A antecipação em caso de "abuso de direito de defesa" tem certo parentesco com o *référé provision* do direito francês. Através da *provision* é possível a antecipação quando *l'obligation ne soit pas sérieusement contestable* (a obrigação não seja seriamente contestável, arts. 771 e 809 do Código de Processo Civil francês). A urgência não é requisito para a concessão da *provision* e Roger Perrot, o ilustre Professor da Universidade de Paris, alerta que o juiz não pode exigir uma incontestabilidade absoluta, sob pena de restringir abusivamente o domínio do *référé provision*. O *référé provision,* assim, é uma forma de tutela dos direitos evidentes." MARINONI, Luiz Guilherme. **A antecipação da tutela.** 7. ed. São Paulo: Malheiros, 2002, p. 194.

Reputa-se acertada a posição de Daniel Mitidiero ao salientar que a tutela de evidência deve ser tomada apenas como tutela da probabilidade do direito da parte, pelo que é nessa linha que se propõe na presente obra ao se indicar como único requisito para concessão dessa prestação jurisdicional a probabilidade do direito alegado, configurando, assim, tutela do direito provável em combate ao dano marginal do processo.

Contudo, dissente-se da conclusão de Daniel Mitidiero quando alinha o abuso no exercício do direito de defesa ou manifesto propósito protelatório da parte, previstos no direito brasileiro, à contestação não séria disciplinada no direito francês, pois, consoante já se assinalou, a contestação não séria ou defesa não razoável é aquela inábil a incutir dúvida razoável no julgador frente ao direito alegado pelo autor que se mostra provável. Obviamente, a defesa abusiva também não edifica dúvida razoável no convencimento do julgador, contudo, além disso, a defesa abusiva afronta a boa-fé, o que não se verifica na chamada defesa não razoável (ou contestação não séria, conforme emprega o direito francês).

Ainda, discorda-se de Daniel Mitidiero quando nega a natureza de tutela sanção à previsão de tutela de evidência em caso de defesa abusiva do réu, pois, como já se salientou, é inerente à figura jurídica do abuso de direito a reprimenda em face de seu reconhecimento.

Sem embargo do inegável mérito do elastecimento interpretativo do requisito do abuso no exercício do direito de defesa ou manifesto propósito protelatório do réu (desvinculando-o da natureza de tutela-sanção) sugerido por Daniel Mitidiero ao conduzir para a compreensão de tutela de evidência como tutela do direito provável por excelência, acredita-se que não é acertado contentar-se com essa interpretação ampliativa, visto que ela resta por contrariar a essência o abuso de direito, esvaziando e desnaturando por completo o abuso no exercício do direito de defesa como espécie do gênero abuso de direito.

Ainda, elencar o abuso no exercício do direito de defesa como requisito para concessão da tutela de evidência, mesmo que se faça a anotação do emprego da compreensão ampliativa acima referida, fará com que remanesça significativa possibilidade de não desvinculação da tutela de evidência da compreensão, ainda hoje majoritária, de que se cuida de tutela jurisdicional excepcional que apenas admitiria fundar-se na probabilidade, sem urgência, se com o fito de sancionar conduta abusiva da parte que irá suportar a tutela. Muito embora em algumas situações a conduta abusiva do réu se apresente como faceta respectiva à probabilidade do direito de uma parte, não necessariamente exige-se a sua presença para concessão do provimento em tela, visto que não se cuida de requisito ontologicamente ordenado para consecução da finalidade dessa tutela jurisdicional.

Com efeito, a tutela de evidência como devida tutela do direito provável em combate ao dano marginal do processo é tutela da probabilidade (ou da chamada evidência, como comumente referido, com a ressalva de a evidência corresponder a probabilidade e não a certeza), o que se conclui tendo a probabilidade do direito como determinante requisito para sua concessão, e não pela via de compreensão ampliativa do requisito do abuso no exercício do direito de defesa ou manifesto propósito protelatório do réu (como fez Daniel Mitidiero).

Oportuno repisar que a probabilidade do direito necessária à concessão da tutela de evidência é revelada pela conjugação das alegações e provas trazidas pelo autor com defesa não razoável apresentada pelo réu (que não se confunde com defesa abusiva), o que é imperativo da conciliação sistêmica entre tutela de urgência e tutela de evidência como espécies do gênero tutela do direito provável (tutela provisória, conforme denominação empregada no Código de Processo Civil de 2015). Aquela probabilidade que se mostra presente mesmo frente a defesa razoável não se presta, sozinha, a amparar a tutela de direito provável, exigindo-se alinhar à presença de urgência para tal fim, dando azo à chamada tutela de urgência.

3.2.3 Graus de probabilidade

Por derradeiro, ainda quanto ao requisito essencial para concessão da tutela jurisdicional em voga, cumpre examinar a respeito da probabilidade suficiente para concessão da tutela do direito provável em combate ao dano marginal do processo.

É cediço que a probabilidade é conceito relativo, derivado de exame comparativo com o que se qualifica processualmente como certeza, ambos, nessa perspectiva processual, obtidos pelo viés objetivo, isto é, considerando os elementos do processo sujeitos à atividade cognitiva do magistrado e, por conseguinte, à espécie de cognição por ele desenvolvida[41].

Sabe-se, outrossim, que na perspectiva subjetiva a própria certeza nada mais é que probabilidade, tida em seu patamar mais elevado, de modo que a probabilidade comporta graus, o mais elevado, a certeza, e os inferiores, tidos como probabilidade propriamente dita (ou poder-se-ia chamar probabilidade *stricto sensu*), a respeito da qual é comum os estudiosos sugerirem

41 É o que se discorreu no capítulo 1.

expressões e vocábulos na tentativa de uma classificação hierarquizada, como verossimilhança, *fumus boni iuris,* possível etc.

De todo modo, seja sob a ótica objetiva, seja sob o prisma subjetivo, reconhece-se que há relação entre certeza e probabilidade (*stricto sensu*), sendo esta um *minus* em comparação àquela. Esta constatação, porém, não socorre à solução da questão da probabilidade suficiente para concessão da tutela do direito provável em combate ao dano marginal do processo. O ponto sob exame não está na relação certeza-probabilidade, mas sim na relação probabilidade-probabilidade, diga-se, entre eventuais níveis de probabilidade.

Já se destacou ser uníssono o posicionamento a respeito da existência de níveis de probabilidade[42]. É recorrente, inclusive, a referência de que as medidas cautelares exigem nível mais baixo de probabilidade em comparação à tutela urgente satisfativa (antecipação de tutela), que, por sua vez, teria grau inferior à probabilidade necessária à concessão da tutela de evidência, cujo nível de probabilidade exigido seria mais próximo da certeza, por prescindir de urgência.

Todavia, é assente também que não há exatidão objetiva na individualização dos variados graus da probabilidade, ao revés, inexiste guia objetiva precisa para tal desiderato, sendo a variação de intensidade da probabilidade eminentemente subjetiva – é dizer, o exame de mesmos elementos pode conduzir determinando indivíduo a juízo de alta probabilidade, enquanto outro pode concluir por baixa probabilidade.

A despeito dessa constatação, ainda cumpre perquirir se é possível estabelecer alguma diretriz objetiva para determinação geral (é dizer, aplicável à generalidade dos casos) de níveis de probabilidade, o que se justifica tendo em vista que é inquestionavelmente relevante assegurar o controle racional das decisões judiciais e, via de consequência, a prática do contraditório substancial em atenção ao justo processo legal.

Sabe-se que a adequada fundamentação das decisões judiciais é instrumento, ao mesmo tempo, de sua legitimação, de exercício do contraditório tendo o julgador por sujeito e, ainda, via para controle racional das decisões. Admitindo-se que o juízo de probabilidade comporta níveis e adotando-se a compreensão de que cada espécie de tutela do direito provável corresponderia a um grau de probabilidade, dá-se ensejo à discussão a respeito não apenas da existência de alguma probabilidade em dado caso concreto, mas também quanto à qualificação da probabilidade adotada para concessão

---

42 É o que se discorreu no capítulo 1.

de determinada medida: Afinal, a probabilidade indicada pelo magistrado na fundamentação da decisão que concedeu uma tutela de direito provável, especificamente, neste exemplo, a tutela de evidência (tutela do direito provável em combate ao dano marginal do processo) corresponde a nível de probabilidade suficiente para concessão de tutela desse jaez? Seria cabível, e com qual arrazoado, a argumentação de que o nível de probabilidade presente no caso concreto exigiria que estivesse presente no caso situação excepcional de urgência, não autorizando tutela apenas em combate ao dano marginal do processo?

Além dessas reflexões, impendente considerar que a tutela de evidência é relativamente nova no direito pátrio, é ainda encarada como via excepcional de prestação jurisdicional e, principalmente, que a presente obra busca sugerir o fortalecimento da tutela do direito provável pela via da generalização e atipicidade da tutela em combate ao dano marginal do processo, isto é, rompendo ou pelo menos mitigando a excepcionalidade pela qual é comumente encarada. Em quadro como tal, é salutar o aprofundamento teórico a respeito do instrumento processual e sua sistematização, visando minimizar na prática discussões que prejudiquem a efetividade do provimento proposto.

O conceito objetivo que se propôs nesta obra a respeito de cognição sumária e juízo de probabilidade, bem como de cognição exauriente e juízo de certeza, tem em conta os elementos processualmente cabíveis em dado caso concreto, isto é, manifestação dos envolvidos e provas. O juízo de probabilidade é aquele obtido mediante o exame de alguns desses elementos, em comparação ao exame completo empreendido por ocasião da cognição exauriente, a gerar juízo de certeza.

No que concerne aos níveis de probabilidade, poder-se-ia perquirir a respeito de quanto do exame parcial seria suficiente para configurar nível baixo de probabilidade, nível médio e nível elevado, por exemplo, uma, duas, três provas, respectivamente. Contudo, claramente o critério meramente quantitativo não se presta a esse escopo, sabido que a ciência do direito não segue a lógica racionalista matemática e cartesiana, devendo se guiar, especificamente no que toca aos conflitos judicializados, pelo convencimento a respeito de cada questão controvertida e pela compreensão a respeito da ordem jurídica quanto àquela questão.

Poder-se-ia também vislumbrar níveis hierárquicos entre os elementos processualmente cabíveis num caso concreto, isto é, entre manifestação dos envolvidos e provas, de modo a graduá-los em vista das fases processuais e como reflexo dessa graduação estabelecer o nível de probabilidade correspondente. Por exemplo, uma decisão liminar, sem oitiva da parte contrária, pautada tão somente na manifestação do requerente da medida e em provas por ele trazidas, por não tem observado o contraditório prévio, conduziria a nível de probabilidade baixo. Em outra perspectiva, estabelecido o contraditório prévio, tendo ambas as partes já trazido ao feito suas provas iniciais, ainda pendente instrução probatória no curso da demanda, a probabilidade decorrente da cognição com esse quadro empreendida seria moderada, ao passo que, se já iniciada a fase instrutória do feito a probabilidade seria elevada.

O exercício argumentativo acima, antes de configurar guia precisa para a tentativa de identificação objetiva dos níveis de probabilidade, revela a imprestabilidade dessa fórmula para estabelecer, com rigor geral e abstrato, individualização objetiva dos níveis de probabilidade. Afinal, é notório, conforme revela a praxe forense, que é possível a concessão de uma medida satisfativa (cujo nível de probabilidade, segundo indica a doutrina, seria médio ou elevado), mesmo antes de estabelecido o contraditório prévio e de iniciada a instrução probatória no curso da demanda. Não há garantia, ainda, de que iniciada a instrução probatória do feito, já estabelecido o contraditório, seja possível alcançar nível de probabilidade elevado em cognição sumária.

Outro recurso que se vislumbra na tentativa de objetivação quanto aos níveis de probabilidade, também de cunho hierárquico, seria a tarifação dos meios de prova, estabelecendo-se aprioristicamente, por exemplo, peso superior à prova pericial em comparação com a prova oral, de modo que aquela ampararia juízo de probabilidade elevado e esta, juízo de probabilidade baixo.

É sabido, porém, que o sistema de valoração das provas no processo civil evoluiu no curso histórico, restando superado no direito nacional – e no direito estrangeiro recorrentemente fonte de inspiração para o Brasil – o modelo tarifário legal. Adota-se no País, prioritariamente, o sistema do livre convencimento motivado (ou persuasão racional), cumprindo ao magistrado adstringir-se aos elementos constantes do processo para formação de sua convicção, cuja exposição no ato decisório deve ser devidamente fundamentada, inclusive enfrentando expressamente os argumentos trazidos no processo hábeis a infirmar a sua conclusão (art. 489, § 1º, do CPC/2015).

O sistema do livre convencimento motivado, embora marcado por maior liberdade conferida ao julgador, é cunhado também pelo controle, a fim de que a liberdade não se transmute em arbitrariedade. Com efeito, o convencimento deve se pautar nas alegações das partes e provas constantes dos autos, além de se guiar por critérios legais quanto a cabimento e validade dos meios de prova, atentar às presunções legais e, na ausência de normas legais a respeito das provas, adstringir-se às regras da experiência. Esse arcabouço para exercício do livre convencimento motivado deve, ainda, ser externalizado na fundamentação da decisão judicial, o que de fato assegurará o controle a respeito da convicção judicial.

Nessa esteira, compreende-se que o sistema do livre convencimento motivado é mais consentâneo ao atual estágio de desenvolvimento da ciência jurídica e, sobretudo, de sociedade democrática, na medida em que comporta prestações jurisdicionais diferenciadas, à luz da especificidades dos casos concretos – que, pela riqueza de variações, não é factível sua apreensão completa pelo legislador em normas gerais e abstratas –, bem como busca viabilizar o controle racional, isto é, comporta certo nível de objetividade a ponto de admitir-se sua sindicalização para cassação e/ou reforma.

Diante do brevemente exposto e da questão sobre a identificação e individualização dos níveis de probabilidade consentâneos às tutelas do direito provável, seria o caso de adotar-se, especificamente para esse desiderato, o sistema de prova legal, estabelecendo-se tarifação para os meios de prova correspondente aos graus de intensidade da probabilidade e, respectivamente, a espécies de tutela do direito provável?

Em prol de resposta positiva a essa indagação poderia socorrer o ideário de segurança jurídica, compreendido pela perspectiva de conhecimento prévio, por todos os cidadãos, válido para todos os casos concretos, a respeito do meio de prova hábil a ensejar uma tutela de urgência conservativa, ou uma tutela de urgência satisfativa, ou ainda, a tutela de evidência.

Ocorre que esse ideário de segurança jurídica revela-se não apenas falível, pela impossibilidade de sempre, em todas as situações, determinando meio de prova corresponder a um dado nível positivo de probabilidade (por exemplo, em dada disputa possessória, a prova documental pode ser suficiente para revelar probabilidade necessária à concessão liminar, ao passo que em outra disputa também possessória, pode-se concluir que a prova documental não conduz a probabilidade hábil a amparar a medida liminar), como também se evidencia marcado pelo concepção liberal-racionalista do processo, que, sob a justificativa teórico-científica de aproximá-lo da racionalidade cartesiana, enquadrava-se no modelo sócio-político de preservação do patrimônio individual e consequente esvaziamento da posição do juiz, relegando-o atuação estritamente vinculada a preceitos legais, como mera "boca da lei".

O processo pela perspectiva da efetividade dos direitos, muito embora conviva com bases tradicionalmente assentadas da ciência processual, exige superar concepções que se justificavam tão somente para servir modelos sócio-políticos anteriores e que não mais se coadunam com o paradigma de Estado Constitucional de Direito. A visão do magistrado como "boca da lei", decerto, resta superada (ou, pelo menos, assim deve estar) no cenário atual, não é claro como permissão à arbitrariedade, mas exatamente admitindo-se a liberdade necessária à concessão de tutela diferenciada e, assim, mais consentânea à efetividade dos direitos e sem prejuízo à sindicabilidade da atividade jurisdicional.

Assim é que se acredita que o sistema do livre convencimento motivado, também para as tutelas do direito provável e a despeito das variações de níveis de probabilidade, erige-se como o mais adequado para a atividade cognitiva judicial, a vista de que a tutela do direito provável se alinha diretamente às diretrizes da concepção processual segundo a efetividade dos direitos e é o sistema do livre convencimento motivado também o mais consentâneo a essa concepção.

Haveria, pois, incompatibilidade em buscar a promoção da efetividade dos direitos pela via da tutela do direito provável, condicionando sua concessão a padrões diretamente comprometidos com a manutenção de *status quo*. Em termos claros, a adoção de padrões tarifários para concessão de tutelas do direito provável restaria por prejudicar sua potencialidade como instrumento para promoção da efetividade dos direitos.

Vale destacar quer o aprofundamento teórico a respeito da valoração da prova no cenário atual da ciência jurídica e o estabelecimento de padrões para seu controle, a despeito de não ser a tônica dos estudos processuais nacionais da atualidade, tem merecido proeminente dedicação de alguns estudiosos em vista da relevância do tema para exercício da atividade jurisdicional[43]. Sem dúvidas, igualmente, a valoração da prova e seus padrões de controle é pertinente ao tema objeto da presente obra, na medida em que repercute no controle da atividade cognitiva sumária do magistrado, a destacar no juízo de probabilidade identificado para amparar alguma tutela do direito provável.

O recorte metodológico estabelecido nesta obra e os lindes dele derivado não comportam aprofundamento detido a respeito da valoração da prova e de seus padrões de controle, pelo que se reputa suficiente ao escopo do presente trabalho o emprego do estado atual dos estudos sobre esse tema para o fim de verificação de sua repercussão na eventual identificação e individualização de níveis de probabilidade.

---

[43] Nesse sentido, merece destaque KNIJNIK, Danilo. **A prova nos juízos cível, penal e tributário.** Rio de Janeiro: Forense, 2007.

Nessa perspectiva, premissa de relevo é o reconhecimento da falibilidade humana e consequente impossibilidade de perfeita apreensão dos fatos pelos sentidos através da razão, o que implica superar diretrizes estritamente racionalistas como guias da ciência do direito, em específico, da ciência processual.

Há que se considerar, ainda, que o sistema do livre convencimento motivado já alberga, em si, a ideia de controle, que se empreende por padrões de necessária amplitude, a serem restringidos e objetivados a luz das especificidades do caso concreto. Esses padrões no direito brasileiro são exatamente a necessidade de o convencimento fundar-se em alegações das partes e provas constantes dos autos, atender a critérios legais quanto à cabimento e validade dos meios de prova, bem como a previsões legais e, como *ultima ratio,* às regras da experiência. É nessa perspectiva, inclusive, que os Tribunais Superiores brasileiros, muito embora impedidos, por força de sua função constitucionalmente estabelecida, de empreender diretamente a valoração das provas, são competentes para reexame do valor jurídico atribuído às provas pela instância ordinária[44], ou seja, por sindicar se a convicção judicial seguiu em dado caso concreto os padrões de controle ou se, diversamente, transcendeu à órbita da arbitrariedade, merecendo cassação e/ou reforma.

No direito estrangeiro, colhem-se padrões para controle da valoração da prova cuja marca característica é veicularem conceitos abertos, a serem especificamente preenchidos caso a caso, em vista das peculiaridades de cada um. Assim, é que, por exemplo, no direito norte-americano se invoca os padrões de *"evidence beyond a reasonable doubt"*, *"preponderance of evidence"*, no direito alemão se pauta na distinção entre dúvidas positivo-concretas e dúvidas abstrato-negativas, no direito francês refere-se como controle da motivação a *"défaut de motifs"*, a *"défaut de base legal"* e a *"dénaturation de l'ecrit"*[45].

Sem embargo de não comportar os lindes dessa obra o detalhamento de cada um desses modelos, é suficiente a percepção de que eles foram construídos objetivando a identificação do convencimento judicial suficiente e

---

44 "Para efeito de cabimento de recurso especial, é necessário discernir entre a apreciação da prova e os critérios legais de sua valoração. No primeiro caso há pura operação mental de conta, peso e medida, à qual é imune o recurso. O segundo envolve a teoria do valor ou conhecimento, em operação que apura se houve ou não infração de algum princípio probatório" (RSTJ, 11/341). Em outros termos: "A valorização da prova diz respeito ao valor jurídico desta, para admiti-la ou não em face da lei que a disciplina. Já o reexame da prova é diverso: implica a reapreciação dos elementos probatórios para concluir-se se eles foram, ou não, bem interpretados – e, portanto, questão que se circunscreve ao terreno dos fatos" (RSTJ, 132/1337).

45 KNIJNIK, Danilo. Os Standards do Convencimento Judicial: Paradigmas para o seu possível controle (separata). **Revista Forense**. Rio de Janeiro, v. 353, n.353, p. 15-52, 2001.

não legítimo, permitindo-se, assim, a reforma e/ou cassação daquele tido por não suficiente e legítimo precisamente por não preencher os modelos enunciados. Em resumo, os modelos para valoração da prova, empregados no Brasil e também no direito estrangeiro, convergem para a conclusão binária convencimento-não convencimento, pelo que, em se tratando de decisão que veicula juízo de certeza, o controle se dá pela verificação da presença de convencimento dessa natureza, ao passo que, em caso de decisão fundada em juízo de probabilidade, o controle é pela verificação da presença ou ausência de probabilidade.

Observa-se, assim, que os *standards* de controle até o presente conjecturados – no direito nacional e estrangeiro – para a valoração da prova não socorrem à identificação e individualização de níveis de probabilidade, dado que têm o condão de identificar e distinguir a probabilidade da não probabilidade, todavia não são hábeis a identificar e distinguir a probabilidade baixa, da probabilidade média ou da alta.

Em vista de todo o exposto, acredita-se neste estágio da pesquisa necessário mesmo admitir que não é possível estabelecer parâmetros objetivos e aplicáveis à generalidade dos casos para determinação de níveis de probabilidade e fixação da tutela do direito provável a eles correspondentes.

Não se cuida, porém, de concessão ao não controle racional das decisões, tampouco prejuízo ao contraditório ou ao justo processo legal, eis que seguem militando como seus guardiões os padrões de valoração da prova hoje conhecidos e admitidos, que por essência são abstratos e abertos, devendo ser trazidos à perspectiva concreta em vista das especificidades de cada caso em exame.

Nessa esteira, reputa-se despiciendo, inclusive, aludir a níveis de probabilidade para o fim de relacioná-los a espécies de provimentos jurisdicionais, porquanto se cuidará de liame fictício, ou, pelo menos, de caráter eminentemente subjetivo, eis que impassível de verificação por critérios objetivos.

Poder-se-ia fazer concessão à referência meramente teórica a níveis de probabilidade (cuja existência não se nega, muito embora inexistam até o presente precisos critérios objetivos e gerais para sua identificação e individualização) e à vinculação de cada nível a uma via de tutela do direito provável (urgência conservativa, urgência satisfativa ou evidência). Contudo, acredita-se que a essa construção teórica não corresponde proveito prático, podendo, diversamente, erigir-se negativa ao dar ensejo a discussões que, na realidade, prejudicariam a efetividade da tutela do direito provável.

Entende-se, em suma, que descabe vincular cada espécie de tutela de direito provável a um nível específico de probabilidade (que, até o presente, se reconhece substancialmente subjetivo), de modo que, concretamente, exige-se para todos elas a probabilidade do direito, sem adjetivos ou superlativos que a qualifique, isto é, sem distinção entre graus de probabilidade. E, como se viu, objetivamente, a probabilidade será auferida tendo em vista a cognição sumária empreendida a respeito de alguns – não todos – dos potenciais elementos do processo, é dizer, manifestação dos envolvidos e provas, cuja valoração seguirá os padrões estabelecidos no sistema para tal.

Assim é que a tutela do direito provável em caso de urgência, que reclame providência satisfativa, tem por requisito a probabilidade do direito, e a tutela urgente que demande provimento conservativo também tem por requisito a probabilidade do direito.

Especificamente no que toca à tutela de evidência (tutela do direito provável em combate ao dano marginal do processo), o requisito para sua concessão é, também, a probabilidade do direito, sendo desnecessário referir-se a alta probabilidade ou a probabilidade próxima ao juízo de certeza, em vista da impossibilidade de sindicabilidade objetiva dos níveis de probabilidade. O que se tem, por imperativo da coexistência sistêmica entre tutela de urgência e tutela de evidência, é que a probabilidade do direito em sede de tutela de evidência é objetivamente revelada pela conjugação das alegações e provas trazidas pelo autor com defesa não razoável apresentada pelo réu.

3.3 ATIPICIDADE E GENERALIZAÇÃO DA TUTELA DE EVIDÊNCIA

O reconhecimento da probabilidade do direito como requisito para concessão da tutela de evidência (tutela do direito provável em combate ao dano marginal do processo), em vista da finalidade da tutela desse jaez, ampara a possibilidade de sua concessão de modo atípico na generalidade dos procedimentos, não a adstringindo às hipóteses taxativamente previstas pelo legislador.

Com efeito, visto que dano marginal se verifica em qualquer demanda em desfavor daquele que tem seu direito lesado ou ameaçado de lesão, visto, outrossim, que a efetividade dos direitos reclama tutela do direito provável inclusive frente ao dano marginal do processo, reputa-se não proceder a restrição imposta pela tipicidade à concessão da tutela de evidência (tutela do direito provável em combate ao dano marginal do processo).

Cumpre admitir a atipicidade também da tutela dessa estirpe, conferindo ao magistrado o *munus* de, no caso concreto, frente a pedido da parte, examinar a presença do requisito – probabilidade do direito alegado – necessário para sua concessão.

A posição tradicionalmente assentada de que a tutela de evidência é prestação jurisdicional excepcional e, por isso, deveria ser necessariamente típica, expressamente autorizada pelo legislador em casos pontuais, por ele aprioristicamente admitidos, porquanto não representaria via segura e "natural" para solução de conflitos, esteia-se – acredita-se – na concepção liberal-racionalista de processo, que cultua a cognição exauriente/juízo de certeza como trilha exclusiva para prestação jurisdicional tida por segura.

Contudo, como já se assinalou na presente obra, a concepção que se entende dever guiar o processo é a da efetividade dos direitos, a partir da qual a segurança jurídica não tem a conotação de manutenção do *status quo* – como se verifica na concepção liberal-racionalista de processo – mas, sim, erige-se também vocacionada à realização dos direitos.

Nessa esteira, impende admitir também a cognição sumária e a prestação jurisdicional nela fundada – ou seja, lastreada em juízo de probabilidade – como resposta jurisdicional idônea, na medida em que também apta a assegurar a efetividade dos direitos, mormente porque atenta à tempestividade da prestação jurisdicional, sem prejuízo a garantias processuais e fundamentais dos envolvidos (eis que, obviamente, não se pauta em arbitrariedade, mas, sim, em direito provável).

A atipicidade e a generalização da tutela de evidência (tutela do direito provável em combate ao dano marginal do processo) rompem ainda com a visão, também de sede liberal-racionalista, de temor em relação ao magistrado, que vislumbrava a possibilidade de o julgador deferir tutela dessa espécie na generalidade dos casos e sem adstrição a expressas previsões legais como concessão à arbitrariedade, de modo que apenas o legislador era dado autorizar pontualmente as hipóteses de cabimento (posição novamente justificada pela segurança jurídica à luz liberal-racionalista).

Com efeito, a efetividade dos direitos exige a ruptura de liame entre poder do juiz e arbitrariedade. Obviamente, não se advoga na presente obra a abstenção de qualquer via de controle, tampouco a supressão ou gravame às garantias processuais das partes. O que se defende, exatamente, é que assim como flagrantemente errônea esta última posição, que verdadeiramente, redunda em arbitrariedade, igualmente equivocada é aquela que limita em demasia a atuação do magistrado, transformando-o em verdadeira boca-da-lei.

É inegável que muito já se evoluiu em busca do justo meio entre essas duas posições, e o que se propõe na presente obra é mais um passo nesse sentido, na medida em que se acredita que a tutela em combate do dano marginal do processo merece fortalecimento para maior consecução da efetividade dos direitos. A proposta para tal, então, é retirar suas hipóteses de cabimento da esfera exclusiva do legislador, em situações pontuais e tipicamente previstas, atribuindo-as ao magistrado, que em cada caso concreto terá também o *munus* de verificar, frente a pedido expresso da parte interessada, a presença de requisito necessário para a concessão da medida.

A proposta na presente obra é, assim, de generalização mais ampla da tutela de evidência, não apenas para admiti-la no procedimento comum – o que o Código de Processo Civil anterior e o vigente já preveem –, mas também para trilhar o rumo da atipicidade. Nessa esteira, pretende-se superar a limitação da tutela do direito provável em combate ao dano marginal do processo às hipóteses tipicamente previstas, concedendo-a frente à presença do seu requisito basilar e ontológico, que é a probabilidade do direito, sem necessária associação a requisitos outros.

Não se pode olvidar que a riqueza e a variedade de ocorrências no plano fático impendem que o legislador aprioristicamente as apreenda para guiar previsão taxativa. Essa, aliás, é a justificativa geral para todas as situações de atipicidade, isto é, em que não se exige adstrição a hipóteses taxativamente previstas em lei. Lado outro, induvidosamente, remanescem no sistema jurídico previsões típicas e taxativas, de sede material e também processual, que não admitem que as partes ou o magistrado delas se desvinculem. O fundamento maior de todas essas previsões típicas é a tutela direta de interesse público, em maior atenção à segurança jurídica.

A questão aqui posta à reflexão é, destarte, se à tutela de evidência (tutela do direito provável em combate ao dano marginal do processo) deve-se aplicar a tipicidade, em vista da justificativa que a lastreia, ou se, ao revés, cumpre admitir a atipicidade, também em consideração do que fundamenta essa opção.

Para adequado deslinde da questão importa considerar que a atipicidade não corresponde a necessário prejuízo à segurança jurídica. Cuida-se, sim, de via distinta para sua realização, na medida em que ela deverá ser assegurada no caso concreto, em atenção à efetividade dos direitos. Certamente, não é apenas pela tipicidade – possibilitando que os todos os envolvidos já tenham prévio conhecimento das consequências jurídicas decorrentes da presença de determinado substrato fático – que se atende à segurança jurídica, tampouco se pode aprioristicamente afirmar que a segurança é maior nesta situação. Em verdade, é tanto mais segura a ordem jurídica quanto mais efetivamente realiza direitos – e não quanto mais preserve o *status quo*.

Por isso que se acredita ser a atipicidade, em se tratando de tutela de evidência (tutela do direito provável em combate ao dano marginal do processo) a melhor opção para sua regulamentação, ao servir à segurança jurídica e, prioritariamente, atender à efetividade dos direitos, garantindo sua realização no caso concreto, por meio de tutela que distribua com maior justiça o ônus do tempo do processo entre as parte, não apenas o ônus excepcional – situação de urgência – mas também o ônus ordinário, nominado dano marginal do processo.

Tendo em vista que a finalidade da tutela de evidência é exatamente combater o dano marginal do processo, constata-se que as hipóteses típicas que aliam à probabilidade do direito outros requisitos necessários à concessão dessa tutela ao direito provável – por exemplo, abuso no exercício do direito de defesa, precedentes, etc. – prestam-se a reduzir o espectro de enfrentamento do dano marginal do processo, de maneira que na maior parte das situações esse dano não é infirmado.

Assim é que a tipicidade resta por contrariar a própria finalidade da tutela de evidência como tutela do direito provável em combate ao dano marginal do processo, obstando que a mitigação desse dano seja mais ampla e que se realize em maior medida a potencialidade dessa tutela jurisdicional de distribuir o ônus do tempo entre as partes e de promover a efetividade dos direitos. Em outros termos, a atipicidade amplia o combate ao dano marginal do processo, não o restringindo às situações pontualmente previstas pelo legislador, o que se reputa salutar para melhor consecução da efetividade dos direitos ao promover em maior intensidade a distribuição entre as partes do ônus do tempo no processo.

O cabimento de tutela de evidência na generalidade dos procedimentos, isto é, não restrita a procedimentos especiais taxativamente previstos pelo legislador não é, a rigor, novidade no processo civil brasileiro. O cabimento geral de tutela de evidência tem sede na previsão do art. 273, II, do Código de Processo Civil de 1973, com redação determinada pela Lei nº 8.952/1994, ao admitir a antecipação de tutela sem urgência, desde de que presente abuso de direito ou manifesto propósito protelatório do réu[46]. O Código de Processo Civil de 2015 igualmente dispõe de tutela de evidência na generalidade dos procedimentos, mantendo a sua concessão frente a defesa abusiva do réu ou conduta protelatória da parte, mas ampliando as hipóteses legais de aplicação geral da tutela de evidência.

---

[46] "Em razão de seu caráter geral, a antecipação com fundamento no inc. II do art. 273 do Código de Processo Civil pode ocorrer nas mais diversas situações e independentemente da espécie da tutela jurisdicional objetivada." LUCON, Paulo Henrique dos Santos. **Eficácia das decisões e execução provisória**. São Paulo: Revista dos Tribunais, 2000, 240.

A atipicidade da tutela de evidência, ao seu turno, como se destacará no exame detido das hipóteses legalmente estabelecidas de tutela de evidência, resta no sistema atual condicionada a interpretação tendente a fortalecer a tutela do direito provável, conforme contornos defendidos na presente obra.

Destarte, interpretação diametralmente diversa dos dispositivos legais, em linha restritiva e excepcional da tutela jurisdicional em referência, restará por prejudicar o potencial das disposições legais de fomentar a efetividade dos direitos, fazendo com a disciplina legal da tutela de evidência, mesmo em vista do Código de Processo Civil de 2015, seja tímida e confirme a tônica do direito processual até o presente de conformar-se com o inegável prejuízo à efetividade dos direitos gerado pelo chamado dano marginal do processo.

3.4 ESPÉCIES DE CONTROVÉRSIAS ADEQUADAS À TUTELA DE EVIDÊNCIA

A tutela de evidência, espécie de direito provável em combate ao dano marginal do processo, se esteia, como já destacado, em cognição sumária. Também como já explanado na presente tese[47], a cognição sumária é cabível em controvérsias fáticas e em controvérsias estritamente jurídicas, quando ainda não oportunizado o contraditório.

Em vista dessas premissas, poder-se-ia concluir que a tutela de evidência, por se fundar em cognição sumária, teria incidência também nas mesmas espécies de controvérsias nas quais cabe a cognição sumária. Todavia, acredita-se que espectro de cabimento da tutela de evidência, no que toca às espécies de controvérsias que podem receber tutela por essa via, é mais restrito que o quadro de controvérsias adequadas à cognição sumária, em razão das especificidades que individualizam essa espécie de tutela do direito provável.

Induvidosamente, cabe a tutela de evidência em situação de controvérsia fática, seja ela controvérsia estritamente fática, na qual as partes dissentem apenas sobre a ocorrência de fatos alegados, seja nas controvérsias fático-jurídicas, em que há dissenso não apenas sobre os fatos, mas também a respeito da consequência jurídica aplicável à relação.

Isso porque, havendo controvérsia fática, sua solução exige a apresentação de provas. Assim, é possível que o magistrado decida sobre tutela de evidência tendo em vista apenas as provas trazidas até aquele momento ao seu exame, comportando o feito a produção, no futuro, de outras provas que,

---

47 Vide item 1.4.1, "Espécies de controvérsias adequadas à cognição sumária".

então, completarão o quando de elementos processuais a ser submetido à cognição exauriente.

Contudo, na situação de controvérsia estritamente jurídica, como é desnecessária qualquer instrução probatória, desde que esteja estabelecido o contraditório, a cognição empreendida pelo magistrado necessariamente será exauriente (conforme conceito adotado na presente tese), dado que não haverá no caso elementos outros para subsidiar a formação de seu convencimento.

Assim sendo, em caso de controvérsia estritamente jurídica com o contraditório estabelecido, descabe a concessão de tutela de evidência, aqui por ser desnecessária, dado que a hipótese é de julgamento definitivo da lide (fundado em cognição exauriente), total ou parcial, este último expressamente admitido pelo Código de Processo Civil de 2015, no art. 356, sob a rubrica de julgamento antecipado parcial de mérito.

As considerações acima tiveram por foco a produção de provas, não se podendo olvidar, porém, que é cabível a cognição sumária na situação em que ainda não oportunizado o contraditório. Nessa esteira, poder-se-ia dizer que a tutela de evidência cabe também em controvérsias estritamente jurídicas, na situação em que elas admitem cognição sumária, isto é, quando ainda não estabelecido o contraditório prévio. Este, aliás, o posicionamento expressamente adotado pelo legislador, ao prever no art. 9º, II, do CPC/2015[48] que é cabível a tutela de evidência prevista no art. 311, incisos II e III, sem atenção ao contraditório prévio. Dessa feita, permitida a concessão liminar, *inaudita altera parte,* da tutela de evidência nessas hipóteses, resta possível que ela recaia também sobre controvérsia estritamente jurídica, residindo a sumariedade da cognição neste caso na circunstância de julgador ter se escorado apenas em alegações de uma das partes.

Todavia, acredita-se que a opção do legislador no Código de Processo Civil de 2015 não foi acertada, dado que se entende que, corretamente, a tutela de evidência não deveria ser cabível em relação a controvérsias estritamente jurídicas. Essa restrição pode aparentar contraditória com a proposta de generalização e atipicidade ventilada na presente obra. Todavia, a despeito da generalização e da atipicidade defendidas a serviço do fortalecimento da tutela do direito provável, reputa-se existir firme obstáculo ao cabimento

[48] "Art. 9º Não se proferirá decisão contra uma das partes sem que ela seja previamente ouvida.
Parágrafo único. O disposto no caput não se aplica:
I - à tutela provisória de urgência;
II - às hipóteses de tutela da evidência previstas no art. 311, incisos II e III;
III - à decisão prevista no art. 701."

da tutela de evidência em situação de controvérsia estritamente jurídica: o contraditório prévio[49].

Explica-se. Considera-se indevida a opção do legislador no CPC/2015 de admitir o contraditório apenas diferido em tutela de evidência, nas hipóteses dos incisos II e III, por ser a regra em processo civil o contraditório prévio, que induvidosamente melhor realiza o contraditório substancial essencial à prestação jurisdicional efetiva.

É sabido que a exceção do contraditório diferido se justifica quando a observância do contraditório prévio puder comprometer a efetividade da prestação jurisdicional, que, em dado caso concreto, exige celeridade não conciliada com o estabelecimento prévio do contraditório. Essa justificativa, claramente, versa sobre situações emergenciais, em que o decurso do tempo influi de forma assaz significativa na utilidade da prestação jurisdicional e/ou no próprio direito material em debate: é porque que há essa força corrosiva excessiva e excepcional do tempo, ou seja, uma urgência, que não se pode sequer aguardar o tempo necessário para estabelecimento do contraditório prévio, exigindo resposta jurisdicional antes deste, relegando, assim, o contraditório a momento posterior à prolação da decisão.

Há que se destacar, por oportuno, que existem situações de urgência que, a despeito da premência, ainda comportam observância do contraditório prévio, o que deve ser privilegiado, adotando-se o contraditório diferido apenas para as situações em que a emergência é tal que a utilidade da prestação jurisdicional e/ou o direto material restariam comprometidos se observada a regra do contraditório prévio.

---

49 "O contraditório traduz-se no binômio *informação-reação*, sendo relevante a observação de que a primeira é sempre necessária, sob pena de provocar a nulidade dos atos e termos do processo e tornar ilegítimo o provimento final, e a segunda é apenas possível e eventual. Por isso, o binômio seria melhor traduzido como informação *necessária-reação eventual*. É pressuposto da reação dos atos desfavoráveis a comunicação ou ciência dos atos e termos que ocorrem ao longo do processo. O culto à liberdade, expresso na eventualidade da reação, torna o objeto que se tem por escopo no pedido de tutela provisória sujeito a diferentes situações jurídicas: acolhimento, parcial ou total, ou ainda rejeição. Daí a crítica que se faz ao culto exacerbado de tal espécie de tutela ao enfocar a realidade a partir de um único prisma. Critica-se também a concessão da tutela provisória (seja ela cautelar, antecipada ou ainda de evidência) sem que seja ouvida a parte contrária quando o contraditório não prejudicar o direito alegado pelo demandante. O diferimento do contraditório é medida excepcional, justificada pelo risco de ineficácia do provimento jurisdicional a ser emitido." LUCON, Paulo Henrique dos Santos. Tutela provisória na atualidade, avanços e perspectivas: entre os 20 anos do art. 273 do CPC de 1973 e a entrada em vigor no novo CPC. In: BUENO, Cassio Scarpinela.; MEDEIROS NETO, Elias Marques de.; OLIVEIRA NETO, Olavo de.; OLIVEIRA, Patricia Elias Cozzolino de.; LUCON, Paulo Henrique dos Santos. (Org.). **Tutela Provisória no Novo CPC - dos 20 anos de vigência do art. 273 do CPC/1973 ao CPC/2015**. 1 ed.São Paulo: Saraiva, 2016, v. 1, p.233-253.

Com efeito, dado que mesmo em algumas situações de urgência é possível que se observe o contraditório prévio, com mais razão ele deve sempre ser empregado em situações em que não há urgência, isto é, quando o efeito do tempo sobre o processo configura o chamado dano marginal. Isso porque, nessas hipóteses, ausente o que justifica a aplicação do excepcional contraditório diferido, não existe prejuízo relevante em se ter que aguardar para resposta jurisdicional o tempo necessário para estabelecimento do contraditório prévio.

Não se olvida que qualquer tempo transcorrido no processo configura, pelo menos, dano marginal em desfavor daquele a quem assiste o direito. Mas há que se promover aqui juízo de ponderação entre o dano marginal e a inobservância do contraditório prévio. Acredita-se que em qualquer situação de dano marginal os prejuízos dele advindos são inferiores àqueles que se verificariam por não estabelecimento prévio do contraditório, que é a regra em processo civil por melhor atender ao justo processo legal.

Assim é que, nesse ponto, dissente-se da opção do legislador ao excepcionar os incisos II e III do art. 311 do contraditório prévio, permitindo o deferimento da tutela de evidência nessas hipóteses em sede liminar, isto é, sem prévia oitiva da parte contrária. Muito embora, no inciso II, o legislador tenha qualificado o juízo de probabilidade, exigindo seu amparo em prova documental e em precedente, bem como, no inciso III, exigindo tratar-se de discussão sobre contrato de depósito, a probabilidade do direito alegado assim revelada não corresponde à justificativa que embasa o contraditório diferido.

Poder-se-ia argumentar que a probabilidade nestes casos seria alta, dando azo ao contraditório diferido, todavia, essa alegação não deve prosperar, seja porque, como já se destacou nesta obra, descabe distinguir em níveis de probabilidade, seja porque nem mesmo o chamado juízo de certeza autoriza prescindir do contraditório prévio. É claro que a decisão exarada em sede de tutela de evidência é potencialmente provisória, mitigando a lesividade de não observância do contraditório prévio, se comparada à situação da decisão fundada em cognição exauriente/juízo de certeza, que se pode nominar de tutela definitiva. Contudo, a provisoriedade da tutela de evidência não é suficiente para autorizar o contraditório diferido – exceção no sistema processual –, até porque, se assim fosse, todas as espécies de tutela de evidência mereceriam igual tratamento.

Em suma, entende-se que a ocorrência permissiva de emprego de contraditório diferido é tão somente aquela em que existe urgência que não comporta a espera do tempo necessário ao estabelecimento do contraditório prévio. Não havendo urgência desse jaez, reputa-se descabida a utilização do contraditório diferido.

E, por essas razões, entende-se descabida a tutela de evidência em situação de controvérsia estritamente jurídica: é que a solução de controvérsia dessa estirpe não demanda instrução probatória, bem como, acredita-se, o contraditório já deve estar estabelecido por ocasião da decisão judicial, de modo que todos os elementos processuais possíveis já estarão à disposição do magistrado por ocasião da cognição, que se empreenderá de modo exauriente, conduzindo, pois, a juízo de certeza, em julgamento definitivo da lide ou, pelo menos, julgamento antecipado parcial do mérito.

Em caso de controvérsia estritamente jurídica que comporta cognição sumária, isto é, quando não oportunizado o contraditório prévio, a espécie de tutela do direito provável cabível é apenas a tutela de urgência e, ressalva-se, não em todas as situações emergenciais, mas apenas naquelas em que a urgência é tal que não se pode aguardar o tempo necessário ao contraditório prévio sob pena de implemento do risco que se pretende evitar.

3.5 CARACTERÍSTICAS DA TUTELA DE EVIDÊNCIA

A tutela de evidência, conforme disciplinado no direito brasileiro, tem por característica a provisoriedade[50], que comumente é relacionada à cognição sumária e ao juízo de probabilidade em que se pauta essa espécie de provimento.

Parte da doutrina, no entanto, refere-se à temporariedade como característica da medida cautelar, no sentido de que "a eficácia da tutela cautelar se liga ao perigo de dano, tendo com ele uma relação de temporariedade, e não com a sentença de mérito, com a qual teria uma relação de provisoriedade"[51].

---

[50] Oportuno noticiar que parte da doutrina refere-se à temporariedade como característica da medida cautelar, no sentido de que "a eficácia da tutela cautelar se liga ao perigo de dano, tendo com ele uma relação de temporariedade, e não com a sentença de mérito, com a qual teria uma relação de provisoriedade" MARINONI, Luiz Guilherme; ARENHART, Sérgio Cruz. **Processo Cautelar**. São Paulo: Revista dos Tribunais, 2008, p. 31.
No mesmo sentido, Ovídio A. Baptista da Silva leciona que: "A tutela cautelar é temporária: (a) porque deve durar enquanto dure a situação de perigo a que esteja exposto o interesse tutelado. (...) (b) o provimento cautelar igualmente deve ser temporário no sentido de que a sentença que o contém jamais poderá adquirir a indiscutibilidade que torna permanente a coisa julgada material." BAPTISTA DA SILVA, Ovídio A. **Do processo cautelar**. 2. ed. Rio de Janeiro: Forense, 1999, p. 77-78.

[51] MARINONI, Luiz Guilherme; ARENHART, Sérgio Cruz. **Processo Cautelar**. São Paulo: Revista dos Tribunais, 2008, p. 31.
No mesmo sentido, Ovídio A. Baptista da Silva leciona que: "A tutela cautelar é temporária: (a) porque deve durar enquanto dure a situação de perigo a que esteja exposto o interesse tutelado. (...) (b) o provimento cautelar igualmente deve ser temporário no sentido de que a sentença que o contém jamais poderá adquirir a indiscutibilidade que torna permanente a coisa julgada material." BAPTISTA DA SILVA, Ovídio A. **Do processo cautelar**. 2. ed. Rio de Janeiro: Forense, 1999, p. 77-78.

Pode-se empregar o vocábulo provisoriedade para se dizer que a tutela de evidência é em regra provisória por potencialmente comportar confirmação ou cassação por decisão futura fundada em cognição exauriente. Logo, sua duração é limitada à prolação da decisão definitiva (isto é, amparada em cognição exauriente), sendo substituídas ou absorvidas por estas. Isso não significa asseverar que a tutela de evidência não pode solucionar a controvérsia sem imperatividade de decisão amparada em cognição exauriente. Ao revés, a possibilidade de autonomia da tutela de evidência em relação à tutela de certeza é a mesma da tutela de urgência; trata-se de opção legislativa, adotada no ordenamento pátrio, no Código de Processo Civil 2015 (injustificadamente) apenas quanto à tutela antecipada antecedente[52].

Ademais, modificação do convencimento exarado na tutela de evidência é potencial e não necessariamente cabível. Potencial, porque em vista de contraditório ou instrução probatória supervenientes à decisão sumária, pode o magistrado alterar sua conclusão. Todavia, na hipótese de efetivamente não ocorrer contraditório ou instrução probatória posteriores à decisão sumária, a rigor a cognição nela realizada exauriu todos os aspectos da controvérsia, não comportando que o magistrado decida novamente a questão, isto é, faça-o de modo diverso.

Nessa linha de compreensão do adjetivo provisório, verifica-se a provisoriedade conceitualmente relacionada ao caráter revogável e reversível muitas vezes presente nos provimentos fundados em juízo de probabilidade. Por isso é que se aludiu alhures que a provisoriedade comumente é relacionada à cognição sumária e ao juízo de probabilidade.

Contudo, a despeito dessa concepção, acredita-se que o elemento da provisoriedade não se liga precisamente à cognição sumária e ao juízo de probabilidade, tampouco à reversibilidade ou revogabilidade da decisão. Entende-se que provisoriedade corresponde conceitualmente à não configuração da imutabilidade inerente à coisa julgada material, isto é, à não formação de coisa julgada desse jaez. Diz-se, portanto, que dado provimento é provisório quando ele comporta ulterior discussão, envolvendo as mesmas partes, sobre os mesmos pedidos e causa de pedir, possibilitando, então, uma alteração quanto ao juízo de procedência ou improcedência da pretensão.

Nessa senda, é possível que mesmo que dada decisão fundada em cognição sumária não seja reversível ou revogável no curso de certo feito, por

---

52 Acredita-se que a autonomização da tutela do direito provável é outra via de fomento de tutela desse jaez, que, no entanto, transcende o recorte metodológico da presente tese e, por isso, não será aqui desenvolvido.

força de preclusão havida, o provimento não receba o manto da coisa julgada material, permitindo sua rediscussão em nova demanda.

Com efeito, a provisoriedade decorre de opção legislativa de não conferir o atributo da coisa julgada material à certas decisões judiciais. A revogabilidade do provimento e a reversibilidade de seus efeitos, ao seu turno, são características consequentes possíveis, mas não imperativas, de um provimento jurisdicional provisório, assim como o juízo de probabilidade é característica possivelmente presente em decisão não sujeita à coisa julgada material, mas também não necessária, haja vista as decisões terminativas, que se lastreiam em cognição exauriente (consoante conceito adotado na presente tese) e, ainda assim, não formam coisa julgada material.

O Código de Processo Civil de 2015 expressamente adota a provisoriedade como requisito das tutelas de urgência e de evidência, valendo-se, inclusive, desse vocábulo para designar o gênero desses provimentos fundados em juízo de probabilidade: tutelas provisórias[53]. A provisoriedade é reforçada mesmo na estabilização da tutela antecipada antecedente, em que o legislador expressamente consigna não ensejar a formação de coisa julgada material (art. 304, § 6º[54]).

Acredita-se, porém, que o elemento essencial comum a essas espécies de provimento judicial não é a provisoriedade – que não é inerente às prestações jurisdicionais em comento, mas, sim, característica atribuída por opção legislativa –, mas, sim, a sumariedade cognitiva, isto é, o fato de se fundarem em juízo de probabilidade, pelo que, na presente obra, refere-se ao gênero como tutelas do direito provável[55].

Impende repisar que a provisoriedade – conceitualmente compreendida como não formação da coisa julgada material – é mesmo fruto de opção de

---

53 "Art. 294. A tutela provisória pode fundamentar-se em urgência ou evidência".

54 "Art. 304 (...) § 6º A decisão que concede a tutela não fará coisa julgada, mas a estabilidade dos respectivos efeitos só será afastada por decisão que a revir, reformar ou invalidar, proferida em ação ajuizada por uma das partes, nos termos do § 2º deste artigo."

Cumpre ressalvar que mencionado dispositivo legal tem sido objeto de larga discussão e controvérsia, havendo aqueles que, na esteira da parte inicial do § 6º negam a formação de coisa julgada material e aqueles que, lado outro, admitem-na na hipótese disciplinada na parte final do parágrafo, ventilando, por conseguinte, o cabimento de ação rescisória. Deixa-se, no entanto, de se aprofundar sobre o debate, por transcender os lindes do recorte metodológico da presente obra.

55 Humberto Theodoro Júnior e Érico Andrade noticiam que a doutrina italiana emprega a expressão tutela sumária (THEODORO JÚNIOR, Humberto; ANDRADE, Érico. A autonomização e a estabilização da tutela de urgência no projeto de CPC. **Revista de processo**, v. 37, n. 206, p. 13-59, abr. 2012.). Entretanto, visto que a sumariedade pode ser procedimental ou cognitiva, adota-se na presente tese a expressão tutela do direito provável, com o objetivo de se adstringir aos provimentos fundados em cognição sumária, evitando confusão com aquelas decisões fruto de sumariedade procedimental.

política legislativa e não caractere essencialmente inerente à tutela do direito provável e ao desiderato destas na ordem jurídica. É que do propósito de se prestar à efetividade da prestação jurisdicional e dos direitos, precisamente de promover distribuição do ônus do tempo entre as partes, não decorre a provisoriedade como característica das tutelas do direito provável, assim como o juízo de probabilidade em que se fundam não implica, necessariamente, a provisoriedade notabilizada pela não formação da coisa julgada material.

A adoção da provisoriedade como característica das tutelas do direito provável é, pois, opção de política legislativa justificada pela evolução da ciência processual e, até mesmo, pelo modelo de processo liberal-racionalista ainda adotado, pelo qual tradicionalmente não se admite que um conflito de interesses seja definitivamente solucionado com espeque em juízo de probabilidade e não no juízo de certeza advindo de cognição exauriente.

A observação ora lançada não tem o propósito de refutar a provisoriedade como característica de tutelas do direito provável no direito provável, mas, sim, de atribuir os contornos que se acredita devidos à matéria. Assim, por se tratar de opção legislativa, o fato de, no sistema atual, a provisoriedade ser encarada como elemento integrante desses provimentos jurisdicionais não obsta que esta percepção se altere, conferindo a alguma espécie de medida desse jaez a imutabilidade atributo da coisa julgada material.

Vale registrar que não existe precisamente previsão constitucional que impeça sejam acobertados pela coisa julgada material os provimentos fundados em cognição sumária. O que tem sede constitucional, induvidosamente, é a necessidade de observância do justo processo legal, notadamente com oportunização do contraditório e da ampla defesa. Consoante se detalhará a seguir, a tutela do direito provável não constitui por si e *a priori* ofensa ao justo processo legal, ao revés, exige-se também para prestação jurisdicional lastreada em cognição sumária atenção ao justo processo legal e aos seus consectários.

Realmente, não tendo sido oportunizado o contraditório, não é só flagrantemente indevido a decisão judicial receber o manto da coisa julgada, como, em verdade, tal decisão é inválida. Outrossim, ainda que oportunizado o contraditório, mas fazendo-o pela via excepcional do contraditório diferido, acredita-se adequada a não imputação do manto da coisa julgada à decisão, em vista das particularidades do contraditório diferido se comparado ao contraditório prévio, este mais consentâneo ao desejado contraditório substancial.

Diversamente, no entanto, na situação em que o contraditório prévio foi oportunizado e foram observadas outras determinações do justo processo legal na prolação de tutela do direito provável, acredita-se que não há óbice a atribuir a tal decisão a coisa julgada material, cuidando-se estritamente de opção legislativa.

Corroborando o que ora se pugna, o Código de Processo Civil de 2015 expressamente prevê que cabe ação rescisória da decisão na ação monitória que ordena o pagamento (art. 701[56], § 3º). Com efeito, o legislador atribui a essa decisão judicial o manto da coisa julgada material, muito embora sabidamente configure provimento fundado em juízo de probabilidade, à vista das alegações do autor e das provas até então por ele apresentadas[57]. Entretanto, não há na hipótese ofensa ao justo processo legal porque o contraditório foi oportunizado ao réu ao conferir-lhe a possibilidade de apresentar embargos à ação monitória. Exatamente porque o contraditório foi oportunizado, mas concretamente não exercido, ao juízo de probabilidade exarado pelo magistrado o legislador atribuiu a coisa julgada material. Entende-se, pois, que não há inconstitucionalidade na aludida previsão legislativa, visto que suficientemente resguardado o contraditório e, por conseguinte, o justo processo legal.

Merece nota que o legislador aparentemente fez opção legislativa diametralmente oposta quanto à estabilização da tutela antecipada antecedente, em que mesmo oportunizado o contraditório ao réu – por força do qual, se efetivamente exercido, inclusive se obsta a estabilização, prosseguindo o feito rumo a cognição exauriente – a decisão estabilizada não forma coisa

---

56 "Art. 701. Sendo evidente o direito do autor, o juiz deferirá a expedição de mandado de pagamento, de entrega de coisa ou para execução de obrigação de fazer ou de não fazer, concedendo ao réu prazo de 15 (quinze) dias para o cumprimento e o pagamento de honorários advocatícios de cinco por cento do valor atribuído à causa.

§ 1º O réu será isento do pagamento de custas processuais se cumprir o mandado no prazo.

§ 2º Constituir-se-á de pleno direito o título executivo judicial, independentemente de qualquer formalidade, se não realizado o pagamento e não apresentados os embargos previstos no art. 702, observando-se, no que couber, o Título II do Livro I da Parte Especial.

§ 3º É cabível ação rescisória da decisão prevista no caput quando ocorrer a hipótese do § 2º".

57 "A decisão liminar do processo monitório antecipa a execução provisória na ausência de embargos, sendo esse ato jurisdicional fundado em cognição sumária, ou seja, baseado num juízo de probabilidade sobre a pretensão condenatória, assim como ocorre em algumas situações com a tutela antecipada. Por essa proposta, em que pese poder haver apenas cognição sumária, concedida a antecipação e quedando-se inerte o réu devidamente citado, a tutela antecipada tem condições de adquirir a estabilidade decorrente da coisa julgada". LUCON, Paulo Henrique dos Santos. Tutela provisória na atualidade, avanços e perspectivas: entre os 20 anos do art. 273 do CPC de 1973 e a entrada em vigor no novo CPC. In: BUENO, Cassio Scarpinela.; MEDEIROS NETO, Elias Marques de.; OLIVEIRA NETO, Olavo de.; OLIVEIRA, Patricia Elias Cozzolino de.; LUCON, Paulo Henrique dos Santos. (Org.). **Tutela Provisória no Novo CPC - dos 20 anos de vigência do art. 273 do CPC/1973 ao CPC/2015**. 1 ed.São Paulo: Saraiva, 2016, v. 1, p.233-253.

julgada, segundo expressamente consigna o legislador. Diz-se aparentemente em atenção ao dissenso ainda existente sobre a formação ou não de coisa julgada na hipótese do art. 304 do Código de Processo Civil de 2015. A despeito de não competir à presente obra aprofundamento sobre esse tema, sua notícia é suficiente para corroborar que a provisoriedade decorre de opção legislativa e não da essência dos provimentos jurisdicionais em tela.

Ainda sobre as características da tutela de evidência, observa-se que a proteção do direito provável por essa via pode ser de cunho satisfativo ou conservativo. Assim, a tutela jurisdicional ao direito provável pode se dar pela garantia de realização, isto é, execução imediata do direito reclamado, ou também pela esteira meramente conservativa de dada situação fática, visando imediatamente assegurar a utilidade e a efetividade de prestação jurisdicional futura, sem que tal implique pronta realização do direito material.

Destaque-se que a satisfatividade liga-se à realização parcial ou total do direito material pleiteado em juízo[58]. Logo, é satisfativo o provimento que

[58] Cumpre noticiar que não há unicidade doutrinária no que tange à definição de satisfatividade. Em que pese os processualistas não se delongarem sobre a temática, é possível apurar na doutrina pátria essencialmente duas correntes, com pequenas variáveis em cada uma delas. Para parte dos estudiosos, a satisfatividade situa-se na esfera jurídica, somente sendo possível aludir à prestação jurisdicional satisfativa quando é proferida decisão de mérito definitiva. Nessa ordem de ideias, Donaldo Armelin (ARMELIN, Donaldo. Tutela jurisdicional cautelar. **Revista da Procuradoria Geral do Estado de São Paulo**, n.23, p.111-137, jun., 1985.) e Barbosa Moreira (BARBOSA MOREIRA, José Carlos. **O novo processo civil brasileiro.** 18. ed. Rio de Janeiro: Forense, 1996, p. 351.), por exemplo, asseveram que provimento satisfativo é aquele bastante em si mesmo, que não depende de complementação para atendimento da postulação da parte. Assim, os provimentos exarados em processo de conhecimento e processo de execução são satisfativos, característica que não alcança o processo cautelar. De mais a mais, encontrando-se a satisfação no plano jurídico, lecionam os mencionados processualistas que a satisfatividade do provimento jurisdicional está intimamente ligada à sua definitividade. Outros doutrinadores, ao seu turno, compreendem que a satisfatividade apura-se na órbita fática, pelo que o provimento jurisdicional que realize concreta e objetivamente a pretensão da parte, ainda que provisoriamente, pode-se qualificar como satisfativo. Nesse direcionamento, Ovídio A. Baptista da Silva assevera que sua compreensão "do que seja satisfação de um direito toma este conceito como equivalente à sua realização concreta e objetiva. Satisfazer um direito, para nós, é realizá-lo concretamente, no plano das relações humanas" (BAPTISTA DA SILVA, Ovídio Araújo. **Curso de processo civil (processo cautelar)**. v III. Porto Alegre: Fabris, 1993, p. 23.). Luiz Guilherme Marinoni (MARINONI, Luiz Guilherme; ARENHART, Sérgio Cruz. **Processo cautelar**. São Paulo: Revista dos Tribunais, 2008, p. 35.), igualmente, leciona que a satisfatividade situa-se no plano fático, admitindo que decisão jurisdicional interlocutória e provisória satisfaça antecipadamente o direito material. A par das correntes alhures noticiadas, cumpre trazer à baila a lição de Galeno Lacerda (LACERDA, Galeno. **Comentários ao Código de Processo Civil**. v. III. Rio de Janeiro: Forense, 1980, p. 56-57.), para quem o provimento será satisfativo sempre que for realizado um interesse, seja material ou processual. Assim, todas as prestações jurisdicionais, inclusive as cautelares, seriam satisfativas, pois em todas elas é satisfeito algum interesse da parte, ainda que ligado apenas ao processo. Por derradeiro, apresentam-se aqueles que também vislumbram a satisfatividade no plano fático, todavia a restringem apenas ao processo executivo, como empreende Celso Neves (NEVES, Celso. **Comentários ao Código de Processo Civil**. 2. ed. v. II, Rio de Janeiro: Forense, 1977, p. 9-12.), para quem o processo de conhecimento destina-se ao

permite a realização de efeitos da declaração de existência ou inexistência de relação jurídico-material, de efeitos da constituição ou desconstituição de relação desse jaez e de efeitos da condenação ou absolvição do sujeito passivo em vista de uma prestação de direito material. A satisfatividade, portanto, tem pertinência direta com a pretensão deduzida pelo sujeito perante o órgão investido de jurisdição, eis que há satisfatividade quando a prestação jurisdicional realiza parcial ou totalmente o pedido, é dizer, quando há identidade entre os efeitos decorrentes da prestação jurisdicional e aqueles esperados da consecução do direito material.

As tutelas de urgência tradicionalmente são distinguidas em conservativa e satisfativa, é dizer, a cautelar e a antecipação de tutela, respectivamente. O Código de Processo Civil de 2015 preservou essa distinção (art. 294, parágrafo único[59]), muito embora tenha primado pela regulamentação das semelhanças entre essas duas espécies de prestação jurisdicional, inclusive expressamente reunindo-as sob o gênero tutela de urgência. No que toca aos requisitos, o legislador igualou a cautelar e a antecipação de tutela, requerendo para concessão de ambas probabilidade do direito e urgência.

Com efeito, dos mesmos requisitos observa-se a possibilidade de a tutela do direito provável se dar por dois efeitos distintos no plano fático-processual, conservativo ou satisfativo, pelo que se concluiu que não são os requisitos do provimento jurisdicional os determinantes dos efeitos dele decorrentes. Acredita-se que o fator determinante desses efeitos – conservativo ou satisfativo – é o risco a que essa tutela visa elidir ou mitigar. Identificando-se o risco, então é possível definir se a medida para afastá-lo deve ser conservativa ou satisfativa.

É cediço que a tutela do direito provável objetiva combater o risco do tempo, ou seja, a atuação do tempo como fator corrosivo, o que se verifica tanto em situação excepcional de urgência, quanto também em relação ao tempo natural demandado para solução da controvérsia (o chamado dano marginal). A atuação do tempo como fator corrosivo pode ter impacto direto, diga-se, imediato, sobre a utilidade e a efetividade de prestação jurisdicional futura ou sobre o próprio direito material em disputa (situação em que, mediatamente, também se verificará dano à utilidade e à efetividade da prestação jurisdicional futura).

---

acertamento e declaração do direito em discussão, competindo à seara executiva a real satisfação do direito do autor.

59 "Art. 294. (...) Parágrafo único. A tutela provisória de urgência, cautelar ou antecipada, pode ser concedida em caráter antecedente ou incidental."

Logo, o critério que suficientemente conduz à identificação dos efeitos necessários da tutela do direto provável em dado caso concreto é a identificação do bem jurídico que se encontra imediatamente em risco pelo transcurso do tempo na situação trazida a lume: se o bem imediatamente sujeito à atuação do tempo como fator corrosivo dos direitos é o próprio processo, a tutela do direito provável há de ser meramente conservativa, no sentido de preservar a idoneidade dos elementos envolvidos no processo (por exemplo, provas, bens, etc.) para consecução de seu desiderato; lado outro, se o bem imediatamente afetado pelo transcurso do tempo é o próprio direito material, sendo o prejuízo caracterizado pela privação do titular do seu exercício por lapso temporal não razoável ou, até, pela probabilidade de completa inviabilização de exercício desse direito no futuro, certamente a tutela do direito provável a ser empregada deve gozar de satisfatividade, garantindo, por conseguinte, a realização imediata do direito material sob risco de corrosão pelos efeitos do tempo.

Há quem defenda que a tutela de evidência teria caráter exclusivamente satisfativo, porquanto a possibilidade de medida provisória conservativa apenas se justificaria em situação de urgência[60]. Contudo, dissente-se dessa posição, visto que os efeitos conservativos ou satisfativos da ordem judicial derivam do bem da vida sobre o qual recai o risco imposto pelo tempo, e não da intensidade desse risco (se elevada, em situação de urgência, ou se ordinária, na situação do dano marginal). Até porque, como se viu, mesmo em situações de riso elevado imposto pelo tempo, isto é, urgência, a proteção judicial pode ser de viés conservativo ou de viés satisfativo (a cautelar e a antecipação de tutela, respectivamente). Ademais, repise-se, é inegável que mesmo na situação de dano marginal certamente o tempo também configura como fator corrosivo dos direitos, podendo decerto atingir imediatamente tanto o direito material em disputa, quanto à utilidade e à efetividade da prestação jurisdicional.

Acrescente-se, ainda, que a medida conservativa, em tese, é menos gravosa àquele que suporta a tutela do direito provável se comparada à medida satisfativa, porquanto não retira completamente de sua esfera jurídica determinado bem em disputa – o que, diversamente, se verifica na tutela satisfativa. É inegável que a medida conservativa é também lesiva, porquanto

60 PAVONI, Mariana Melo de Carvalho. Tutela provisória: A técnica da antecipação a serviço da efetividade da jurisdição. In: BUENO, Cassio Scarpinela.; MEDEIROS NETO, Elias Marques de.; OLIVEIRA NETO, Olavo de.; OLIVEIRA, Patricia Elias Cozzolino de.; LUCON, Paulo Henrique dos Santos. (Org.). **Tutela Provisória no Novo CPC - dos 20 anos de vigência do art. 273 do CPC/1973 ao CPC/2015**. 1 ed.São Paulo: Saraiva, 2016, v. 1, p.267-281.

representa relevante privação na esfera jurídica de dado sujeito ao privá-lo, por exemplo, de uso ou disposição do bem. Inclusive, foi reconhecendo que a tutela conservativa conduz a significativo impacto na esfera jurídica de quem a suporta que o Código de Processo Civil de 2015 abandonou o requisito da fumaça do bom direito para a tutela cautelar, conforme tradicionalmente compreendido pela doutrina pátria, para expressamente exigir para sua concessão também a probabilidade do direito alegado pelo requerente da tutela.

Destarte, como a tutela de evidência pode implicar medida satisfativa, não se vislumbra óbice para que essa espécie de tutela do direito provável também se efetive pela via conservativa, menos gravosa à esfera jurídica de quem a suporta se confrontada à satisfativa.

E, por todas as razões acima expostas, é que se entende que a tutela de evidência pode ser conservativa ou satisfativa, efeitos fático-processuais aptos a combater a atuação do tempo como fator corrosivo mesmo em situação de dano marginal, caso os prejuízos daí advindos sejam imediatamente sentidos sobre a utilidade e a efetividade da prestação jurisdicional, ou diretamente sobre o direito material em disputa[61].

---

[61] Pelo conteúdo conservativo ou satisfativo da tutela de evidência, manifesta-se Humberto Theodoro Júnior: "A tutela de evidência, embora haja controvérsia, pode dar-se por qualquer provimento que se mostre adequado às circunstâncias do caso concreto: seja por meio de medida *satisfativa,* seja por medida *conservativa.* O que distingue a tutela de evidência das medidas de urgência é a desnecessidade do *periculum in mora* (art. 311, *caput*). Este pode favorecer o seu deferimento, mas não é requisito indispensável.

Os casos de tutela de evidência são tipicamente hipóteses de antecipação de tutela satisfativa, mesmo porque o que se protege diretamente é a própria usufruição do direito material, e não propriamente a conservação da utilidade do processo. Não é fácil imaginar, *in concreto*, medidas apenas cautelares na espécie. Não se pode, nada obstante, ser radical a ponto de se negar, em caráter absoluto, o cabimento de eventual medida cautelar, dentro da sistemática da tutela de evidência. Como as medidas cautelares não prescindem do pressuposto do perigo de dano, o caso acabaria, na maioria das vezes, melhor enquadrado nas tutelas de urgência do que na tutela de evidência. No entanto, o direito positivo prevê alguns casos de medidas cautelares que, sem o pressuposto do *periculum in mora,* cuidam de proteção a direitos evidentes, como, *v.g.*:

a) o arresto de bens do devedor, quando este não é encontrado para a citação executiva (art. 830);

b) o sequestro de receita pública na execução contra a fazenda pública, no caso de desobediência à ordem cronológica dos precatórios (art. 100, § 6º, da CF);

c) a separação de bens do espólio, no processo do inventário, quando: (*i*) a habilitação de crédito se funda em título documental (art. 643, parágrafo único), e (*ii*) a solução da habilitação de herdeiro foi remetida para as vias ordinárias (art. 627, § 3º);

d) a autorização para levantamento imediato pelo réu do depósito feito pelo autor na ação de consignação em pagamento, mesmo quando contestado o pedido (art. 545, § 1º).

Em todas essas hipóteses, o fundamento da medida cautelar é simplesmente a comprovação imediata do direito material da parte, sem qualquer cogitação de risco iminente de prejuízo para o credor, de modo que a tutela se apresenta como relacionada com direito evidente apenas." THEODORO JÚNIOR, Humberto. **Curso de Direito Processual Civil.** vol. I. 57. ed. Rio de Janeiro: Forense, 2016, p. 690-691.

Por fim, no que concerne as características da tutela de evidência, cumpre discorrer sobre a reversibilidade, expressamente apontada pela legislação codificada de 2015 como característica da tutela de urgência satisfativa (a antecipação de tutela), repisando determinação já constante do Código de Processo Civil de 1973.

Em atenção à segurança jurídica, mormente na concepção processual que vislumbra as medidas amparadas em juízo de probabilidade como excepcionais, consagrou-se a reversibilidade como característica cujo fito é evitar que os efeitos fáticos e jurídicos decorrentes da concessão da tutela antecipada se consolidem irremediavelmente no tempo. Ressalte-se, como bem salienta a doutrina[62], que a irreversibilidade não é do provimento em si, o qual sempre pode ser cassado ou reformado, e sim dos efeitos dessa decisão. Ainda, a reversibilidade diz respeito à tutela específica, isto é, os próprios efeitos antecipados pela tutela do direito provável devem ser passíveis de reversão, eis que a recomposição por perdas e danos é tutela ressarcitória sempre cabível, até mesmo quando se trata de dano impassível de reparo específico, como é o caso do dano moral.

Contudo, não se pode olvidar de situações em que a tutela reclamada, mesmo amparada em cognição sumária, resta por esgotar toda e qualquer discussão afeta a esta tutela específica, eis que não é cabível, na espécie, reversão no plano fático. Em outros termos, é impossível restituir o *status quo ante* à concessão da medida de urgência executada, isto é, faticamente não cabe desfazer a cirurgia ou a transfusão de sangue realizadas ou reverter o medicamento ingerido.

Logo, ulterior decisão de mérito não será hábil a revertê-la, pelo que se torna despiciendo e até inviável seguir o debate quanto à tutela específica conferida com esteio em juízo de probabilidade. Ainda que seja possível à parte sucumbente nesta tutela do direito provável reclamar a respectiva contraprestação à cirurgia ou ao medicamento fornecido, o caráter irreversível da medida ainda revela-se presente. Isso porque a irreversibilidade deve ser analisada sob o prisma bipolar, de modo que o provimento seja irreversível

---

62 "Vale aqui uma observação: a 'irreversibilidade' não se refere propriamente ao 'provimento' antecipatório, mas sim aos efeitos do provimento. O provimento, em si mesmo, como decisão judicial passível de recurso e que pode ser revogada ou modificada a qualquer tempo (art. 273, § 4º), é eminentemente reversível. Neste ponto convêm a maioria dos processualistas. (...) Em princípio, a possibilidade de que a reconstituição do estado de fato anterior possa ser substituída pela prestação de perdas e danos, em favor do réu prejudicado pela AT tornada sem efeito, tal possibilidade não descaracteriza a 'irreversibilidade', eis que, ao fim e ao cabo, todos os danos, e até os danos morais, encontram forma de compensação (nem sempre perfeita, nem sempre quantitativamente mensurável com exatidão) mediante ressarcimento em pecúnia." CARNEIRO, Athos Gusmão. **Da antecipação de tutela no processo civil**. Rio de Janeiro: Forense, 1999, p. 59-60.

para pelo menos uma das partes, mormente porque do ponto de vista de quem suportou a tutela do direito provável subsiste o substitutivo das perdas e danos.

A doutrina é sensível à necessidade de concessão de tutela do direito provável irreversível no plano fático[63], admitindo, excepcionalmente, a

---

[63] Traz-se à baila a lição de José Roberto dos Santos Bedaque: "A falta de tratamento sistemático que vem sendo dado ao tema tutela de urgência é motivo de preocupação. Trata-se de um tema amplo, árido, envolvendo várias modalidades de tutela jurisdicional substancialmente diversas. Daí a necessidade de sistematização do instituto, para fixar com precisão duas ordens de questões. A primeira, estabelecer a devida distinção entre as espécies de tutela de urgência, identificando cada uma delas com características próprias. Depois, verificar a existência de elementos comuns, que justifiquem o tratamento do tema de maneira unificada, ou seja, como categoria processual autônoma." BEDAQUE, José Roberto dos Santos. **As formas diferenciadas de tutela no processo civil brasileiro**. Disponível em: <http://www.direitoprocessual.org.br/dados/File/enciclopedia/ artigos/ processo_civil/5%20BADAQUE,%20Jos%C3%A9%20Roberto%20dos%20Santos%20-%20As%20formas%20diferenciadas%20de%20tutela%20no%20processo%20civil%20brasileiro.doc>. Acesso em: 23 out. 2015.

Em outra passagem da mesma obra, disserta o processualista: "Por outro lado, existem situações para as quais os sistema processual ainda não encontra resposta satisfatória. São aqueles provimentos acima mencionados, de natureza urgente, definitivamente satisfativos, cuja obtenção se mostra imprescindível, sob pena de perecimento do direito: ou se autoriza a transfusão de sangue imediatamente, ou a pessoa morre. Por isso, a reversibilidade, como requisito da cautelar, não pode ser levada às últimas consequências. Impossível ignorar situações em que, não obstante irreversíveis os efeitos, a antecipação é providência adequada toda vez que os valores a serem preservados com sua adoção sejam superiores àqueles inerentes aos interesses da parte oposta. Nesses casos, o problema se resolve à luz do valor mais relevante e da probabilidade do direito acautelando. O que não existe no sistema processual brasileiro, portanto, é a técnica da tutela sumária não cautelar, ao menos regulada de forma genérica, para todas as situações em que a urgência do resultado afaste legitimamente a cognição exauriente, tendo em vista os valores em conflito." *Op. cit.*

Merece alusão, também, as reflexões de José Carlos Barbosa Moreira: "Acaso se perfez o sistema, de tal maneira que se possa haver por completo? Uma ou outra dúvida, quando nada, parece que se justifica. A primeira concerne ao requisito da reversibilidade, mencionado no § 2º do art. 273, (...). Doutrina e jurisprudência acordam, em geral, na necessidade de temperar a proibição. Seria de bom alvitre que o temperamento fosse consagrado em termos expressos por via legislativa" BARBOSA MOREIRA, José Carlos. **Temas de direito processual: oitava serie**. São Paulo: Saraiva, 2004, p. 102.

É precisa também a lição de Paulo Henrique dos Santos Lucon: "A irreversibilidade não pode atuar como um limite intransponível à técnica da tutela jurisdicional diferenciada, seja na tutela antecipada, seja na execução provisória da decisão recorrida. Na verdade, compete ao juiz examinar os diferentes pesos dos valores que estão em jogo ou, simplesmente, a proporcionalidade da providência; significa que o órgão jurisdicional deve se mostrar consciente, sempre por meio de decisão motivada, dos benefícios e malefícios da concessão e da denegação – trata-se de medir o *periculum in mora* comparando-o com o *periculum in mora* reverso. Em ambos os casos e não apenas nos casos de concessão, o juiz deve explicar de modo muito claro e preciso, as razões de seu convencimento: a motivação adequada e suficiente é garantia de um contraditório efetivo, capaz de, por um lado, tutelar a parte beneficiada de maneira adequada; por outro lado, possibilitar uma reação da parte contrária com fundamentos mais sólidos, se eles existirem." LUCON, Paulo Henrique dos Santos. Tutela provisória na atualidade, avanços e perspectivas: entre os 20 anos do art. 273 do CPC de 1973 e a entrada em vigor no novo CPC. In: BUENO, Cassio Scarpinela.; MEDEIROS NETO, Elias Marques de.; OLIVEIRA NETO, Olavo de.; OLIVEIRA, Patricia Elias Cozzolino de.; LUCON, Paulo Henrique dos Santos. (Org.). **Tutela Provisória no Novo CPC - dos 20 anos de vigência do art. 273 do CPC/1973 ao CPC/2015**. 1 ed.São Paulo: Saraiva, 2016, v. 1, p.233-253.

concessão de tutela de urgência satisfativa. Outrossim, a jurisprudência – e não se esperava o contrário, diante do princípio da inafastabilidade do Poder Judiciário – comumente não cerra os olhos para os casos dessa natureza, lançando mão, também excepcionalmente, das tutelas de urgência atualmente consagradas no direito positivo nacional para conferir a prestação jurisdicional requerida.

Outra possibilidade, em vista da necessidade de tutela do direito provável faticamente irreversível, é compreender a reversibilidade exigida pelo legislador não no prisma dos fatos, mas, sim, restrita à esfera jurídica, determinando que a tutela do direito provável comporte decisão ulterior em sentido contrário, no mesmo feito ou em nova ação em que se discuta a mesma controvérsia.

Nessa linha de entendimento, a reversibilidade se confunde com o requisito da provisoriedade, consoante o conceito adotado na presente obra, é dizer, decisão judicial que, por opção legislativa, não recebe o manto da coisa julgada material.

Há que ser perquirir, porém, se a tutela de evidência exige a reversibilidade fática, ou se se contenta com a reversibilidade jurídica.

Norteia a presente obra a preocupação de dotar o processo de maior habilidade para promoção da efetividade dos direitos, o que exige que ele não constitua instrumento de defesa apriorística da posição de uma das partes. Por isso, é que se pugna por maior combate ao dano marginal do processo, exatamente para que não se privilegie de antemão a posição de quem lesa ou ameaça de lesão direito de outrem, imponto a este, em regra, o ônus do tempo. Essa mesma inquietação deve guiar a solução ora proposta para o equilíbrio, isto é, para que não se penda a extremo oposto, favorecendo de modo desmedido o titular do direito provável em grave prejuízo àquele que resiste à pretensão. Nessa ordem de ideias é que se pontuou nesta obra que a probabilidade do direito em sede de tutela de evidência se configura frente a defesa não razoável apresentada pelo réu, conclusão imposta pela proporcionalidade e pela coerência e coesão sistemática das tutelas do direito provável.

Idêntico juízo de ponderação deve guiar a compreensão sobre reversibilidade fática na tutela de evidência. Afinal, qual o mal maior: o titular do direito provável seguir privado da proteção jurisdicional e, assim, suportar o dano marginal do processo, ou o réu sofrer o ônus do tempo do processo, suportando, ainda, tutela do direito provável irreversível no plano fático? Em tese, a solução para essa questão pende para a reversibilidade fática da tutela de evidência, compreendendo-se que maior prejuízo haverá em lidar com medida irreversível do que o titular do direito provável tolerar o dano marginal do processo.

Novamente, o recurso à urgência pode justificar rumar a solução para sentido diverso, autorizando a reversibilidade fática da tutela do direito provável. Esclarece-se: configurando situação de extrema urgência, em que há, inclusive, risco de perecimento do direito material objeto do conflito, decerto há mal maior em privar o titular do direito provável da imediata satisfação do direito, ainda que irreversível faticamente, do que se relegar a parte que resiste apenas a discussão sobre eventual tutela ressarcitória. É essa linha de entendimento que guia as manifestações pela admissibilidade excepcional da irreversibilidade fática em tutela do direito provável, restringindo-a à tutela de urgência e, mais, às situações em que o risco que se busca elidir é tal que justifica intervenção tão contundente[64].

Não se pode olvidar, porém, que o sistema processual vigente há muito admite tutela do direito provável em combate ao dano marginal do processo (ausente, portanto, urgência que a justifique) conferida em caráter irreversível faticamente: é o que se verifica na ação despejo (art. 59 da Lei nº 8.425/1991), em que, a despeito de não exigir comprovação de urgência para amparar a pretensão provisória, a improcedência final do pedido não comporta a retomada da posse direta do imóvel pelo locatário despejado, cujos direitos restarão assegurados pela via ressarcitória. Merece destaque, contudo, que o legislador expressamente previu medida de contracautela, isto é, caução equivalente a três meses de aluguel para resguardar eventual tutela ressarcitória favorável ao locatório (art. 59, §1º da Lei nº 8.425/1991). O legislador, na ação de despejo, fez clara alternativa, de antemão, pela tutela ao direito provável do locador, conferindo-lhe instrumento robusto para defesa de sua posição.

Em vista do exposto, acredita-se que a admissão da tutela de evidência de caráter irreversível (no plano fático) deve-se guiar pela tipicidade, é

---

[64] "Não admitir tutela antecipatória de urgência, por exemplo, apenas porque o direito do réu pode ser lesado é um grande equívoco de lógica, pois aquele que pede a tutela antecipatória deve demonstrar que o seu direito é provável e que há perigo na demora da prestação jurisdicional. Desse modo, se a tutela antecipatória não for concedida quando presentes esses dois pressupostos, estará sendo admitida uma lesão ao direito, que é provável, apenas para o que direito do réu, que é improvável, não seja exposto à irreversibilidade, o que é rigorosamente fora de propósito." MITIDIERO, Daniel. Tendências em Matéria de Tutela Sumária: da Tutela Cautelar à Técnica Antecipatória. **Revista de Processo**, v. 197, 2011, p. 49-50.

"No caso de abuso do direito de defesa ou intuito protelatório do réu não parece conveniente antecipar efeitos irreversíveis, pois inexiste risco de dano irreparável ao direito do autor, ao passo que a parte contrária poderá ter sua esfera jurídica comprometida definitivamente, sem a adequada cognição. Ausente o risco de dano, não há conflito de valores a justificar o abandono dessa exigência legal. Como não se verifica qualquer perigo para a efetividade da tutela jurisdicional, somente se aceita a satisfação do direito do autor após cognição plena, com estrita obediência aos postulados do devido processo legal." BEDAQUE, José Roberto dos Santos. **Tutela cautelar e tutela antecipada: tutelas sumárias e de urgência (tentativa de sistematização)**. 3. ed. São Paulo: Malheiros, 2003, p. 351.

dizer, tem cabimento tão somente em situação que o legislador expressamente a autorize, não sendo dado ao magistrado admiti-la no caso concreto na generalidade das situações.

Tal conclusão não contraria o fortalecimento da tutela do direito provável, tampouco a atipicidade e a generalização do combate ao dano marginal defendidos na presente obra por uma simples razão: a proposta nesta obra não é de extremar a tutela do direito provável a ponto de representar opção apriorística do sistema processual pela posição do titular do direito provável; ao revés, induvidosamente, faz-se mister ponderar as posições e riscos envolvidos. E essa proporcionalidade requer maior previsibilidade em situação que não envolva urgência e cujas consequências são faticamente reversíveis, o que é conferido pela tipicidade, isto é, retirando-se do julgador o exercício da ponderação na generalidade dos casos concretos.

Com efeito, a tutela de evidência tem a reversibilidade jurídica como característica e, em regra, também é marcada pela reversibilidade fática, admitindo a irreversibilidade nesta última perspectiva apenas em situações típicas, taxativamente autorizadas pelo legislador.

3.6 EXAME DAS HIPÓTESES DE TUTELA DE EVIDÊNCIA ESTABELECIDAS NO ART. 311 DO CÓDIGO DE PROCESSO CIVIL DE 2015

O Código de Processo Civil de 2015 consagra a generalização da tutela de evidência, isto é, seu cabimento em procedimentos gerais de cognição, ampliando-a em relação ao regime anterior, ao prever em seu art. 311 outras hipóteses típicas de cabimento, para além do abuso no exercício do direito de defesa e manifesto propósito protelatório já previsto no art. 273, II, do Código de Processo Civil de 1973.

Impende examinar a extensão desta ampliação, notadamente se ela é hábil a alçar o patamar da atipicidade, que, acredita-se, é mais consentâneo à realização da potencialidade da tutela de evidência.

O inciso I do art. 311 disciplina a tutela de evidência exigindo para sua concessão necessário cotejo entre a probabilidade do direito do requente e a conduta inadequada da parte adversa, consistente em abuso de direito ou atuação protelatória.

Como já se destacou na presente obra, reputa-se que a hipótese legal veicula a chamada tutela-sanção, ao constituir a tutela de evidência via de reprimenda àquele que age processualmente em desconformidade com a boa-fé. Considera o legislador que esse cenário justifica que aquele cuja posição é de improvável procedência suporte o dano marginal do processo; diversamente, isto é, inexistindo atuação da parte contrária à boa-fé (ou seja, não abusiva ou protelatória) seguiria tendo que suportar o dano marginal do processo aquele que alega ter seu direito lesado ou ameaçado de lesão, mesmo que sua posição já se mostre de provável procedência, isto é, mesmo que o direito por ele alegado erija-se provável.

A exposição da hipótese legal nesses termos já revela a incongruência de se restringir a concessão da tutela de evidência à conduta abusiva ou protelatória da parte adversa, tratando-a estritamente como tutela-sanção. A tutela de evidência deve prioritariamente servir à proteção do direito provável, pois é essa proteção direcionada à efetividade dos direitos. Nessa ordem de ideias, não deve ser imputado àquele cujo direito é reconhecido com provável o dano marginal do processo, devendo recair o ônus do tempo sobre quem provavelmente não assiste razão.

É claro que estando presente abuso de direito de defesa ou manifesto propósito protelatório da parte adversa, além da probabilidade do direito alegado pelo requerente, a concessão da tutela do direito provável em combate ao dano marginal do processo se faz necessária, reconhecendo-se que a conduta abusiva da parte contrária corrobora a probabilidade do direito ao qual se reclama tutela. Em outras palavras, dado que – como se defende na presente obra – a probabilidade do direito é requisito suficiente para concessão da tutela de evidência, com mais propriedade o deferimento é devido quando a parte contrária age em abuso de direito de defesa, porquanto a efetividade da prestação jurisdicional neste caso é potencializada ao representar não apenas tutela do direito provável, mas, também, sanção à conduta contrária à boa-fé.

Contudo, conforme já se assinalou, acredita-se devida a tutela de evidência (tutela do direito provável em combate ao dano marginal do processo) mesmo quando a parte adversa – a quem competirá suportar a tutela e, via de consequência, o dano marginal do processo – não aja em desconformidade com a boa-fé.

Diante do exposto, é indiscutivelmente válida a previsão de cabimento de tutela de evidência quando, presente a probabilidade do direito alegado, a resistência da parte adversa se mostre abusiva. Há, nesta hipótese de cabimento, o requisito que se reputa necessário à concessão a tutela de evidência – a probabilidade do direito –, assim como também resta atendida a finalidade dessa prestação jurisdicional de combate ao dano marginal do processo com consequente distribuição do ônus do tempo.

Contudo, questiona-se exatamente a limitação da tutela de evidência a essa hipótese de tutela-sanção, visto que o requisito essencial à tutela do direito provável em combate ao dano marginal do processo é a probabilidade do direito alegado e a não abusividade da resistência da parte adversa. Ademais, a finalidade da tutela de evidência é alcançada por intermédio do requisito probabilidade do direito, não reclamando outro. Tendo-se por finalidade a sanção, é claro que se requer para deferimento da medida sancionatória conduta que mereça reprimenda. Não é a sanção, porém, a finalidade precípua da tutela de evidência, o que justifica não erigir a abusividade da resistência da parte adversa como requisito sempre necessário para sua concessão.

O inciso II do art. 311 do CPC/2015 igualmente trata de hipótese geral de cabimento de tutela de evidência em que, a despeito de admitida na generalidade dos procedimentos, segue limitando seu espectro de atuação ao exigir para sua concessão que a probabilidade do direito alegado seja evidenciada "apenas documentalmente" e corroborada por precedente estabelecido em julgamento de casos repetitivos ou em súmula vinculante.

A restrição da tutela de evidência, no mencionado inciso, não reside em reclamar o exame da conduta da parte adversa – como se verifica no inciso I do art. 311 – mas em qualificar objetivamente a probabilidade do direito. Já se discutiu no presente trabalho a respeito de níveis de probabilidade – alta, média, baixa –, que, a despeito de reconhecidos, não são objetivamente apreendidos com precisão. A hipótese taxativamente prevista no inciso II não se vale desses níveis de probabilidade, mas prevê critérios objetivos para configuração da probabilidade necessária à concessão da tutela de evidência com espeque nessa previsão legal.

O primeiro critério objetivo determinado pelo legislador no inciso II para qualificação da probabilidade necessária à concessão da tutela de evidência é a adoção da tarifação legal na valoração da prova da probabilidade do direito alegado, ao indicar como meio de prova idôneo a esse fim apenas a prova documental.

Com efeito, o legislador retirou aqui da esfera de exame do magistrado livre valoração da prova para o fim de identificação da probabilidade do direito, adstringindo-o a admitir tão somente a prova documental. É claro que a simples presença de prova documental não é suficiente para revelar a existência de direito provável, o que segue sujeito ao convencimento motivado do julgador, que pode entender não ser a prova documental apresentada apta ou suficiente para amparar a probabilidade do direito alegado. Inegável, porém, que atuação judicial é limitada pela previsão legal ao não se admitir outra espécie de prova – oral ou pericial, por exemplo – para amparar o juízo de probabilidade.

A referência à prova apenas documental para lastrear a probabilidade do direito remete à conhecida prova pré-constituída do direito líquido e certo previsto como requisito para concessão de mandado de segurança. Destarte, conceitua-se prova pré-constituída como aquela apenas documental e já apresentada de plano, por ocasião da dedução da pretensão, não se admitindo outros meios de prova, tampouco dilação probatória no curso do feito.

O mandado de segurança, como é cediço, foi previsto na ordem jurídica com medida excepcional, seja por seu caráter mandamental, seja por comportar liminarmente tutela fundada em cognição sumária, de caráter não apenas conservativo, mas também, se necessário, satisfativo. Por suas características, o mandado de segurança dissocia-se das balizas da concepção liberal-racionalista de processo ao admitir provimento jurisdicional com base em juízo de probabilidade, todavia, não rompe com essa concepção em vista de seu caráter eminentemente individualista, dado que é medida apenas direcionada à defesa em face do Estado. Em desfavor de particular inexistia – até a consagração da antecipação de tutela na ordem jurídica brasileira – medida tão enérgica.

A previsão do inciso II do art. 311, com referência à prova apenas documental, dá azo à concepção de que se aproxima o provimento jurisdicional nela versado do mandado de segurança, no entanto, com relevante ampliação subjetiva, ao ser admitido também entre particulares, isto é, igualmente em desfavor de particulares.

Pode-se questionar a opção do legislador de não utilizar também no inciso em tela a expressão prova pré-constituída, já largamente empregada no direito pátrio, o que impele à reflexão se a referência à prova apenas documental corresponde exatamente à conhecida prova pré-constituída.

Sem embargo da proximidade que se vislumbra com o mandado de segurança, o que se verifica na espécie é mesmo uma proximidade e não uma correspondência ou identificação: o mandado de segurança é via procedimental autônoma, ao passo que a tutela de evidência se insere no bojo de qualquer procedimento que não detenha especificidade incompatível com essa prestação jurisdicional, mormente no procedimento ordinário; no procedimento do mandado de segurança não é admitida a instrução probatória, devendo todas as provas pertinentes e necessárias à solução da controvérsia serem trazidas de plano, documentalmente, ao passo que quanto ao provimento regulado no inciso II do art. 311 do CPC/2015 a inadmissão de outra prova além da documental é apenas para subsidiar a concessão da tutela de evidência, não havendo óbice que no curso do procedimento seja realizada instrução probatória, inclusive valendo-se de meios diversos de prova – oral ou pericial – para amparar a cognição exauriente e o consequente juízo de certeza.

Acrescente-se que a tutela de evidência disciplinada no art. 311, II, do CPC/2015 é essencialmente provimento fundado em cognição sumária, ao passo que, no mandando de segurança, assim o é apenas a decisão liminar, sendo seu julgamento final lastreado em cognição exauriente, consoante conceitos adotados na presente tese[65].

Em vista dessas distinções subsistentes entre a hipótese do inciso II do art. 311 do CPC/2015 e o mandado de segurança, entende-se acertada a opção do legislador pela referência à prova apenas documental, e não à expressão prova pré-constituída, mormente considerando a conotação desta de vedação à instrução probatória em todo o procedimento, o que não é propriamente a determinação do inciso II do art. 311: para concessão da tutela de evidência, a probabilidade deve se escorar em prova documental, o que não obsta que no curso do feito o requerente se valha de outros meios de prova em busca da tutela jurisdicional definitiva.

Para além da tarifação legal imposta quanto à prova admitida para revelação da probabilidade do direito alegado, o Código de Processo Civil de 2015 restringe ainda mais o reconhecimento dessa probabilidade ao exigir, concomitantemente à prova apenas documental, que a controvérsia a respeito do direito em debate conte com tese firmada em julgamento de casos repetitivos ou em súmula vinculante.

Verifica-se, assim, que a hipótese legal para concessão de tutela de evidência disciplinada no inciso II cuida estritamente daquelas em que exista controvérsia fático-jurídica, notadamente com dissenso fático a respeito da subsunção ou não do caso concreto ao substrato fático da norma ou precedente.

Chega-se a essa conclusão porque, como é cediço, os chamados precedentes buscam solucionar controvérsia jurídica, e não decidir se e como fatos aconteceram em dado caso concreto, o que lhes permite serem dotados

---

[65] Muito embora, como já se ressalvou, existem doutrinadores que capitulam a cognição empreendida no mandado de segurança como sumária, como é exemplo BAPTISTA DA SILVA, Ovídio A. O contraditório nas ações sumárias. In: BAPTISTA DA SILVA, Ovídio A. **Da sentença liminar à nulidade da sentença.** Rio de Janeiro: Forense, 2001, p. 254-255. No mesmo sentido, afirma José Roberto dos Santos Bedaque que no mandado de segurança "não se faz, pois, exame exaustivo da relação de direito material. A dilação probatória está limitada à cognição do juiz, ou seja, ao direito líquido e certo. Tanto que, denegada a tutela sumária, não está a parte impedida de pleitear outra, agora de cognição exauriente, visando à satisfação de seu direito." BEDAQUE, José Roberto dos Santos. **Tutela cautelar e tutela antecipada: tutelas sumárias e de urgência (tentativa de sistematização)**. 3. ed. São Paulo: Malheiros, 2003, p. 254.

de generalidade e abstração semelhante à lei. Em caso de controvérsia estritamente fática, sua solução exige o exame de provas, exatamente para amparar decisão a respeito da ocorrência dos fatos alegados, não sendo qualquer solução a esse respeito disposta em tese firmada em julgamento de casos repetitivos ou em súmula vinculante.

Assim é que o inciso II do art. 311 se revela ainda mais restritivo, ao não abarcar no espectro de cabimento da tutela de evidência o direito provável em controvérsia estritamente fática. É dizer, se autor e réu discutem sobre o exercício tempestivo de uma opção de compra, ainda que se configure provável a alegação fática do autor de que exerceu a tempo e modo a opção avençada, não poderia se socorrer do inciso II do art. 311 do CPC/2015 para obtenção de tutela de evidência, imputando a réu – cuja posição, neste exemplo, é improvável – o dano marginal do processo, porque inexiste, exatamente por se tratar de controvérsia estritamente fática, precedente firmado a respeito.

Oportuno repisar que se entende nesta obra descabida qualquer espécie de tutela de evidência frente a controvérsia estritamente jurídica, porquanto, nesta situação, deve-se observar o contraditório prévio e, assim, necessariamente todos os elementos já está à disposição do julgador para exame, dado que impertinente instrução probatória. Logo, a controvérsia estritamente jurídica é solucionada por julgamento definitivo do mérito, total ou parcial, fundado em cognição exauriente, ante o descabimento de cognição sumária na hipótese.

Ainda sobre a qualificação do juízo de probabilidade previsto no inciso II do art. 311 do CPC/2015, merece atenção o fato de o legislador não ter expressamente estendido o cabimento da tutela de evidência a todas as espécies do que se convencionou denominar na de precedentes, visto que o dispositivo legal se refere à tese firmada em julgamento de casos repetitivos ou em súmula vinculante. Nessa ordem de ideias, não cabe tutela de evidência, com fulcro no art. 311, II, do CPC/2015, quando, muito embora escorada em prova documental, a probabilidade do direito seja revelada também por tese firmada em súmula não vinculante ou em julgamentos dos tribunais, ainda que superiores, não submetidos à sistemática de julgamentos repetitivos. Essa inteligência da regra legal, claramente, restringe ainda mais o cabimento da tutela de evidência, ao firmar como mais rigoroso o critério para verificação de probabilidade necessária à concessão dessa tutela do direito provável.

É possível, porém, que se empreenda interpretação ampliativa do previsto no inciso II do art. 311, para tratar a referência ao julgamento de casos repetitivos e à súmula vinculante como alusões exemplificativas do legislador aos chamados precedentes, que, esses sim, como gênero, autorizariam a concessão da tutela de evidência disciplinada no inciso II, qualquer que fosse a espécie de precedente presente no caso concreto.

Entendendo-se a tutela de evidência como prestação jurisdicional excepcional, a interpretação ampliativa não teria espaço, cumprindo-se aplicar, por comezinha lição hermenêutica, a interpretação restritiva, atendo-se, pois, às espécies de precedentes expressamente citadas pelo legislador.

Lado outro, na perspectiva de fortalecimento da tutela do direito provável, pela ampliação do cabimento da tutela de evidência, acredita-se que esse provimento deve ser admitido também quando a tese jurídica em que se lastreia a probabilidade do direito tem sede em súmulas não vinculantes ou em julgamentos dos Tribunais não submetidos à sistemática de julgamentos repetitivos. Isso porque, conforme já se explanou, o requisito para concessão da tutela de evidência é a probabilidade do direito, que não exige, aprioristicamente, determinadas vias para sua configuração, podendo sê-lo por todas as vias idôneas admitidas para formação do convencimento judicial.

Logo, na perspectiva do rol de espécies de precedentes autorizadores da tutela de evidência pelo inciso II do art. 311, conclui-se que o dispositivo legal dá margem para variações no seu espectro de aplicação, conforme se tenda para a diretriz restritiva de emprego da tutela de evidência – compreendendo-se como taxativa a referência à súmula vinculante e ao julgamento de casos repetitivos –, ou para norte ampliativo de incidência de tutela desse jaez, admitindo-a frente a qualquer tipo de precedente.

Induvidosamente, a previsão do inciso II representa importante avanço na generalização da tutela de evidência, ao desvinculá-la da hipótese de tutela-sanção, isto é, permitir sua concessão mesmo frente à conduta não abusiva ou protelatória da parte adversa.

Contudo, também inegável que a generalização segue tratando a tutela de evidência como expediente assaz excepcional, ao qualificar objetivamente a probabilidade do direito, necessária para concessão da tutela, como sendo a revelada em prova documental e amparada em precedente (seja compreendendo-o de modo ampliativo, seja na perspectiva taxativa das espécies expressamente mencionadas pelo legislador).

Assim é que a hipótese do inciso II do art. 311 do CPC/2015 é, ainda, uma previsão típica de tutela de evidência, para a qual não basta a presença do requisito essencial para concessão dessa tutela – a probabilidade do direito – exigindo o legislador expressamente a presença de outro elemento para tal: respaldo em precedente. Há, pois, uma simples troca da situação excepcional da urgência, presente na tutela de urgência, ou da situação também excepcional da sanção, presente na tutela de evidência em vista de abuso de direito de defesa ou conduta protelatória, pela situação excepcional do respaldo em precedente. Em outras palavras, na visão tradicional do tema, que encara a tutela do direito provável como excepcional, a conclamada segurança jurídica da qual a tipicidade seria guardiã seria preservada na tutela de urgência através da presença de urgência, na tutela de evidência conforme inciso I do art. 311 do CPC/2015 por intermédio da reprimenda à conduta dissonante da boa-fé e, no inciso II do art. 311, os precedentes seriam o bastião da segurança.

Ademais, a generalização da tutela de evidência trazida no inciso II é tímida ao restringir-se a controvérsias fático-jurídicas, quando se acredita que o cabimento da tutela de evidência (tutela do direito provável em combate ao dano marginal do processo) deve ser mais amplo, abarcando inclusive situações de controvérsia estritamente fática. Por isso, é que se defende na presente obra, além da generalização, a atipicidade da tutela de evidência, de modo que sua concessão seja cabível nas controvérsias estritamente fáticas e controvérsias fático-jurídicas, que comportam cognição sumária[66], e que baste para tal seu requisito basilar, a probabilidade do direito, não se atendo às hipóteses típicas previstas pelo legislador que associam à probabilidade outros requisitos para concessão dessa tutela do direito provável em combate ao dano marginal do processo.

O inciso III do art. 311 do Código de Processo Civil de 2015 cuida de hipótese típica de tutela de evidência aplicável estritamente à ação de depósito, ao dispor que tem cabimento a tutela de evidência quando "se tratar de pedido reipersecutório fundado em prova documental adequada do contrato de depósito, caso em que será decretada a ordem de entrega do objeto custodiado, sob cominação de multa". A previsão legal tem correspondente no Código de Processo Civil de 1973 (art. 902), que disciplinava como procedimento especial a ação de depósito, sendo justificada a especialização procedimental exatamente pelo cabimento no procedimento em referência da tutela de evidência.

Constata-se que o deferimento da tutela na aludida hipótese se esteia em probabilidade do direito, desde que ela seja revelada por prova documental do contrato de depósito, não obstando, porém, que as demais provas necessárias à configuração da probabilidade no caso concreto sejam por meios outros que não documental. De se destacar, também, que a tutela de evidência no inciso III do art. 311 não exige que se alinhe à probabilidade do direito conduta abusiva da parte adversa.

A despeito de aparentar aproximar-se a previsão legal de ampla tutela de evidência, consoante propugnado na presente obra, sua restrição de

[66] Sobre espécies de controvérsias adequadas à cognição sumária, vide item 1.4.1 desta obra.

cabimento é patente pela tipicidade imposta pelo legislador com fundamento no direito material em debate.

Assim é que, na esteira da excepcionalidade que tradicionalmente marcou a tutela do direito provável, o legislador somente a admitiu por aprioristicamente reputar que a relação de direito material em exame, qual seja, o contrato de depósito havido entre os litigantes, em situação de inadimplemento, reclama proteção mais enérgica, inclusive frente ao dano marginal. Na mesma ordem de ideias, é o que se verifica na tutela do direito provável em ações possessórias, em ações de despejo etc., quando o legislador expressamente autoriza a concessão da prestação jurisdicional frente à probabilidade do direito alegado e mesmo ausente urgência: é o direito material, que o legislador aprioristicamente considerou de assaz relevância, que justifica essa robusta proteção na sede processual.

O que se defende na presente obra, vale reafirmar, transcende as opções apriorísticas feitas pelo legislador para específicos direitos materiais. O que se busca é que em qualquer direito material, em qualquer espécie procedimental, seja cabível a concessão da tutela de evidência, competindo ao magistrado julgar pelo seu cabimento no caso concreto, exigindo para tal apenas o requisito da probabilidade do direito.

O inciso IV do art. 311 veicula hipótese de cabimento de tutela de evidência merecedora também de especial atenção, em vista de possibilidades de interpretações em sentidos diversos, é dizer, tendentes a fortalecer a tutela do direito provável rumo à atipicidade defendida na presente obra, ou lado outro, sua inteligência restritiva, na linha da excepcionalidade que tradicionalmente marca a tratativa do tema.

Dispõe o legislador no inciso IV do art. 311 do CPC/2015 que a tutela de evidência é cabível quando "a petição inicial for instruída com prova documental suficiente dos fatos constitutivos do direito do autor a que o réu não oponha prova capaz de gerar dúvida razoável". Da redação do inciso em tela observa-se que a probabilidade do direito necessária à concessão da tutela, além de objetivamente qualificada por meio específico de prova, ao expressamente aludir a prova documental (tal como se verifica no inciso II do mesmo artigo), é também caracterizada pelo adjetivo suficiente.

Sabe-se que semanticamente o vocábulo suficiente corresponde ao que é bastante, isto é, quando nada mais é necessário. Na perspectiva estritamente jurídico-processual, inexiste significado especificamente afeto ao vocábulo suficiente, tampouco dissentindo-o do significado semântico. Nessa ordem de ideias, a prova documental suficiente é compreendida como prova bastante do fato constitutivo do direito do autor, não sendo cabível, por desnecessária, outras provas para esse fim.

Nesse prisma, a prova documental suficiente referida pelo legislador no inciso IV aproxima-se da prova pré-constituída, requisito do mandado de segurança. Isso porque, além de ambas não comportarem meios de prova diversos da via estritamente documental, o vocábulo suficiente denota que não se admite, no curso do feito, a produção de provas outras para subsidiar a convicção quanto ao direito alegado pelo autor.

Subsiste, no entanto, a distinção entre prova documental suficiente e a denominada prova pré-constituída empregada no mandado de segurança no que toca ao completo descabimento de instrução probatória no *writ*, enquanto na hipótese do inciso IV decerto cabe instrução probatória quanto às alegações de defesa do réu. E tal se afirma porque no seio da tutela de evidência, como espécie de tutela provisória que é, necessariamente haverá cognição sumária, de modo que, conforme conceito adotado na presente obra, potencialmente haverá elementos outros no processo para amparar cognição futura, esta sim exauriente. Considerando, ademais, que o contraditório prévio já foi estabelecido em caso de decisão fundada no art. 311, IV, do CPC/2015 – seja porque mister a observância do contraditório prévio para apreciação da tutela de evidência, segundo já defendido alhures nesta obra, seja porque o próprio CPC/2015, a despeito das exceções do contraditório prévio trazidas no art. 9º, parágrafo único, induvidosamente não excepciona a tutela de evidência prevista no inciso IV – os elementos que potencialmente remanescem para produção futura no feito são provas para subsidiar a solução das controvérsias. Visto sob outra perspectiva, se já estivessem no feito todas as provas também relação às alegações de defesa do réu, a cognição empreendida pelo julgador não seria sumária, mas, sim, exauriente, pelo que não seria caso de tutela de evidência, e sim de tutela definitiva, em julgamento definitivo parcial ou total de mérito.

Assim é que, também no inciso IV, acertada é a opção do legislador de não empregar a expressão prova pré-constituída, em vista da conotação dela decorrente pelo largo emprego no mandado de segurança completamente restritiva de instrução probatória, o que não ocorre em sede de tutela de evidência.

A expressão prova documental suficiente, notadamente o adjetivo suficiente empregado no inciso IV, também impele à reflexão sobre a cognição empreendida quanto ao fato constitutivo do direito alegado pelo autor. Isso porque cabe uma vez mais a referência à "tutela antecipatória através da técnica da reserva da cognição da exceção substancial indireta" sugerida por Luiz Guilherme Marinoni[67], segundo o qual deveria ser cabível tutela antecipada (é dizer, proferida antes da chamada tutela definitiva) – quando inexiste controvérsia sobre o fato constitutivo do direito do autor, residindo a resistência do réu na alegação de fato extintivo, modificativo ou impeditivo do direito alegado pelo autor. Como já se destacou, aduz Marinoni que, nessa situação, a cognição sobre o direito alegado pelo autor é exauriente, ao passo que é sumária tão somente a cognição quanto à exceção substancial suscitada pelo réu, a quem, em regra, compete o ônus probatório sobre os alegados fatos extintivos, modificativos ou impeditivos (e, conforme lição do processualista paranaense, quem necessita do tempo do processo para influir no convencimento do julgador, justificando, por isso, imputar-lhe o ônus do tempo do processo).

Retoma-se a lição de Luiz Guilherme Marinoni porque ela tem pertinência com a tutela de evidência disciplinada no art. 311, IV, do CPC/2015, na linha de compreensão da prova documental suficiente como prova bastante, descabidas outras. Nesse diapasão, o direito alegado pelo autor é mesmo apreciado na esteira da cognição exauriente, como leciona Marinoni quanto à por ele chamada "tutela antecipatória através da técnica da reserva da cognição da exceção substancial indireta", uma vez que oportunizado o contraditório e descabia – por desnecessária – prova outra quanto ao fato constitutivo do direito alegado pelo autor.

Assim é que, nessa linha de entendimento (sublinhe-se), a hipótese de tutela de evidência do inciso IV corresponde à "tutela antecipatória através da técnica da reserva da cognição da exceção substancial indireta" sugerida por Luiz Guilherme Marinoni ainda em meados da década de 1990, dado que a cognição sumária recai sobre as alegações do réu, justificando a capitulação como tutela de evidência, espécie de tutela do direito provável (tutela provisória, como denomina o CPC/2015). Vale reiterar que, se também quanto a essas alegações do réu a cognição for exauriente, não é caso de tutela de evidência, mas, sim, de julgamento definitivo total ou parcial de mérito.

Ressalvou-se nas passagens acima que os apontamentos tinham por premissa a compreensão da expressão prova documental suficiente como prova bastante, não sendo cabível outras, porque as conclusões alhures não se aplicam se se entender o adjetivo suficiente com conotação diversa.

---

67 MARINONI, Luiz Guilherme. **Tutela antecipatória e julgamento antecipado: Parte incontroversa da demanda.** 5 ed. São Paulo: Revista dos Tribunais, 2002.

Já se assinalou o significado semântico de suficiente, bem como a ausência de sentido técnico-processual específico. Não se pode olvidar, porém, que a hipótese do art. 311, VI, do CPC/2015 se encontra no seio de tutela provisória, em primado, por conseguinte, da cognição sumária, de modo que, nesse contexto, é possível emprestar conotação técnico-processual ao vocábulo suficiente distinta daquela derivada de sua semântica.

Com efeito, prova documental suficiente pode ser entendida como aquela hábil a amparar juízo positivo de probabilidade (ou seja, prova suficiente para revelar a probabilidade do direito), não obstando, porém, que também o autor se valha de instrução probatória para corroborar a prova do seu direito alegado já trazida ao feito, objetivando subsidiar tutela definitiva a seu favor. Nessa linha, inclusive, é a compreensão da expressão prova inequívoca prevista no art. 273 do CPC/1973, que, a despeito do significado semântico do adjetivo inequívoco (o que não se tem dúvida ou incerteza), assentou-se que não se exige prova cabal, própria a amparar juízo de certeza, sendo exigível, sim, prova para lastrear juízo de probabilidade.

Acredita-se que a compreensão da prova documental suficiente neste último sentido, isto é, a admitir, ainda, instrução probatória por parte do autor, amplia o cabimento da tutela de evidência, não restringindo a cognição sumária às alegações do réu, estendendo-a a toda a controvérsia sob exame. Por essa razão, em linha de fortalecer a tutela do direito provável em combate ao dano marginal do processo e em vista das considerações já expostas nesta obra, acredita-se que o entendimento mais adequado da locução prova documental suficiente é o que a trata como prova reveladora de probabilidade, ou seja, ainda em sede de cognição sumária, diferentemente da compreensão que a reputa como prova exauriente do direito alegado pelo autor.

Ainda no que toca à expressão prova documental suficiente, impende ter em vista a hipótese do art. 311, II, do CPC/2015, na qual o legislador também se utiliza da prova documental para subsidiar o juízo de probabilidade necessário à concessão da tutela de evidência. Merece reflexão a opção do legislador no inciso II de valer-se apenas da expressão prova documental, ao passo que no inciso IV o legislador qualificou essa espécie de prova com o adjetivo suficiente.

Destarte, a prova documental suficiente, acredita-se, é aquela hábil a subsidiar, por si, a probabilidade do direito alegado. No inciso II do art. 311, ao revés, a configuração da probabilidade do direito alegado exige, além de prova documental – que não se requer seja suficiente – que essa se alie à tese firmada em precedente (diga-se, julgamento de caso repetitivo ou súmula vinculante).

A redação do inciso IV do art. 311 merece também reflexão quanto à sua parte final, em que requer que o réu não oponha prova capaz de gerar dúvida razoável sobre o fato constitutivo do direito do autor. Principalmente aqui, divergências interpretativas conduzem a extensões diversas do espectro de cabimento da tutela de evidência.

Em viés restritivo, seguindo a concepção excepcional que tradicionalmente se emprestou à tutela do direito provável, mormente em combate ao dano marginal do processo, a exigência legal de que o réu não oponha prova capaz de gerar dúvida razoável poderia ser entendida como conduta abusiva do réu.

Inclusive, como já se assinalou nesta obra, Luiz Guilherme Marinoni, ao propor a "tutela antecipatória através da técnica da reserva da cognição da exceção substancial indireta" e a "tutela antecipatória através da técnica da monitória" indica a abusividade da conduta do réu como requisito para concessão dessas espécies de tutela do direito provável[68]. Logo, compreendendo-se o inciso IV como as sugestões trazidas por Marinoni, a exigência veiculada pelo legislador na parte final do inciso IV teria mesmo referência a conduta abusiva do réu.

Acredita-se, no entanto, que esta não é a melhor compreensão para a hipótese de cabimento da tutela de evidência prevista no inciso IV do art. 311 do CPC/2015.

A uma, porque se entende que a tutela de evidência, como tutela do direito provável em combate ao dano marginal do processo, deve transcender à situação de sanção da conduta do réu, devendo, mais, focar na proteção do direito provável do autor. Assim é que se reputa que a tutela de evidência deve ser cabível mesmo frente a conduta não abusiva do réu, visto que prestação jurisdicional dessa estirpe se justifica pela promoção da efetividade ao se tutelar direito provável, distribuindo entre as partes o ônus do dano marginal do processo. Por isso, a tutela do direito provável em combate ao dano marginal do processo não deve ter por requisito, propriamente, a conduta da parte adversa, mas, sim, o reconhecimento de probabilidade do direito alegado a respeito do qual se requer tutela.

A duas, porque considerar como conduta abusiva do réu a não apresentação de prova capaz de gerar dúvida razoável sobre o direito alegado pelo autor resta por esvaziar a hipótese do inciso IV do art. 311, fazendo-a inteiramente contida na previsão do inciso I do mesmo artigo, que, como

---

68 MARINONI, Luiz Guilherme. **A antecipação da tutela.** 7. ed. São Paulo: Malheiros, 2002, p. 198-199.

visto, autoriza a concessão de tutela de evidência em situação de abuso no exercício do direito de defesa ou manifesto propósito protelatório da parte.

Destarte, necessariamente impende conferir à parte final do inciso IV sentido diverso de conduta abusiva do réu, de modo que a tutela de evidência será cabível mesmo que não se configure abusividade, restando a situação no espectro da razoabilidade.

A questão principal que se impõe é se é cabível tutela de evidência mesmo frente a defesa razoável apresentada pelo réu. Sem dúvidas, pela redação do inciso IV do art. 311 ressai claro que a tutela do direito provável, com fulcro neste dispositivo legal, somente é cabível se, além de o autor trazer prova documental suficiente do direito que alega, o réu não apresentar defesa razoável; em outras palavras, frente a defesa razoável, não é cabível tutela de evidência. Mas essa previsão legislativa corresponde à atipicidade defendida na presente obra, no sentido de que se está a exigir para concessão da tutela de evidência tão somente a probabilidade do direito alegado? Ou, lado outro, o inciso IV é mais uma hipótese típica de tutela de evidência, na qual, além do requisito essencial para sua concessão – a probabilidade do direito alegado – está-se a exigir outro requisito, a defesa não razoável do réu?

Para resposta dessas indagações, imperativo retomar o conceito de probabilidade do direito aplicável à tutela de evidência, em atenção à necessária conciliação sistêmica entre tutela de evidência e tutela de urgência. Como se esclareceu nesta obra, para fim de tutela de evidência compreende-se direito provável do autor e defesa não razoável do réu como facetas da mesma realidade, pelo que inexoravelmente a apresentação de defesa pelo réu que se qualifique como razoável afastará a configuração da probabilidade do direito alegado para o fim de tutela de evidência. Ou seja, nessa perspectiva, inexiste probabilidade do direito do autor hábil a amparar a concessão de tutela de evidência quando o réu apresenta defesa razoável. Assim encarada a temática, conclui-se que para a concessão da tutela de evidência com esteio no inciso IV está-se apenas a exigir o requisito essencial para prestação jurisdicional dessa espécie.

Por tudo que se expôs, a destacar (a) o fortalecimento da tutela do direito provável em combate ao dano marginal do processo como instrumento para maior distribuição do ônus do tempo do processo e, assim, promoção da efetividade dos direitos, (b) a finalidade da tutela de evidência, (c) seu requisito basilar, qual seja, a probabilidade do direito, bem como (d) a necessária conciliação sistêmica entre as espécies de tutela do direito provável (tutela de urgência e tutela de evidência), conclui-se que o inciso IV do art. 311 do Código de Processo Civil consagra em certa medida a atipicidade da tutela de evidência ao exigir para concessão apenas a probabilidade do direito – que, em matéria de tutela de evidência, somente se apresenta quando não confrontada por defesa razoável do réu –, não vinculando o deferimento desse provimento a outro requisito taxativamente previsto pelo legislador.

Faz-se, porém, uma ressalva, e por isso utilizou-se a expressão "certa medida" porque, mesmo nessa ordem de ideias, a atipicidade trazida no art. 311, IV, do CPC/2015 não é em sua plenitude na medida em que a primeira parte do inciso restringe a demonstração da probabilidade do direito alegado pelo autor à chamada prova documental suficiente, ou seja, não é admitida prova oral ou técnica para o fim de configuração da probabilidade.

É certo que o inciso IV do art. 311 representa importante inovação do Código de Processo Civil de 2015, ao ampliar o cabimento da tutela do direito provável em combate ao dano marginal do processo em medida significativa.

Propõe-se nesta obra, porém, interpretação ampliativa da previsão legal no que toca à exigência de prova documental suficiente do direito alegado pelo autor, seja para admitir que o próprio autor também se valha de instrução probatória futura para robustecer o direito que alega, seja para afastar a tarifação legal e admitir outros meios de prova, oral ou técnica, que também revelem a probabilidade do direito. Essa compreensão, acredita-se, alinha-se à atipicidade e à generalização da tutela de evidência conforme caracteres defendidos na presente obra, convergindo para a realização mais ampla da distribuição do dano marginal do processo.

4

CONTROVÉRSIAS SOBRE A TUTELA DO DIREITO PROVÁVEL E SUA CONFORMIDADE AO ACESSO À JUSTIÇA E AO JUSTO PROCESSO LEGAL

A tutela do direito provável, objeto de defesa na presente obra, é alvo de críticas que a associam a abusos, a males à imparcialidade, à isonomia processual e ao justo processo legal[1]. Ainda, aduzindo a risco de sumarização do processo, aponta-se que "a tendencial sumarização da cognição judicial (...) expõe a perigo a integral, consistente e efetiva resolução justa do conflito"[2], que somente seria alcançada pela cognição exauriente, juízo de certeza e coisa julgada material[3]-[4]. Nessa esteira, alega-se

---

1 Nesse sentido: "deformalização dos procedimentos para processos de '2ª categoria' (de juizado especial, por exemplo), pela sumarização da cognição, pelos juízos monocráticos nas Turmas e pela diminuição de recursos (ou criação de barreiras) – reformas estas que, além de violarem direitos fundamentais do contraditório, ampla defesa e devido processo legal, não logram obter os resultados desejados, pois, ao contrário de diminuir a duração da ação, provocando multiplicação de recursos (e sucedâneos recursais), o que somente adia ainda mais o desfecho". NUNES, Dierle José Coelho; TEIXEIRA, Ludmilla Ferreira. **Acesso à Justiça Democrático.** Rio de Janeiro: Gazeta Jurídica, 2013, p. XIII.
Os autores ressalvam, porém, que "não se dirige uma crítica apressada a todos os mecanismos de informalização da justiça. (...) Insurge-se apenas contra a parcialidade de todo discurso que festeja as virtudes redentoras do fenômeno sem ressalvar suas ambiguidades e riscos." *Op. cit.* p. 107.
A ressalva é pertinente porque, acredita-se, na presente tese busca-se o cuidado de não propalar a defesa do direito provável como panaceia para todos os males, tampouco como se restasse isenta a desvios, constatações que, entretanto, não maculam a essência da técnica de tutela do direito provável e, por conseguinte, não afastam seu potencial positivo sobre a efetividade dos direitos.

2 MANCUSO, Rodolfo de Camargo. **Acesso à justiça: Condicionantes ilegítimas.** São Paulo: Revista dos Tribunais, 2014, p. 210.

3 "A tutela jurisdicional prometida na Constituição é tutela de cognição exauriente, que persegue juízo o mais aproximado possível da certeza jurídica; é tutela definitiva, cuja imutabilidade confere adequado nível de estabilidade às relações sociais; é, em suma, tutela que privilegia o valor segurança. A essa tutela-padrão podemos denominar tutela definitiva, como fazem os clássicos quando a diferenciam da tutela cautelar". ZAVASKI, Teori Albino. **Antecipação de tutela.** 4. ed. São Paulo: Saraiva, 2005, p. 24.

4 Para a relação dos possíveis riscos derivados da *"dénaturation de la fonction tradionnelle de la protection juridictionnelle provisoire"*: CHAINAIS, Cécile. **La protection juridictionnelle provisoire dans le procés civil en droit français et italien.** Paris : Dalloz, 2007, p. 521 e ss.

que a regulação das relações jurídicas por provimentos provisórios durante longo lapso temporal, em vista da demasiada demora da resposta definitiva, traria perigo à segurança jurídica[5].

Guardada vênia aos que assim se posicionam, acredita-se que as tutelas estribadas em cognição sumária se alinham aos ditames do acesso à justiça e do justo processo constitucionalmente estabelecido, exatamente porque primam pela efetividade dos direitos. Por se tratar de tutela diferenciada em atenção à distribuição do ônus do tempo do processo (seja em situação de urgência, seja frente ao dano marginal), a tutela do direito provável se constitui como medida de justiça, ainda que não em toda sua amplitude, isto é, mesmo que não sejam para tanto bastante (e nem mesmo a cognição exauriente o é), haja vista concorrerem para a conclamada realização da justiça no caso concreto fatores outros de ordem processual e sociocultural.

Com efeito, na técnica de tutela do direito provável, que se pauta em cognição sumária e consequente juízo de probabilidade, não há apriorística e de modo inerente, liame direto e necessário com violação a direitos fundamentais ou à segurança jurídica.

O que se observa, sim, é que muitas críticas feitas às tutelas fundadas em cognição sumária invocam garantias e princípios processuais de modo lacônico, sem precisar, em vista das bases teóricas que subjazem essa espécie de prestação jurisdicional, quais seriam seus caracteres que implicariam ofensa ao justo processo legal e à segurança jurídica. No máximo, há invocação de situações práticas pontuais em que concretamente a técnica de tutela do direito provável perpetrou ofensa à segurança e/ou aos demais consectários do justo processo legal.

Não se olvida que pode, sim, ocorrer de em determinado caso concreto alguma contrariedade a direitos e garantias se verificar. Entende-se, contudo, que tal se dá por inobservância dos critérios devidos para exercício da

---

5 Nesse mister, colhe-se o alerta de José Roberto dos Santos Bedaque: "Na tentativa de abrandar os efeitos danosos dessa anomalia, o legislador processual vem adotando várias formas de tutelas de urgência, por natureza provisórias, destinadas simplesmente a assegurar a efetividade da providência final. Conservativas ou antecipatórias, as medidas urgentes visam tão-somente a afastar o risco de dano decorrente da morosidade do processo. Não têm a finalidade de solucionar definitivamente as crises de direito material. (...) A excessiva sumarização do conhecimento importa outros riscos, pois pode comprometer o contraditório e a segurança do processo, valores fundamentais e que não podem ser simplesmente abandonados. As tutelas de urgência, embora necessárias, devem ser vistas como solução excepcional. Também por isso, não são suficientes para assegurar a verdadeira efetividade da tutela jurisdicional, o que somente se consegue mediante respostas que produzam resultados definitivos". BEDAQUE, José Roberto dos Santos. **Efetividade do processo e técnica processual.** 2ª ed. São Paulo: Malheiros, 2007, p. 47-48.

prestação jurisdicional sumária e não porque essa prestação seja ontologicamente viciada.

Ao revés – não focando o exame estritamente em um caso concreto específico, mas, sim, em vista dos caracteres jurídicos que constituem a tutela do direito provável –, conclui-se que a verificação de direito provável e sua tutela (permitir a execução imediata do direito) consubstancia via de realização do justo processo legal, dado que privilegia a igualdade substancial, o que permite situações aparentemente desiquilibradas, mas que assim o são em vista de um cenário de desequilíbrio que a autoriza: a permissão de imediata execução sem que ultimada a cognição exauriente é autorizada pelo cenário de desequilíbrio no juízo de probabilidade das razões das partes.

Com efeito, em vista das situações práticas de aplicação da tutela do direito provável, entende-se que a atuação jurisdicional adequada, segundo a técnica e os princípios que a norteiam, é suficiente para apartar as críticas que comumente se lançam sobre prestação jurisdicional dessa estirpe. Logo: em face do receio de pleitos descabidos de tutela do direito provável, o remédio devido é o magistrado fundamentadamente negá-los; quanto ao temor de concessões indevidas dessa tutela, o problema se situa não nesta espécie de provimento jurisdicional, mas, sim, em falha no exercício da técnica decisória, cujo adequado desempenho deve ser exigido dos julgadores, cabendo também ter em vista que o duplo grau de jurisdição é igualmente remédio para a indesejável ocorrência.

Assim é que a conclusão pela conformidade da tutela do direito provável, nos moldes propugnados na presente obra, ao acesso à justiça e ao justo processo legal, em visa de direitos e garantias legais e constitucionais, passa pela verificação dos critérios devidos para exercício dessa prestação jurisdicional sumária.

4.1 A SUMARIZAÇÃO DA PRESTAÇÃO JURISDICIONAL E A PREOCUPAÇÃO COM A SEGURANÇA JURÍDICA NA TUTELA DO DIREITO PROVÁVEL

Recorrentemente, a tutela do direito provável é criticada por representar sumarização do processo, encarada em perspectiva negativa por supostamente privilegiar a celeridade da prestação jurisdicional em detrimento de solução adequada da controvérsia, cuja sede seria a prestação fundada em cognição exauriente, por ser esta consentânea ao desígnio de segurança jurídica.

É certo que efetividade não se confunde com celeridade, sendo esta apenas uma de suas facetas, mas que não pode ser valorizada em demasia e em detrimento da segurança jurídica.

Entende-se segurança jurídica não pelo prisma liberal-racionalista de preservação do *status quo*, mas, sim, sob a ótica da observância dos princípios constitucionais do processo, a saber, juiz natural, contraditório, ampla defesa, que merecem devida compreensão em vista do paradigma do Estado Constitucional de Direito e do seu desiderato de efetividade dos direitos e, então, podem ser reunidos na cláusula do justo processo legal.

> É nova em nossa doutrina uma compreensão do processo à luz do constitucionalismo contemporâneo, que se afasta de uma perspectiva estática, de um modelo de garantias (de que é expressão o "devido processo legal") para abarcar um modelo de direitos fundamentais em que as tensões entre segurança e efetividade se articulam em perspectiva dinâmica na construção de um "justo processo". Se de um lado não é mais possível prender-se em determinados "sentidos históricos" das garantias processuais (sentidos históricos, aliás, curiosamente imunes aos próprios câmbios históricos e culturais), é necessário, de outro, ampliar a discussão para saber se efetivamente se pretende abrir mão desses sentidos históricos em favor de um processo mais efetivo.[6]

Nessa ordem de ideias, para que se alcance verdadeiramente efetividade na resposta jurisdicional do Estado, em prol da efetividade dos direitos, mister é a observância do justo processo legal, na perspectiva do qual se deve compreender a segurança jurídica e seus consectários. É dizer, importa vislumbrar o contraditório, a ampla defesa e todas os demais direitos e garantias processuais vocacionados à efetividade dos direitos, sob pena de transporem os contornos do exercício regular de direito, atingindo, sim, o abuso de direito. E, ainda, atenção merecem não apenas os atos do juiz, mas também e em grande relevo, a atuação das partes, sujeitos titulares dos interesses em conflito trazidos ao Judiciário para adequada solução estatal.

Verifica-se que efetividade compreende não só celeridade da resposta jurisdicional, bem como, e em importante medida, a segurança jurídica, pois não prescinde da observância dos princípios constitucionais do processo,

---

6 FLACH, Daisson. Estabilidade e controle das decisões fundadas em verossimilhança: elementos para uma oportuna reescrita. In: ARMELIN, Donaldo. **Tutelas de urgência e cautelares**. São Paulo: Saraiva, 2010, p. 310.
No mesmo sentido: "A observância do direito à participação no processo, aliada à garantia de condução da causa por um juiz imparcial que justifique adequadamente seus atos, compõe o trinômio mínimo de requisitos que devem ser respeitados para a criação do âmbito jurisdicional de um estado de estabilidade das situações jurídicas e de previsibilidade de comportamento do Estado-juiz. A criação desse estado permite o desempenho de todas as funções do princípio da segurança jurídica." LUCON, Paulo Henrique dos Santos. Segurança jurídica no novo CPC. In: LUCON, Paulo Henrique dos Santos; OLIVEIRA, Pedro Miranda de. **Panorama atual do novo CPC.** Florianópolis: Empório do Direito, 2016, 325-344.

sob pena de se estar diante de um processo que resulte em abusos e incertezas, não em uma solução justa.

Improcedente, acredita-se, a alegação de que a tutela fundada em cognição sumária priorizaria a celeridade a qualquer custo e o mero descongestionamento do Judiciário, crítica que, por ter como alvo a cognição sumária, poderia certamente se estender à atipicidade e à generalização do combate ao dano marginal pela via da tutela de evidência e ao consequente fortalecimento das tutelas do direito provável propostos na presente obra.

Contudo, a crítica não resiste ao apontamento de que o norte teórico das propostas aqui empreendias é, sim, a efetividade dos direitos, o foco é o direito material e não o processo, de modo que a promoção de celeridade e o descongestionamento do Judiciário, embora sejam também desejáveis, certamente não são o desiderato maior e último da tutela do direito provável.

Igualmente não é hábil a infirmar a tutela do direito provável a alegação de que seu fortalecimento representaria risco à segurança jurídica, que somente seria alcançada por cognição exauriente, juízo de certeza e coisa julgada material.

Uma vez mais impende ter em vista que o escopo maior a se objetivar é a efetividade dos direitos e não estritamente a segurança jurídica, com os contornos que lhe são próprios do viés liberal-racionalista, de cunho notadamente individual. Em verdade, primar pela cultura de realização de direitos converge para a segurança jurídica desejada na perspectiva do Estado Constitucional de Direito, no qual antes de ter por desiderato preservar ao máximo patrimônio individual (mesmo frente a direito evidente ou até em face de direito reconhecido por decisão judicial fundada em cognição exauriente, mas sujeita a recurso), mira-se, sim, a segurança de que os direitos estabelecidos serão cumpridos, seja voluntariamente – o que se prefere –, seja, em última *ratio,* coercitivamente e em tempo razoável pela via do processo.

Nessa ordem de ideias, a segurança jurídica não é alcançada apenas pela cognição exauriente e consequente coisa julgada. Aliás, por essa trilha não necessariamente se alcança a segurança jurídica, porquanto é possível que não obstante o juízo de certeza e a máxima certeza processual pela coisa julgada, o direito siga sendo inobservado e, assim, persista a insegurança gerada por esse inadimplemento, ou seu intempestivo cumprimento já tenha imposto significativo prejuízo.

Destarte, a segurança jurídica não deve ser signo de manutenção do *status quo*, devendo ser, diversamente, atingida por meio da observância dos direitos. Espera-se, sim, que os direitos sejam observados frente uma decisão

que a tutela do direito provável se estabilize, encerrando a relação jurídico-processual sem necessidade de decisão fundada em cognição exauriente[7].

Dessa feita, muito embora a cognição exauriente tenha significativa potencialidade de pacificação do litígio e consequente realização do direito material, não se pode negar que a cognição sumária também tem potencialidade para tal, mormente porque tende a ser célere e, assim, agir na distribuição do ônus do tempo, convergindo para a efetividade.

Assim dotando de proeminência a tutela do direito provável, que é fundada em cognição sumária, por essência mais célere, acredita-se que o processo será um instrumento mais eficaz para realização dos direitos, seja permitindo sua satisfação mais rápida, seja desestimulando seu descumprimento.

Em ode ao fortalecimento da tutela fundada em cognição sumária, leciona Ovídio A. Baptista da Silva:

> Há, sem dúvida, razões históricas, filosóficas e acima de tudo políticas, a justificar o retorno às ações sumárias. Estas razões podem ser resumidas, de um lado, na exigência, cada vez mais vigorosa, de uma justiça efetiva e condizente com os tempos da civilização eletrônica; de outro no completo fracasso, que o sonho racionalista prometera, de um direito "científico", tão previsível e exato quanto um teorema matemático. (...)
>
> Se a "certeza do direito", em si mesma, já é uma doce ilusão, que poderíamos dizer de um sistema como o nosso em que a pletora de leis e regulamentos fica submetida a uma multiplicidade de instâncias julgadoras! Se o procedimento ordinário não pode oferecer a única vantagem que dele se poderia esperar, pois quanto mais se avolumam de questões litigiosas, mais se exacerba sua natural morosidade e maior passa a ser a insegurança do resultado final, então o caminho que nos poderá dar alguma esperança para aliviar as tensões e reduzir a insatisfação com os resultados da jurisdição estatal será o resgate das ações sumárias, com o definitivo abandono do procedimento ordinário, ou, como temos preconizado, com sua limitação apenas às causas de grande complexidade probatória.[8]

Novamente impende ressalvar que a tutela do direito provável naturalmente envolve riscos, considerando que alguém necessariamente deve suportá-la e tendo em vista, ademais, a falibilidade de qualquer atividade humana como é uma decisão judicial, não somente a lastreada em cognição

---

7 Como já destacado em nota, acredita-se que a autonomização da tutela do direito provável é outra via de fomento de tutela desse jaez, que, no entanto, transcende o recorte metodológico da presente obra e, por isso, não será aqui desenvolvido.

8 BAPTISTA DA SILVA, Ovídio A. O contraditório nas ações sumárias. In: BAPTISTA DA SILVA, Ovídio A. **Da sentença liminar à nulidade da sentença.** Rio de Janeiro: Forense, 2001, p. 281-282.

sumária, mas também a fundada em cognição exauriente (não sem razão se reconhece que a certeza processual nada mais é do que probabilidade).

É possível, outrossim, que em nome da tutela do direito provável de uma parte dê-se azo a ofensa a direitos e garantias da parte adversa, possibilidade que, contudo, não é eliminada em cognição exauriente (tanto assim que o sistema consagra vias de reforma endo e extraprocessuais de decisões que veiculam juízo de certeza). Conclui-se, pois, que a ofensa a direitos e garantias processuais não é prerrogativa inerente à sumariedade da cognição, é consequência de seu exercício inadequado e desviado.

Poder-se-ia dizer que a cognição exauriente, se não elimina, ao menos minimizaria os riscos de prestar tutela a quem não é real titular do direito em disputa. Entretanto, há que se considerar os danos experimentados ao se aguardar o tempo da cognição exauriente, não apenas aqueles excepcionais, mas também o chamado dano marginal do processo. Assim é que a ponderação entre essas opostas situações exige que a ordem jurídica não empreenda apriorística opção por uma delas, devendo, sim, contar com instrumentos processuais que sirvam a uma ou a outra, sendo a adequação do emprego dos instrumentos auferida no caso concreto, em que se verificará a quem assiste a probabilidade do direito e, se for o caso, a urgência da prestação jurisdicional, para distribuir entre as partes o ônus do tempo do processo.

4.2 ATUAÇÃO DO JUIZ NA TUTELA DO DIREITO PROVÁVEL[9]

Salta à vista que as críticas concernentes a abusos e consequentes prejuízos às garantias constitucionais do contraditório e da ampla defesa tocam diretamente à atuação dos sujeitos no processo, a destacar a posição do magistrado, a quem compete julgar a pretensão de tutela de um direito alegado provável, indeferindo-a ou deferindo-a, bem como modulando seus contornos. Em outros termos, a atuação dos sujeitos do processo é aspecto fulcral para a efetividade da prestação jurisdicional. Tratando-se do magistrado, sujeito constitucionalmente investido de competência para apreciação de conflitos de interesses trazidos à solução do Estado, é certamente perceptível sua relevância.

Precisamente em vista da decisão judicial sobre a pretensão de tutela de direito provável é que se constatada em dado caso concreto iniquidades

9 NORATO REZENDE, Ester Camila Gomes. O contraditório e os poderes do juiz na concessão de medidas de urgência, sob a perspectiva da efetividade da prestação jurisdicional. In: THEODORO JÚNIOR, Humberto; LAUAR, Maira Terra (Coords.). (Org.). **Tutelas diferenciadas como meio de incrementar a efetividade da prestação jurisdicional**. Rio de Janeiro: GZ, 2010, p. 228-258.

como ofensas à imparcialidade judicial, à segurança jurídica, ao contraditório e à ampla defesa, dentre outros. Por isso, em sede de tutela dos direitos prováveis, tão relevante é a atuação do magistrado, porquanto a medida em que essa espécie de prestação jurisdicional contribuirá no caso concreto para a efetividade dos direitos é ditada em muito por quanto a atuação do juiz é vocacionada à efetividade. Inclusive, Ovídio A. Batispta da Silva, notório defensor da técnica processual fundada em cognição sumária, alerta que não se trata de "mecanismo milagroso", eis que envolve riscos aos direitos se utilizada de modo indevido (e, frise-se, os riscos advém restritamente dessa hipótese, não sendo inerentes à técnica em si).

> Os que, com certa ingenuidade, veem no processo cautelar esse sonhado mecanismo milagroso, em virtude do qual as partes poderiam obter uma justiça rápida e eficiente, esquecem que o juiz, infelizmente, não pode oferecer qualquer vantagem processual a um dos litigantes senão à custa do outro; e que a liminar não surge espontaneamente do nada, como um fenômeno de geração espontânea, sendo, ao contrário, determinada mediante imposição de um correspondente sacrifício processual, como justamente observa Verde e como dissera Calamandrei (*Il Processo como Giuoco, Opere Giuridiche*, I, 553). As liminares manejadas por juízes desatentos, ou insuficientemente preparados para o exercício dessa forma delicada de tutela processual, poderão ser campo aberto a toda sorte de desvios de poder e abusos contra interesses respeitáveis do outro litigante que, eventualmente, pode sofrer as consequências irremediáveis dessas previsões satisfativas, de cunho irreversível.[10]

Reside nessa constatação, acredita-se, a real sede teórica das críticas à tutela do direito provável, por vezes não revelada às claras nos trabalhos publicados a respeito. Não é porque a tutela do direito provável traria ínsita em si a ofensa à segurança jurídica e às garantias individuais, mas, sim porque cabe substancialmente ao juiz atuar para que a prestação jurisdicional dessa natureza não enseje essas contrariedades. Ocorre que, com esteio nas concepções liberais-racionalistas que cunham até o presente a compreensão do direito processual civil, nutre-se temor do juiz, diga-se, de sua atuação não estritamente vinculada a preceitos legais e de viés quase matemático, de sua não atuação como mera "boca da lei".

Contudo, o objetivo da jurisdição efetiva, a corroborar no cenário sócio jurídico a efetividade dos direitos, não é ou será alcançado por meio de previsões legislativas, *per se*. A efetividade da prestação jurisdicional reclama sua adequada aplicação, sob o viés da tempestividade e da adequação da

---

10 BAPTISTA DA SILVA, Ovídio A. **Do processo Cautelar**, 2 ed. Rio de Janeiro: Forense, 1999, p. 5.

medida para eliminação ou pelo menos mitigação de determinado dano ou ameaça. E é o juiz quem decide acerca do deferimento ou indeferimento de determinada tutela do direito provável, seja de urgência, seja de evidência, não o fazendo, todavia, segundo critérios discricionários, pois não empreende juízo de oportunidade e conveniência, mas, sim, vinculado à presença dos requisitos, insculpidos em lei, no caso concreto *sub judice*, sempre adstrito, também, ao dever de fundamentar suas decisões.

Pode-se falar, contudo, em certa margem de valorização atribuída ao magistrado quanto à caracterização dos elementos necessários ao deferimento das tutelas ao direito provável (aliás, como de resto se verifica também nas decisões fundadas em cognição exauriente). Isto é, não se cuida de operação simplesmente lógico-matemática. Necessário é que se analise as alegações de direito e de fato, bem como as provas trazidas a juízo até então e, em sequência, aprecie-se se eles revelam a probabilidade do direito alegado e, para as situações de tutela de urgência, se consubstanciam risco (perigo da demora). Nesse sentido, a atividade do juiz é em certa medida criativa, não se constituindo em mera "boca da lei", como pretendiam os liberais. A subsunção do fato à norma requer labor hermenêutico, que, em muitos casos, não é simplório.

Chega-se, então, aos princípios que norteiam a atuação dos sujeitos do processo, quais sejam, o princípio dispositivo e o princípio inquisitório, aquele afeto às partes e este ao magistrado.

Sob a ótica do Estado Liberal, como já referido, de inspiração eminentemente patrimonialista e individualista, no qual se obstava sobremaneira a intervenção estatal na seara particular, imperou o princípio dispositivo, atribuindo-se às partes a máxima iniciativa e impulso do processo. Era o juiz simples espectador da atividade de autor e réu, limitando-se a pronunciar as prescrições legais, sem maiores intervenções.

O princípio dispositivo continua sendo basilar à ordem processual do Estado Constitucional de Direito brasileiro, tanto que o Código de Processo Civil de 2015 preconiza, em seu art. 2º, que "o processo começa por iniciativa da parte". Relaciona-se, pois, à inércia da jurisdição, ao princípio da demanda referido pela doutrina alemã como *dispositionmaxime*, distinto do princípio dispositivo propriamente dito, a que denomina de *verhandlungsmaxime*[11].

O princípio inquisitório, por sua vez, abarca a atuação do juiz no processo, relacionando-se à sua capacidade e poderes para condução da atividade

[11] BEDAQUE. José Roberto dos Santos. **Poderes instrutórios do juiz**. 3.ed. São Paulo: RT, 2001, p.87.

jurisdicional ao resultado a que se destina. Em que pese a contraposição, *prima facie*, estabelecida entre este princípio e o dispositivo, verifica-se que nosso sistema jurídico também o ampara, quando dispõe que o processo se desenvolverá por impulso oficial (é o que se verifica do mesmo art. 2º do CPC/2015[12]).

Fez-se essa breve digressão para salientar que a apreciação de pretensões de tutela do direito provável deve estar atenta a esses dois princípios processuais, a fim de que não se frustre a prestação jurisdicional por meio de inações ou abusos.

O cenário de efetividade da prestação jurisdicional, afeto à máxima correlação entre esta e as previsões de direito material, em prol da desejada efetividade dos direitos, reclama postura ativa do magistrado no exercício de suas funções.

Ainda com ranços liberalistas, muito se discute acerca dos poderes do juiz, sobretudo no campo da instrução probatória, sendo alegados como obstáculos, por exemplo, os princípios dispositivo, da igualdade processual e da imparcialidade do magistrado, esquecendo-se, entretanto, que tais princípios coexistem com o princípio inquisitório, não tendo o condão de extirpá-lo do processo e olvidando-se, principalmente, que o Estado Constitucional de Direito e seu desiderato de efetividade dos direitos impõem conteúdos ao princípios dispositivo, da igualdade processual e da imparcialidade do magistrado além daqueles verificados sob a égide liberal-racionalista.

Com efeito, a atuação ativa do magistrado nos limites que lhe permite a lei e a Constituição da República, não redunda em ofensa à isonomia processual, ao contrário, caracteriza-se como instrumento para a promoção da igualdade real entre as partes, mitigando desníveis técnicos, econômicos, socioculturais, etc. Destarte, impende que se desprenda da igualdade meramente formal, de caráter nitidamente individualista e descontextualizada da realidade social, que apenas declara um suposto direito e, sem efetivá-lo, perpetua o *status quo*, em prol da igualdade material, que, ao seu turno, considera a realidade social e, assim, busca tratamento diferenciado para situações diferenciadas, atenuando a desigualdade.

Na mesma ordem de ideias, a utilização ampla pelo magistrado dos poderes que legitimamente lhe são conferidos não acarreta prejuízo à imparcialidade necessária ao desempenho de sua função, mormente porque imparcialidade não se confunde com neutralidade, esta sim não desejável

---

[12] Art. 2º. O processo começa por iniciativa da parte e se desenvolve por impulso oficial, salvo as exceções previstas em lei.

em um processo que se pretende efetivo. Esclarece-se. Imparcial é o juiz que não se posiciona a par ou contra uma das partes, mantendo-se adstrito à finalidade jurídica e socioeducativa da jurisdição, notadamente no que tange à solução do conflito de interesses com a correlata pacificação social. Neutro, por sua vez, é o juiz frio, para o qual tanto faz a solução alcançada, sendo certo que o magistrado não deve ser assim. Ao contrário, deve sempre almejar a resposta jurisdicional que garanta o direito daquele que tem razão, em consonância com os desígnios de efetividade dos direitos.

Sublinha-se o aspecto da pró-atividade para salientar que o magistrado não pode adotar postura de mero espectador da atividade das partes no processo, devendo efetivamente se valer dos poderes[13] que nosso sistema normativo coloca à sua disposição. Vale lembrar, ademais, que "o juiz não se exime de decidir sob a alegação de lacuna ou obscuridade do ordenamento jurídico" (art. 140 do Código de Processo Civil de 2015).

Nesse tópico concernente à atuação do juiz no que toca à tutela do direito provável, oportuno noticiar experiência estrangeira, que, sem embargo de retratar estrutura judiciária assaz diversa, traz-nos lições que merecem atenção. Cuida-se do Direito Francês[14], no qual os provimentos fundados em cognição sumária compõem o que se denomina de *ordonnace de référé,* que têm finalidade tanto conservativa quanto satisfativa. Constata-se marcante no processo francês, notadamente no que se refere às *ordonnace de référé*, a ampla atenção aos princípios da oralidade do procedimento e do contraditório. Assim, os provimentos fundados em juízo de probabilidade são prolatados, preferencialmente, em audiência, que pode ser realizada, até mesmo, na residência do magistrado, quando assim reclamar a urgência do caso. Desse modo, garante-se a observância da garantia do contraditório, sendo excepcionais os casos em que as *ordonnaces* são deferidas *inaudita altera parte*. Merece relevo também o fato de o juiz fixar os prazos do procedimento de *référé*, segundo as necessidades do caso concreto, principalmente no risco que o envolve.

Essa breve notícia do direito estrangeiro presta-se a evidenciar que até na nação berço do Estado Liberal, nem mesmo os ideais de liberdade, igualdade e fraternidade que perpassam sua história foram suficientes para suprimir os poderes do magistrado.

---

[13] O magistrado, no processo civil brasileiro, tem seus poderes clara e expressamente consignados em lei, quando os arts. 370 e 371 do Código de Processo Civil de 2015 preveem, dentre outros, a iniciativa probatória do juiz e a livre apreciação motivada da prova.

[14] BARBOSA MOREIRA. José Carlos. Notas sobre as recentes reformas do processo civil francês. **Revista de Processo**, v.32, n.150, p. 59-69, ago., 2007.

Serve, pois, à reflexão de nossas previsões relativas à atuação do juiz, como exemplo de que o agir proativo do magistrado no que toca à tutela do direito provável corrobora para efetividade da prestação jurisdicional e dos direitos, não implicando, por si só, isto é, quando sem abusos, males à imparcialidade, à isonomia processual e ao justo processo legal.

O que aqui se afirma pode parecer em alguma medida óbvio, destituído de maior problematicidade científica, no entanto, é de salutar importância para a compreensão da conformidade da tutela do direito provável ao justo processo legal.

Muitas vezes, depara-se com patente situação de lesão a direito evidente, que reclama providência jurisdicional para afastar ou pelo menos mitigar o dano que o processo natural ou excepcionalmente impõe, não se obtendo êxito nessa medida por se ater, equivocada e distorcidamente aos princípios dispositivo, da igualdade processual e da imparcialidade do juiz.

Diz-se equivocadamente porque é, na realidade, dever precípuo do magistrado desenvolver seu trabalho visando à efetividade da prestação jurisdicional e dos direitos, visto que o exercício da jurisdição somente se justifica e legitima quando capaz de solucionar a contento, diga-se, a tempo e modo, o conflito de interesses trazido à sua apreciação. Assim é que em mira da efetividade é que se deve compreender os princípios da igualdade processual e da imparcialidade do juiz: a igualdade processual não deve ser aquela estritamente formal, mas, ao contrário, a substancial, atenta aos eventuais desequilíbrios das posições das partes; outrossim, a imparcialidade do juiz revela seu compromisso com a efetiva tutela dos direitos, e não, aprioristicamente, com a posição de uma das partes.

Lado outro, há casos em que o juiz se arvora a imprimir a máxima celeridade à resposta jurisdicional, pecando em relação à segurança jurídica, aos direitos e garantias processuais e, assim, ao invés de ponderar e dividir proporcionalmente o ônus do tempo do processo, atribui-o exacerbadamente ao réu. Em verdade, nesses casos resta por extrapolar os poderes que legal e constitucionalmente lhe são atribuídos, malferindo princípios e garantias que amparam as partes.

Para que se alcance a efetividade dos direitos pela via do fortalecimento da tutela do direito provável não se trata, portanto, de ampliar indistintamente os poderes do juiz. A proposta é, sim, de muni-lo de instrumento mais comprometido com a distribuição entre as partes do ônus do tempo do processo, o que, sem dúvidas, é conforme à efetividade dos direitos. Por isso se sugere que o juiz tenha condições de determinar essa adequada distribuição do ônus do tempo – seja em caso de urgência, seja frente ao dano marginal

– em qualquer caso concreto, presente o necessário para concessão da tutela jurisdicional e independentemente de rol taxativo abstratamente concebido pelo legislador.

Obviamente, a despeito de atipicidade e generalidade que marca a proposta de tutela do direito provável em combate ao dano marginal do processo veiculada na presente obra, a conduta do magistrado segue vinculada ao sistema normativo, mormente em atenção às faculdades e garantias das partes consubstanciadoras do justo processo legal, o que se dá não por apego à concepção individualista liberal, como se não se pudesse confiar no juiz, mas, sim, porque é vinculação imprescindível em Estado de Direito, mormente em Estado Constitucional de Direito.

4.3 O PRINCÍPIO DO CONTRADITÓRIO NA TUTELA DO DIREITO PROVÁVEL[15]

É cediço que integra a essência do processo a dedução de uma pretensão em juízo por um sujeito, sob a alegação de resistência ou insatisfação por parte de outrem. São as relações das partes o objeto da jurisdição e a pacificação dessas relações seu fim, donde se constata que não se deve centrar na figura do juiz, prescindindo da participação das partes. Assim é que, para garantir o devido envolvimento das partes no processo, instrumento pelo qual o Estado se propõe a solver seus conflitos, vige o princípio do contraditório.

O exercício da jurisdição, no Estado Constitucional de Direito, legitima-se exatamente pelo contraditório, garantia direcionada à participação das partes na produção de atos que refletirão sobre suas esferas jurídicas. Dessa perspectiva, outra constatação vem à tona. Se processo somente assim o é quando realizado em contraditório, e aqui se fala em processo segundo o prisma constitucional do justo processo legal (que deve visar à efetividade dos direitos), certamente ele não se contenta com a concepção do contraditório como o dizer e o contradizer das partes.

O procedimento dialético por meio do qual se visa alcançar a efetivação do direito material não envolve tão-somente as partes, mas também e imprescindivelmente o juiz, a quem compete dar a resposta estatal ao litígio. Não só as partes devem levar ao conhecimento do magistrado suas alegações concernentes ao conflito. Igualmente o julgador deve evidenciar aos demais

---

15 NORATO REZENDE, Ester Camila Gomes. O contraditório e os poderes do juiz na concessão de medidas de urgência, sob a perspectiva da efetividade da prestação jurisdicional. In: THEODORO JÚNIOR, Humberto; LAUAR, Maira Terra (Coords.). (Org.). **Tutelas diferenciadas como meio de incrementar a efetividade da prestação jurisdicional**. Rio de Janeiro: GZ, 2010, p. 228-258.

sujeitos do processo suas impressões, a fim de que esses atores tenham condições, de fato, de influir na formação da convicção do magistrado.

E, mais, indispensável que o julgador considere e pondere as assertivas aduzidas por autor e réu ao edificar seu convencimento, inclusive dando retorno a essas alegações por meio da devida, ou melhor, da exaustiva fundamentação de sua decisão. Dessa feita, não basta as partes dizerem e contradizerem se não são ouvidas, se não são consideradas pelo juiz. Ademais, a pertinência das alegações e comprovações trazidas à juízo devem ser guiadas também pelas impressões do julgador, para que efetivamente tenham o condão de influenciar em sua conclusão.

Portanto, sob esse prisma, o contraditório demanda postura ativa do magistrado[16]. E não poderia ser diferente, pois, considerando o contraditório pedra angular da concepção de processo, na linha do justo processo legal, não é possível apartar de seu desenvolvimento qualquer dos sujeitos envolvidos na atividade jurisdicional do Estado.

---

[16] Acerca da participação do juiz na garantia do contraditório, manifesta-se Cândido Rangel Dinamarco: "A garantia do contraditório, imposta pela Constituição com relação a todo e qualquer processo – civil, penal, trabalhista, ou mesmo não-jurisdicional (art. 5º, inc. LV) –, significa em primeiro lugar que a lei deve instituir meios para a participação dos litigantes no processo e o juiz deve franquear-lhes esses meios. Mas significa também que o próprio juiz deve participar da preparação do julgamento a ser feito, exercendo ele próprio o contraditório. A garantia deste resolve-se, portanto, num direito das partes e deveres do juiz. É do passado a afirmação do contraditório exclusivamente como abertura para as partes, desconsiderada a participação do juiz. (...) A participação que a garantia do contraditório impõe ao juiz consiste em atos de direção, de prova e de diálogo. A lei impõe ao juiz, entre seus deveres fundamentais no processo, o de participar efetivamente. Tal é a perspectiva do ativismo judicial, que vem sendo objeto de ardorosos alvitres nos congressos internacionais de direito processual, marcados pela tônica da efetividade do processo. O juiz participa em contraditório, também, pelo diálogo. A moderna ciência do processo afastou o irracional dogma segundo o qual o juiz que expressa seus pensamentos e sentimentos sobre a causa, durante o processo, estaria prejulgando e, portanto, afastando-se do cumprimento do dever da imparcialidade. A experiência mostra que ele não perde a equidistância entre as partes quando tenta conciliá-las, avançando prudentemente em considerações sobre a pretensão mesma ou a prova, quando as esclarece sobre a distribuição do ônus da prova ou quando as adverte da necessidade de provar melhor. (...) Nem decai o juiz de sua dignidade quando, sentindo a existência de motivos para emitir de ofício uma decisão particularmente gravosa, antes chama as partes à manifestação sobre esse ponto. O juiz mudo tem também algo de Pilatos, e por temor ou vaidade, afasta-se do compromisso de fazer justiça. DINAMARCO, Cândido Rangel. **Fundamentos do processo civil moderno**. 5ª ed. São Paulo: Malheiros, 2002, p. 124, 131 e 136.
No mesmo sentido, GONÇALVES, Aroldo Plínio. **Técnica processual e teoria do processo**. Rio de Janeiro: Aide, 2001, p.120-123: "Contudo, saliente-se, a participação do juiz não o transforma em um contraditor, ele não participa em "contraditório como as partes", entre ele e as partes não há interesse em disputa, ele não é um "interessado" ou um "contra-interessado" no provimento. (...) Participação no processo têm todos os sujeitos do processo, caso contrário não seriam "sujeitos dos atos processuais". Entretanto, a participação em contraditório se desenvolve "entre as partes", porque a disputa se passa entre elas, elas são as detentoras de interesses que serão atingidos pelo provimento. (...) O contraditório realizado entre as partes não exclui que o juiz participe atentamente do processo, mas, ao contrário, o exige, porquanto, sendo o contraditório um princípio jurídico, é necessário que o juiz a ele se atenha, adote as providências necessárias para assegurá-lo, para fazê-lo observar, para observá-lo, ele mesmo.

Logo, além de imprescindível à concepção constitucional de processo e meio de legitimação da atividade jurisdicional do Estado, é o contraditório fator de limitação dos poderes do juiz, instrumento de vigília e controle sobre eventuais arbitrariedades. É exatamente o contraditório, aliado ao dever de o magistrado fundamentar suas decisões – dever esse que nada mais é do que consequência da atenção ao princípio do contraditório –, que permitirá que a postura ativa que se requer do julgador não se exceda, transmutando-se em abuso.

Poderes do juiz e contraditório: está-se diante de um sistema de pesos e contrapesos, no qual a ampliação de um constitui restrição do outro e, por isso, eles exercem entre si limitações mútuas. Como já se referiu, o justo processo legal não prescinde da atuação ativa do juiz, ficando inteiramente a cargo do princípio dispositivo. Do mesmo modo, é um atentado ao Estado Constitucional de Direito cercear a participação das partes no processo, relegando ao magistrado o papel principal e quase único, como se fosse divinamente iluminado para alcançar a justa composição do litígio. O princípio do contraditório é, então, limite à atuação do juiz e instrumento para promoção da efetividade da prestação jurisdicional, notadamente aquela atinente à tutela do direito provável.

A devida compreensão do contraditório, tendo por paradigma o Estado Constitucional de Direito e, por conseguinte, como norte a efetividade dos direitos, é o que buscou o legislador consignar infraconstitucionalmente no Código de Processo Civil de 2015, que expressamente prevê como norma fundamental do processo civil, em seu art. 7º, que "é assegurada às partes paridade de tratamento em relação ao exercício de direitos e faculdades processuais, aos meios de defesa, aos ônus, aos deveres e à aplicação de sanções processuais, competindo ao juiz zelar pelo efetivo contraditório", bem como que, em regra, se observará o contraditório prévio (art. 9º do CPC/2015). Ainda, o referido diploma legal, atento ao necessário protagonismo do juiz no exercício do contraditório (tudo, repisa-se, pela compreensão ditada pelo paradigma do Estado Constitucional de Direito e pela efetividade dos direitos), consigna expressamente parâmetros de técnica decisória concernentes à fundamentação das decisões judiciais[17].

[17] "Art.489. (...)
§ 1º Não se considera fundamentada qualquer decisão judicial, seja ela interlocutória, sentença ou acórdão, que:
I - se limitar à indicação, à reprodução ou à paráfrase de ato normativo, sem explicar sua relação com a causa ou a questão decidida;
II - empregar conceitos jurídicos indeterminados, sem explicar o motivo concreto de sua incidência no caso;

Outro aspecto que merece relevo na concepção de contraditório é a necessidade de simétrica paridade de armas entre as partes, isto é, a oportunização a ambas das mesmas condições para demandarem em juízo e suportarem o trâmite do processo. Assim é que, para real atenção ao contraditório, exige-se que o procedimento tenha instrumentos para efetivamente distribuir com equilíbrio o ônus do tempo do processo, e não de antemão privilegiar a posição de um dos sujeitos, mesmo quando provavelmente não lhe assiste razão.

Há, então, intrínseca relação entre o princípio do contraditório e a perspectiva de acesso à justiça, ou melhor, a adequada compreensão do contraditório converge para o fortalecimento da tutela de direito provável que ora se propõe.

Ainda sobre o contraditório e a tutela do direito provável, considerando o escopo dos provimentos desse jaez de repartir entre as partes o ônus do tempo do processo, minimizando seus efeitos nocivos, é imprescindível que se garanta aos sujeitos diretamente envolvidos em sua efetivação a devida participação no procedimento que culminou em seu deferimento.

Não se discute sobre o diferimento do contraditório em casos de extrema urgência, nos quais a oitiva prévia da parte que suportará o provimento emergencial poderá obstá-lo ou torná-lo inócuo. Todavia, essa situação deve ser encarada como excepcional, dando-se prioridade para, no caso concreto, observar o contraditório prévio. Aceitar a prolação de provimento *inaudita altera parte*, a destacar em concessão de tutela fundada em cognição sumária, quando o caso concreto não reclama exceção ao contraditório prévio configura, no mínimo, desnecessária priorização da celeridade em prejuízo da segurança jurídica, o que não implica efetividade da prestação jurisdicional, ao contrário, a dissocia do direito material que visa amparar. Isso porque, sob o pretexto de tutelar o direito do autor, requerente da tutela de direito provável, a inobservância do contraditório prévio lesiona, vezes até de modo irreparável, a esfera jurídica do réu, transferindo-lhe *in totum* o risco da demora do processo, risco este que, em verdade, deve ser adequadamente

---

III - invocar motivos que se prestariam a justificar qualquer outra decisão;

IV - não enfrentar todos os argumentos deduzidos no processo capazes de, em tese, infirmar a conclusão adotada pelo julgador;

V - se limitar a invocar precedente ou enunciado de súmula, sem identificar seus fundamentos determinantes nem demonstrar que o caso sob julgamento se ajusta àqueles fundamentos;

VI - deixar de seguir enunciado de súmula, jurisprudência ou precedente invocado pela parte, sem demonstrar a existência de distinção no caso em julgamento ou a superação do entendimento.

§ 2º No caso de colisão entre normas, o juiz deve justificar o objeto e os critérios gerais da ponderação efetuada, enunciando as razões que autorizam a interferência na norma afastada e as premissas fáticas que fundamentam a conclusão. (...)”

ponderado e distribuído entre as partes, não imputado gravemente a uma delas, sem observância das garantias constitucionais do processo.

Cumpre trazer, a título de exemplo, novamente a notícia da experiência francesa no seio das *ordonnances de référé*[18]. Até mesmo em situações prementes, nas quais o prazo para instauração do contraditório mostra-se exíguo – não nos casos excepcionais nos quais a instalação prévia do contraditório obsta a efetividade e utilidade de eventual medida de urgência – é possível sua observância, tendo em vista o poder do juiz de fixar livremente os prazos processuais, atentando para as peculiaridades do caso e, até mesmo, de designar a audiência para a sua residência.

Igualmente aqui, em que pese as especificidades de cada sistema, o modelo francês deve servir-nos como inspiração, de modo que se busque ao máximo, valendo-se de meios modernos e ágeis de comunicação dos atos processuais (intimação eletrônica, por fax, etc.), cientificar a parte contrária de que está sendo pleiteada tutela do direito provável em seu desfavor, e, desse modo, oportunizá-la o oferecimento de razões, mesmo que em curto espaço de tempo. Procedimento desse jaez certamente não redunda em prejuízo para o contraditório e a ampla defesa, o que ocorreria, sim, se fossem diferidas essas garantias em situações da vida que assim não exigem.

Por tudo isso, o princípio do contraditório é um dos instrumentos da efetividade da prestação jurisdicional, notadamente (e não apenas, é claro) quando se trata de provimentos fundados em cognição sumária. Decerto, para que o processo proporcione à parte o que ela obteria com a satisfação voluntária de seu direito, atentando-se para a tempestividade e a adequação do provimento, necessário é que seja conferida a elas a faculdade de participar, garantindo-lhes também iguais condições de influir na formação do resultado que repercutirá em suas esferas jurídicas.

Em vista do exposto, a destacar que o modo pelo qual os sujeitos do processo nele atuam guarda direta relação com a efetividade da prestação jurisdicional e dos direitos por ela proporcionada, no contexto da tutela do direito provável, para que ela seja instrumento da efetividade dos direitos – inexistindo ofensa ao justo processo legal, abusos na concessão ou ineficiência pelo indeferimento – faz-se mister ter em vista a atuação dos sujeitos do

---

18 VUITTON, Jacques; VUITTON, Xavier. **Lês referes**. Paris: LITEC, 2003, p. 205. BARBOSA MOREIRA. José Carlos. Notas sobre as recentes reformas do processo civil francês. **Revista de Processo**, v.32, n.150, p. 59-69, ago., 2007. THEODORO JÚNIOR, Humberto; ANDRADE, Érico. A autonomização e a estabilização da tutela de urgência no projeto de CPC. **Revista de processo**, v. 37, n. 206, p. 13-59, abr. 2012.

processo, partes e juiz, equacionando os poderes do magistrado e o contraditório[19].

O princípio do contraditório apresenta-se como garantia de participação das partes sob a perspectiva de acesso à justiça, devendo, então, ser-lhes assegurada a simétrica paridade de meios para instauração e desenvolvimento da demanda, mormente quanto à distribuição do ônus do tempo no processo. Sob esse prisma, o contraditório é fator de legitimação do exercício monopolístico da jurisdição pelo Estado e instrumento de limite e controle da atuação do juiz, obstando excessos e arbitrariedades. Ainda, constitui-se em relevante instrumento para estreitamento da relação entre direito processual e direito material, implicando maior proximidade desses campos jurídicos e, via de consequência, efetividade do processo.

[19] O que ora se destaca, ou seja, a conduta ativa do juiz na direção do processo conjugada com o princípio do contraditório como instrumentos de garantia da efetividade da prestação jurisdicional (cognitivamente) sumária, não constitui novidade no campo da ciência processual civil brasileira, visto que as bases legais para esse fim já existem. Necessário é, no entanto, mudança de postura dos operadores do Direito, para que de fato façam valer esses instrumentos e para que estejam efetivamente comprometidos com o fim justo e efetivo da atividade jurisdicional do Estado.

judicial transitada em julgado que assim imponha, mas não só: necessário é que os direitos sejam observados sem que o cidadão tenha que buscar seu adimplemento coercitivo, para o que contribui a consciência social de que o processo judicial não compactua com o descumprimento, que não impõe apenas sobre o autor todo o ônus do tempo do processo. Cumpre, pois, que a ordem jurídica preste tutela também ao direito que se apresenta provável, não convergindo com a segurança jurídica (sequer com o senso comum de segurança) o cidadão titular de direito provável não ter instrumento eficaz (em tempo e modo) para sua defesa. É dizer, a segurança jurídica é também alcançada pela tutela do direito provável.

Por tudo isso, acredita-se que negar o potencial benéfico do fortalecimento da tutela de direito provável, aduzindo a risco a segurança jurídica, representa apego descabido à concepção liberal-racionalista do processo, marcada pelo individualismo-patrimonialista, que não se coaduna com a ordem processual convergente com a efetividade dos direitos que se espera no cenário atual.

Quanto às alegações de que a cognição exauriente seria a via para solução adequada de controvérsias e da suposta inabilidade da tutela do direito provável para alcançar o resultado almejado pela prestação jurisdicional, para devido exame da crítica impende identificar qual é o resultado da atividade jurisdicional que se qualifica como desejável, isto é, qual é a solução que se entende adequada.

Reputa-se apropriada não apenas a decisão definitiva de mérito, estribada em cognição exauriente. Este é, como se viu, o desiderato de modelo processual altamente cunhado pelo ideário liberal-racionalista, que não se mostra suficiente frente às necessidades atuais. Em verdade, a finalidade da prestação jurisdicional deve ser a efetividade do direito, isto é, o cumprimento do direito material, com divisão mais justa (porque atenta ao direito material provável) do ônus do tempo no processo, não só quanto à influência excepcional do tempo no processo – a chamada urgência –, mas também sua repercussão tida como normal, o denominado dano marginal do processo.

Assim compreendido o resultado mirado pela prestação jurisdicional, a tutela do direito provável o garante, ainda que provisoriamente, aguardando-se decisão definitiva: é certo que se conjectura a possibilidade da concessão da tutela do direito provável gerar mais recursos (o que não é desejado), mas também é provável que ela apresse o interesse do réu que a suporta na solução definitiva do caso (o que é almejado), inclusive estimulando-o e aos demais atores sociais ao adimplemento tempestivo dos direitos. Ademais, a efetividade dos direitos também é notadamente assegurada quando se admite

CONCLUSÃO

O aprimoramento da técnica processual tem significativo realce para fomento da efetividade dos direitos, porquanto necessário que o processo não seja palco de perpetuação da inefetividade, mas, sim, convirja para realização dos direitos no âmbito da relação jurídico-processual e também promova a redução da cultura da litigiosidade, em última análise, fomentando o adimplemento dos direitos. Não que o processo deva ter posição de protagonismo na solução de conflitos, mas induvidosamente detém relevo no quadro de vias para tal, mormente porque outros instrumentos não serão buscados por aqueles que querem deliberadamente inadimplir direitos se o processo lhes for interessante para esse desígnio.

Por isso, propõe-se o fortalecimento da tutela do direito provável – é dizer, cominar maior relevância no sistema jurídico-processual a tutela dessa estirpe – como instrumento para consecução de efetividade dos direitos, dado que as prestações jurisdicionais que protegem o direito provável atuam promovendo melhor distribuição do ônus do tempo sobre o processo, de modo a contribuir para esta via seja palco para adimplemento e não fomento de inobservância de direitos.

Consoante exposto na presente obra, a tutela do direito provável é a que se pauta em juízo de probabilidade, derivado, pois, de cognição sumária. Nessa espécie cognitiva, o julgador empreende exame da controvérsia sem ter à sua disposição todos os elementos processuais cabíveis naquele caso concreto, a saber, ainda não foi oportunizado o devido contraditório e/ou não foram produzidas todas as provas necessárias e úteis ao deslinde do litígio. Assim, o julgador não avança profundamente, à exaustão, sobre a questão decidenda, de modo que é possível ao magistrado atingir posteriormente, a vista de novos elementos, convencimento diverso daquele erigido na decisão sobre a tutela do direito provável.

A abreviação cognitiva, pela redução do espectro de elementos examinados, resultando em juízo de probabilidade, implica maior celeridade na resposta jurisdicional, convergindo para a efetividade dos direitos, da qual a realização tempestiva do direito certamente é uma de suas facetas.

Tradicionalmente, pelo modelo liberal-racionalista de processo, a tutela fundada em cognição sumária é tida por excepcional, porquanto não conduz ao chamado juízo de certeza, cultuado como o único apto a assegurar a segurança jurídica (igualmente encarada pela ótica liberal-racionalista).

Contudo, mister compreender o processo pelo prisma da efetividade dos direitos, que impõe vislumbrar a segurança jurídica pela perspectiva de observância dos princípios constitucionais do processo, reunidos na cláusula do justo processo legal.

Nessa ordem de ideias, ter a efetividade dos direitos como baliza do processo exige superação do viés extraordinário que marca a tutela do direito provável, haja vista a habilidade dessa prestação jurisdicional de promover distribuição do ônus do tempo no processo, sabido que o tempo atua como fator corrosivo de direitos.

Mister, outrossim, atentar para a distribuição do ônus do tempo também quanto ao chamado dano marginal do processo, pois ele também tem efeitos nocivos sobre a efetividade dos direitos. Claramente, aquele que tem seu direito lesado ou ameaçado de lesão vê sua posição agravada por aguardar o tempo do processo, mesmo natural, para ver seu direito coercitivamente adimplido.

Ocorre que, tradicionalmente, a tutela do direito provável em combate ao dano marginal do processo também é cunhada pela excepcionalidade, aliás, encarada como a espécie mais extraordinária de tutela do direito provável, dado que, na perspectiva liberal-racionalista de processo, a prestação jurisdicional fundada em juízo de probabilidade se justificaria, em regra, frente a situação emergencial, isto é, quando o transcurso do tempo impõe consequência sobejamente grave sobre o direito material ou sobre a utilidade da prestação jurisdicional.

A tutela de evidência insere-se no quadro de fortalecimento da tutela lastreada em juízo de probabilidade, convergente para a efetividade da prestação jurisdicional e dos direitos, dado que se compromete com a resposta célere, que satisfaz o direito mesmo não estando sujeito a risco excepcional, fazendo-o exatamente em razão da probabilidade do direito alegado e em combate ao dano marginal do processo.

Na presente obra, propõe-se que a referida robustez às tutelas do direito provável, direcionada à efetividade dos direitos, é alcançada, dentre outros, estendendo a tutela de evidência à generalidade dos procedimentos e imprimindo-lhe atipicidade, é dizer, desvinculando-a das previsões taxativas e típicas autorizadas pelo legislador e admitindo seu deferimento estando presente seu requisito essencial: a probabilidade do direito.

Vislumbra-se a possibilidade de atipicidade e generalização da tutela de evidência porquanto inexiste elemento ontológico atribuído a essa espécie de tutela que imponha a exigência de requisitos outros para além da probabilidade do direito.

A probabilidade do direito, para fins de tutela de evidência, é constituída mediante probabilidade do direito alegado pelo autor confrontada por defesa não razoável do réu, não se exigindo que a defesa seja abusiva, isto é, que configure afronta à boa-fé.

Não se olvida que é possível que em dadas situações o direito alegado se mostre provável mesmo frente à defesa razoável. Todavia, a probabilidade nesta hipótese somente admite tutela do direito provável pela via da tutela de urgência – ou seja, para concessão de proteção judicial, além a probabilidade do direito, é exigido também o requisito da urgência – o que se conclui em atenção à ponderação entre a efetividade do direito provável e os riscos à posição do réu advindos da tutela do direito provável frente à defesa razoável, bem como por assim se garantir coerência ao sistema de tutela do direito provável, em coexistência de tutela de urgência e tutela de evidência.

A tutela de evidência é admitida em resposta a controvérsias fáticas (estritamente fáticas ou fático-jurídicas), porquanto nessas cabe cognição sumária. No que concerne às controvérsias estritamente jurídicas, a despeito também de comportarem cognição sumária, acredita-se indevida a tutela de evidência, por não haver justificativa para emprego do excepcional contraditório diferido. Destarte, somente se deve prescindir do contraditório prévio quando frente à situação de urgência tal em que seu estabelecimento ensejaria o implemento do risco ao direito ou à utilidade da prestação jurisdicional que se pretende evitar, o que decerto não se verifica em caso de tutela de evidência.

O Código de Processo Civil de 2015 amplia a regulamentação da tutela de evidência, dando guarida não só à generalização (que já detinha sede no CPC/1973), mas também à atipicidade no seu art. 311, IV, segundo o qual a tutela de evidência será concedida quando "a petição inicial for instruída com prova documental suficiente dos fatos constitutivos do direito do autor, a que o réu não oponha prova capaz de gerar dúvida razoável". Importa, entretanto, interpretar mencionado dispositivo na esteira do fortalecimento da tutela do direito provável, entendendo que pela previsão legal o que se exige é apenas a probabilidade do direito para fins de concessão da tutela de evidência. Ainda, na esteira da atipicidade que se entende devida na presente obra, a exigência de prova documental suficiente feita pelo legislador deve ser compreendida como prova suficiente para revelar a probabilidade do direito alegado pelo requerente da tutela, independente do meio de prova empregado para tal desígnio.

Acredita-se que as tutelas estribadas em cognição sumária, a destacar na presente obra a tutela de evidência, não implicam prejuízo por sumarização do processo, pois se alinham aos ditames do acesso à justiça e do justo processo constitucional, exatamente porque primam pela efetividade, não havendo, apriorística e de modo inerente, relação entre esta técnica cognitiva e violação a direitos fundamentais ou à segurança jurídica. Pode, sim, ocorrer de em determinado caso concreto alguma ofensa se verificar, o que se dará por inobservância dos critérios devidos para exercício da prestação jurisdicional sumária e não porque essa prestação seja essencialmente viciada.

Observa-se que muitas críticas às tutelas fundadas em cognição sumária invocam garantias e princípios processuais de modo lacônico, o que se reputa indevido, eis que, em tese, verificado provável o direito da parte, não há necessariamente ofensa à segurança jurídica, ao justo processo constitucional e todos os seus consectários em permitir a execução imediata do direito. Ao revés, a tutela do direito provável constitui via de realização do justo processo constitucional, dado que privilegia a igualdade substancial.

Por derradeiro, sabe-se que a tutela do direito provável em combate ao dano marginal do processo, nos moldes delineados nesta obra, por si apenas, não é hábil para alcançar benesses na prática jurídica; necessário é corrobora-la com medidas outras vocacionadas ao mesmo objetivo de efetividade dos direitos. Essa constatação, contudo, não se presta a desmerecer a pretendida contribuição, que, acredita-se, tem potencial para constituir real reforço à superação da cultura demandista e de inefetividade de direitos, não se sucumbindo a estrito formalismo. É claro que a contribuição visada será pontual, mesmo porque o quadro de demandismo e inefetividade de direitos tem várias causas, de modo que a presente obra objetivou trazer um aporte para melhora do sistema, e não ser panaceia para todos os males.

REFERÊNCIAS

ACQUAVIVA, Marcus Cláudio. **Dicionário jurídico brasileiro Acquaviva: de acordo com o novo Código Civil**. 12. ed. São Paulo: Jurídica Brasileira, 2004.

ALEUDD, André de Albuquerque Cavalcanti. Cognição exauriente e sumária: segurança versus efetividade. **Revista da Faculdade de Direito da Universidade de São Paulo**, n. 98, p. 599-627 2003.

ALVIM, Arruda. A evolução do direito e a tutela de urgência. In ARMELIN, Donaldo. **Tutelas de urgência e cautelares**. São Paulo: Saraiva, 2010.

AMARAL, Júlio Ricardo de Paula. Tutela jurisdicional satisfativa e tutela antecipatória. **Revista de Processo**, v.29, n.114, p.313-325, mar./abr., 2004.

ANDOLINA, Italo Augusto. Crisi del giudicato e nuovi strumenti alternativi di tutela giurisdizionale. La (nuova) tutela provvisoria di merito e le garanzie costituzionali del giusto processo. **Revista de Processo**, v.32, n.150, p.70-80, ago., 2007.

ANDRADE, Érico. A técnica processual da tutela sumária no direito italiano. **Revista de processo**, v. 35, n. 179, p. 175-215, jan. 2010.

ARAÚJO, José Aurélio de. A cognição sumária e a coisa julgada no processo justo. In: **Processo constitucional**. Rio de Janeiro: Forense, 2013, p. 1073-1134.

___________. Introdução a o sistema de tutelas cognitivas sumárias do projeto do novo Código de processo civil. **Revista de processo**, v. 37, n. 206, p. 207-229, abr. 2012.

ARIETA, Giovanni. **I provvedimenti d'urgenza**. 2. ed. Padova: CEDAM, 1985.

ARMELIN, Donaldo. Tutela jurisdicional diferenciada. **Revista de Processo**, v.17, n.65, p.45-55, jan./mar., 1992.

BAPTISTA DA SILVA, Ovídio A. Tutela antecipatória e juízos de verossimilhança. In: BAPTISTA DA SILVA, Ovídio A. **Da sentença liminar à nulidade da sentença.** Rio de Janeiro: Forense, 2001.

___________. **Do processo cautelar**. 2. ed. Rio de Janeiro: Forense, 1999.

___________. O contraditório nas ações sumárias. In: BAPTISTA DA SILVA, Ovídio A. **Da sentença liminar à nulidade da sentença.** Rio de Janeiro: Forense, 2001.

___________. Processo e ideologia. In: **GENESIS – Revista de Direito Processual Civil**, Curitiba, 28, abril/junho de 2003.

___________. Réquiem para a tutela preventiva. In CIANCI, Mirna (Coord.); QUARTIERI, Rita (Coord.); MOURÃO, Luiz Eduardo (Coord.); GIANNICO, Ana Paula Chiovitti (Coord.). **Temas atuais das tutelas diferenciadas: estudos em homenagem ao Professor Donaldo Armelin**. São Paulo: Saraiva, 2009.

BARBOSA MOREIRA, José Carlos. A antecipação da tutela jurisdicional na reforma do Código de Processo Civil. **Revista de processo**, v.21, n.81, p.198-211, jan./mar., 1996.

___________. Antecipação da tutela: algumas questões controvertidas. **Revista Síntese de Direito Civil e Processual Civil**, Porto Alegre, v. 3, 13 , p. 5-13, set./out. 2001.

___________. Notas sobre as recentes reformas do processo civil francês. **Revista de Processo**, v.32, n.150, p. 59-69, ago., 2007.

___________. **Temas de direito processual: oitava serie**. São Paulo: Saraiva, 2004, p. 102.

BEDAQUE, José Roberto dos Santos. **As formas diferenciadas de tutela no processo civil brasileiro.** Disponível em: <http://www.direitoprocessual.org.br/dados/File/enciclopedia/ artigos/processo_civil/5%20BADAQUE,%20Jos%C3%A9%20Roberto%20dos%20Santos %20-%20As%20formas% 20diferenciadas%20de%20tutela%20no%20processo%20civil%20 brasileiro.doc>. Acesso em: 23 out. 2015.

___________. **Direito e Processo: influência do direito material sobre o processo**. 4. ed. São Paulo: Malheiros, 2006.

___________. **Efetividade do processo e técnica processual**. 2ª ed. São Paulo: Malheiros, 2007.

___________. Estabilização das tutelas de urgência. In: YARSHELL, Flavio Luiz; MORAES, Mauricio Zanoide de (Org.). **Estudos em homenagem a professora Ada Pellegrini Grinover**. São Paulo: DPJ, 2005, p. 660-683.

___________. **Poderes instrutórios do juiz**. 3.ed. São Paulo: RT, 2001.

___________. **Tutela cautelar e tutela antecipada: tutelas sumárias e de urgência (tentativa de sistematização)**. 3. ed. São Paulo: Malheiros, 2003.

BELLINETTI, Luiz Fernando. Tutela Jurisdicional satisfativa. **Revista de Processo**, v.21, n.81, p.98-103, jan./mar., 1996.

BELLOCCHI, Roberto Antônio Vallim. A Tutela da Evidência: irreversibilidade. **Revista do Instituto dos Advogados de São Paulo: nova série**, v. 2, n. 3, p. 135-137, jan./jun. 1999.

BONATO, Giovanni. I *référés* nell'ordinamento francese. In: CARRATA, Antonio. **La tutela somaria in europa – studi.** Napoli: Jovene Editore, 2012, p. 35-76.

BUENO, Cassio Scarpinella. **Tutela antecipada**. 2. ed. São Paulo: Saraiva, 2007.

CALAMANDREI, Piero. **Introdução ao estudo sistemático dos procedimentos cautelares**. Tradução de Carla Roberta Andreasi Bassi (traduzido da edição italiana de 1936). Campinas: Servanda, 2000.

___________. Verità e verosimiglianza nel processo civile. In: CALAMANDREI, Piero. **Studi sul processo civile**. v. 6. Padova Cedam, 1957.

CAMPOS, Diones Santos. A natureza jurídica da decisão que concede tutela antecipada de evidência e seu papel na entrega tempestiva da prestação jurisdicional. **Revista de direito do trabalho**, v. 36, n. 140, p. 11-44, out./dez. 2010.

CAMPOS, Ronaldo Cunha Campos. **Estudos de direito processual**. Uberaba: Jornal da Manhã, 1974.

CARBONE, Carlos Alberto. Consideraciones sobre el nuevo concepto de "fuerte probabilidade" como recaudo de las medias autosatisfactivas y su proyección hacia un nuevo principio general de derecho de raiz procesal. In: PEYRANO, Jorge W. (Coord.). **Medidas autosatisfativas**. Buenos Aires: Rubizal – Culzoni Editores, 1997.

CARNEIRO, Athos Gusmão. **Da antecipação de tutela no processo civil**. Rio de Janeiro: Forense, 1999.

___________. Tutela de urgência. Medidas antecipatórias e cautelares. Esboço de reformulação legislativa. **Revista de Processo**, v.31, n.140, p.72-85, set., 2006.

CARNELUTTI, Francesco. **Metodologia Del Derecho**. Bogotá/Colômbia: Editorial Temis, 2011.

___________. **Sistema de derecho procesal civil**, vol. III. Buenos Aires: UTEHA, 1944.

CARRATA, Antonio. **Profili sistematici dela tutela anticipatoria**. Torino: G. Giappichelli Editore, 1997.

CARREIRA ALVIM, José Eduardo. A antecipação de tutela na reforma processual. In: TEIXEIRA, Sálvio Figueiredo (Coord.). **A reforma do Código de Processo Civil.** São Paulo: Saraiva, 1996, p 53-75.

CASAGRANDE, Érico Prado. Efetividade do Direito e eficiência do Judiciário. In: TAVARES, Fernando Horta (Coord.). **Urgências de tutela**. Curitiba: Juruá, 2008.

CASTRO, Renato. **Julgamentos liminares de improcedência**. 1. ed. Rio de Janeiro: GZ, 2012.

CHAINAIS, Cécile. **La protection juridictionnelle provisoire dans le procés civil en droit français et italien.** Paris : Dalloz, 2007.

CHIOVENDA, Giuseppe. Istituzioni di diritto processuale civile, vol II. Napoli: Eugenio Jovene, 1936.

COMOGLIO, Luigi Paolo; FERRI, Corrado; TARUFFO, Michele. **Lezioni sul processo civile**. Bologna: Il Mulino, 2006.

____________. Durata ragionevole del giudizio e forme alternative di tutela. **Revista de Processo**, v.151, n.32, p.72-98, set, 2007.COSTA, Alfredo de Araujo Lopes da. **Medidas preventivas: medidas preparatórias, medidas de conservação**. 2. ed. Belo Horizonte: Bernardo Alvares, 1958.

COSTA, Eduardo José da Fonseca. Tutela de evidência no Projeto do Novo CPC – uma análise dos seus pressupostos. In: ROSSI, Fernando et al. (Coord.). **O futuro do processo civil no Brasil. Obra em homenagem ao advogado Claudiovir Delfino**. Belo Horizonte: Fórum, 2011.

COSTA, Moacyr Lobo da; AZEVEDO, Luiz Carlos de. **Estudos de historia do processo.** Osasco: FIEO; São Paulo: Joen Ed., 1996.

CRUZ E TUCCI. José Rogério. Atuais reformas do processo civil italiano e brasileiro: contratas e confrontos. In: TEIXEIRA, Salvio de Figueiredo. (Coord.). **Reforma do código de processo civil**. São Paulo: Saraiva, 1996, p. 841-868.

____________ (coord.). **Direito processual civil europeu contemporâneo**. São Paulo: Lex Editora, 2010.

____________. Diretrizes do novo processo civil italiano: Atualidades Internacionais. **Revista de Processo**, v.18, n.69, p.113-121, jan./mar., 1993.

____________. **Tempo e processo.** São Paulo: Revista dos Tribunais, 1997.

CUNHA, Alcides Munhoz da. Correlação lógica entre cognição, preclusão e coisa julgada. **Revista de processo**, v. 33, n. 163, p. 359-375, set. 2008.

____________. Das técnicas de cognição e do grau de estabilidade das decisões judiciais. **Revista do Instituto dos Advogados do Paraná**, n. 34, p. 17-34, dez. 2006.

DESTEFENNI, Marcos. **Natureza constitucional da tutela de urgência**. Porto Alegre: Fabris, 2002.

DIDIER JUNIOR, Fredie; BRAGA, Paula Sarno; OLIVEIRA, Rafael. Distinção entre tutela antecipada e tutela cautelar. In: CIANCI, Mirna; QUARTIERI, Rita; MOURÃO, Luiz Eduardo; GIANNICO, Ana Paula Chiovitti (Coord.). **Temas atuais das tutelas diferenciadas: Estudos em homenagem ao Professor Donaldo Armelin**. São Paulo: Saraiva, 2009, p. 265-282.

____________; ZANETI JR., Hermes. Tutela de urgência nos processos coletivos: notas e particularidades. **Revista de Processo**, v.32, n.143, p.327-334, jan., 2007.

DINAMARCO. Cândido Rangel. **Execução Civil**. São Paulo: Malheiros, 1998.

____________. **Fundamentos do processo civil moderno**. 5ª ed. São Paulo: Malheiros, 2002.

____________. **Instituições de Direito Processual Civil.** v.1. 8ª ed. São Paulo: Malheiros, 2016.

____________. **Nova era do processo civil**. 3. Ed. Malheiros: São Paulo, 2009.

____________. O regime jurídico das medidas urgentes. **Revista Jurídica**, nº 286, p. 5-28, ago/2001, p. 8.

DUARTE, Francisco Carlos. Tempo e decisão na sociedade de risco. **Revista de Processo**, v.32, n.148, p.99-110, Junho, 2007.

FABIANO, Isabela Márcia de Alcântara. Tutela de evidência: mecanismo de instrumentalização, moralização e sincretismo do processo trabalhista. **Revista LTr: legislação do trabalho**, v. 75, n. 1, p. 101-105, jan. 2011.

FARIA SCHENK, Leonardo. **Cognição sumária: limites impostos pelo contraditório no processo civil**. São Paulo: Saraiva, 2013.

FLACH, Daisson. **A verossimilhança no processo civil e sua aplicação prática**. São Paulo:

Revista dos Tribunais, 2009.

____________. Estabilidade e controle das decisões fundadas em verossimilhança: elementos para uma oportuna reescrita. In ARMELIN, Donaldo. **Tutelas de urgência e cautelares**. São Paulo: Saraiva, 2010.

FRANCHI, FEROCI, FERRARI. **Codici e Leggi D' Italia,** Codice **di** procedura civile**.** Milano: Editore Ulrico Hoepli, 2000.

FRANÇA. **Nouveau code de procédure civile**. Paris: Dalloz, 2008.

FUX, Luiz. **Tutela de segurança e tutela de evidência: fundamentos da tutela antecipada.** São Paulo: Saraiva, 1996.

GAJARDONI, Fernando da Fonseca. Os reflexos do tempo no direito processual civil (anotações sobre a qualidade temporal do processo civil brasileiro e europeu). **Revista de Processo**, v.32, n.153, p.99-117, nov., 2007.

GIANNICO, Maurício; CHIOVITTI, Alexandre Paulichi. Tutela de urgência e tutela de evidência sob a ótica da efetividade. In: Cianci, Mirna; Quartieri, Rita; Mourão, Luiz Eduardo; Giannico, Ana Paula Chiovitti (Coords.) **Temas atuais das tutelas diferenciadas: estudos em homenagem ao Professor Donaldo Armelin**. São Paulo: Saraiva, 2009. p.579-598.

GOMES, Luiz Fernando da Silveira. **As liminares no processo civil: medidas de urgência: liminares nas antecipações de tutela, ações especiais e nas ações cautelares: evolução e tendências**. Belo Horizonte: Del Rey, 2005.

GONÇALVES, Aroldo Plínio. **Técnica processual e teoria do processo**. Rio de Janeiro: Aide, 2001.

GRINOVER, Ada Pellegrini. Tutela jurisdicional diferenciada: a antecipação e sua estabilização. In: MARINONI, Luiz Guilherme (Coord.). **Estudos de direito processual civil: homenagem ao professor Egas Dirceu Moniz de Aragao**. São Paulo: Revista dos Tribunais, 2005. p. 214-232.

GUERRA, Marcelo Lima. **Estudos sobre o processo cautelar**. Malheiros: São Paulo, 1995.

GUILLÉN, Victor Fairén. **El juicio ordinário y los plenarios rápidos (los defectos en la recepción del derecho procesal común, sus causas y consecuencias em doctrina y legislación actuales)**. Barcelona: Bosch, 1953.

GUSMÃO, Paulo Dourado de. **Introdução ao estudo do direito**. 31. ed. Rio de Janeiro: Forense, 2002.

GUSTIN, Miracy Barbosa de Sousa; DIAS, Maria Tereza Fonseca. **(Re)pensando a pesquisa jurídica: teoria e prática.** 2. ed. Belo Horizonte: Del Rey, 2006.

HESPANHA, A. M. Lei e Justiça: história e prospectiva de um paradigma. In: HESPANHA, António (coord). **Justiça e litigiosidade: história e prospectiva**. Lisboa: Calouste Gulbenkian, 1993.p. 12-13.

KNIJNIK, Danilo. **A prova nos juízos cível, penal e tributário**. Rio de Janeiro: Forense, 2007.

___________. Os Standards do Convencimento Judicial: Paradigmas para o seu possível controle (separata). **Revista Forense**. Rio de Janeiro, v. 353, n.353, p. 15-52, 2001.

LACERDA, Galeno. **Comentários ao Código de Processo Civil**. v. III. Rio de Janeiro: Forense, 1980.

___________. Função e processo cautelar: revisão e crítica. **Revista Ajuris**, v.19, n.56, p.5-13, nov., 1992.

LAZARINI, Alexandre Alves. Poder Geral de Cautela no Sistema do CPC Brasileiro e nos Sistemas Alemão, Italiano, Argentino e Espanhol. **Revista de Processo**, v.19, n.76, p.192-199, out./dez., 1994.

LEAL, Rosemiro Pereira. Antecipação de tutela legal em face de defesa abusiva e manifesto propósito protelatório na teoria do processo. **Revista Síntese de Direito Civil e Processual Civil**, Porto Alegre , v.2, n.9 , p. 48-51, jan./fev. 2001.

LUCON, Paulo Henrique dos Santos. **Eficácia das decisões e execução provisória**. São Paulo: Revista dos Tribunais, 2000.

___________. Segurança jurídica no novo CPC. In: LUCON, Paulo Henrique dos Santos; OLIVEIRA, Pedro Miranda de. **Panorama atual do novo CPC.** Florianópolis: Empório do Direito, 2016, 325-344.

___________. Tutela provisória na atualidade, avanços e perspectivas: entre os 20 anos do art. 273 do CPC de 1973 e a entrada em vigor no novo CPC. In: BUENO, Cassio Scarpinela.; MEDEIROS NETO, Elias Marques de.; OLIVEIRA NETO, Olavo de.; OLIVEIRA, Patricia Elias Cozzolino de.; LUCON, Paulo Henrique dos Santos. (Org.). **Tutela Provisória no Novo CPC - dos 20 anos de vigência do art. 273 do CPC/1973 ao CPC/2015**. 1 ed.São Paulo: Saraiva, 2016, v. 1, p.233-253.

MANCUSO, Rodolfo de Camargo. **Acesso à justiça: Condicionantes ilegítimas.** São Paulo: Revista dos Tribunais, 2014.

___________. Tutela antecipada: uma interpretação do art. 273 do CPC, na redação conferida pela Lei Federal n. 8.953, de 13.12.94. In: TEIXEIRA, Sálvio Figueiredo (Coord.). **A reforma do Código de Processo Civil.** São Paulo: Saraiva, 1996, p 167-185.

MARINONI, Luiz Guilherme. **A antecipação da tutela.** 7. ed. São Paulo: Malheiros, 2002.

___________. A execução da tutela antecipatória de pagamento de soma sob pena de multa. **Genesis: Revista de Direito Processual Civil**, v.2, n.4, p.161-164, jan./abr., 1997.

___________. A reforma do CPC e a efetividade do processo (tutela antecipatória, tutela monitória e tutela das obrigações de fazer e de não fazer). **Revista Forense**, v.93, n.338, p.137-147, abr/jun, 1997.

___________. **Do processo civil clássico à noção de direito a tutela adequada ao direito material e à realidade social**. Disponível em: < http://egov.ufsc.br/portal/sites/default/files/anexos/17809-17810-1-PB.htm >. Acesso em: 02 de setembro de 2016.

___________. Efetividade do Processo e tutela antecipatória. **Revista dos Tribunais**, São Paulo, v.83, n.706, p.56-60, ago., 1994.

___________. **Efetividade do Processo e tutela de urgência**. Porto Alegre: Fabris, 1994.

___________. **Novas linhas de processo civil**. São Paulo: Malheiros, 2000.

___________. **O direito à tutela jurisdicional efetiva na perspectiva da teoria dos direitos fundamentais**. Disponível em <http:// egov.ufsc.br/portal/sites/default/files/anexos/15441-15442-1-PB.pdf >. Acesso em 02 de setembro de 2016.

___________; ARENHART, Sérgio Cruz. **Processo Cautelar**. São Paulo: Revista dos Tribunais, 2008.

___________. **Tutela antecipatória e julgamento antecipado: Parte incontroversa da demanda.** 5 ed. São Paulo: Revista dos Tribunais, 2002.

___________. **Tutela Cautelar e Tutela Antecipatória**. São Paulo: Revista dos Tribunais, 1992.

MELO, Gustavo de Medeiros. O acesso adequado à justiça na perspectiva do justo processo. In FUX, Luiz; NERY JÚNIOR, Nelson; WAMBIER, Tereza Arruda Alvim. **Processo e Constituição.** São Paulo: Revista dos Tribunais, 2006.

MITIDIERO, Daniel. **Antecipação de tutela: Da cautelar à técnica antecipatória**. São Paulo: Editora Revista dos Tribunais, 2013.

___________. Tendências em Matéria de Tutela Sumária: da Tutela Cautelar à Técnica Antecipatória. **Revista de Processo**, v. 197, 2011.

NADER, Paulo. **Introdução ao Estudo do Direito**. Rio de Janeiro: Forense, 1985.

NORATO REZENDE, Ester Camila Gomes. O contraditório e os poderes do juiz na concessão de medidas de urgência, sob a perspectiva da efetividade da prestação jurisdicional. In: THEODORO JÚNIOR, Humberto; LAUAR, Maira Terra (Coords.). (Org.). **Tutelas diferenciadas como meio de incrementar a efetividade da prestação jurisdicional**. Rio de Janeiro: GZ, 2010, p. 228-258.

____________. O efeito translativo nos recursos extraordinários lato sensu. **Revista brasileira de direito processual**, v. 64, p. 45-81, 2008.

NORONHA, Carlos Silveira. Apontamos históricos da tutela diferenciada. In: CRUZ E TUCCI, José Rogério (Coord.). **Processo Civil: evolução, 20 anos de vigência**. São Paulo: Saraiva, 1995, p. 57-75.

NUNES, Dierle José Coelho; TEIXEIRA, Ludmilla Ferreira. **Acesso à Justiça Democrático.** Rio de Janeiro: Gazeta Jurídica, 2013

ORTOLAN, Guilherme Soares de Oliveira; LOPES, Paulo Eduardo Vasconcelos de Paula. Antecipação de tutela: breve escorço histórico e de direito comparado. **Revista Síntese de Direito Civil e Processual Civil**, Porto Alegre, v.5, n.30, p. 64-74, jul./ago., 2004.

PAVONI, Mariana Melo de Carvalho. Tutela provisória: A técnica da antecipação a serviço da efetividade da jurisdição. In: BUENO, Cassio Scarpinela.; MEDEIROS NETO, Elias Marques de.; OLIVEIRA NETO, Olavo de.; OLIVEIRA, Patricia Elias Cozzolino de.; LUCON, Paulo Henrique dos Santos. (Org.). **Tutela Provisória no Novo CPC - dos 20 anos de vigência do art. 273 do CPC/1973 ao CPC/2015**. 1 ed.São Paulo: Saraiva, 2016, v. 1, p.267-281.

PEYRANO, Jorge W. Novedades procesales: la tutela de evidencia. **Revista de processo**, v. 35, n. 189, p. 266-269, nov. 2010.

PRATA, Edson. **Historia do processo civil e sua projeção no direito moderno**. Rio de Janeiro: Forense, 1987.

PROTO PISANI, Andrea. La tutela sommaria in generale e il procedimento peringiunzione nell'ordinamento italiano. **Revista de Processo**, v.23, n.90, p.22-35, abr./jun., 1998.

____________. **Le tutele giurisdizionali dei diritti: studi.** Napoli: Jovene, 2003.

____________. **Lezioni di diritto processuale civile**. Napoli, Jovene Editore, 1994.

____________. Verso la residualità del processo a cognizione piena? **Revista de Processo**, v.31, n.131, p.239-249, jan., 2006.

QUERZOLA, Lea. **La tutela antecipatoria fra procedimento cautelare e giudizio di merito.** Bologna: Bononia University Press, 2006.

RICCI, Edoardo F.. A aplicação do art. 273 do CPC e seus principais aspectos: reflexões históricas e comparativas. In: YARSHELL, Flavio Luiz; MORÃES, Mauricio Zanoide de (Org.) **Estudos em homenagem à professora Ada Pellegrini Grinover**, São Paulo: DPJ, 2005, p. 534-545.

___________. A tutela antecipatória no direito italiano. **Genesis: Revista de Direito Processual Civil**, v.2, n.4, p.125-141, jan./abr., 1997.

RODRIGUES, Ruy Zoch. **Ações repetitivas: casos de antecipação de tutela sem o requisito de urgência**. São Paulo: Revista dos Tribunais, 2010.

SILVA, José Afonso. Acesso à justiça e cidadania. **Revista de Direito Administrativo**, Rio de Janeiro, n. 216, abril a junho de 1999, p. 9-23.

SIMONASSI, Mauro. Um breve panorama sobre as tutelas de urgência e de evidência no sistema do novo Código de processo civil. **Revista brasileira de direito processual**, v. 21, n. 82, p. 105-126, abr./jun. 2013.

SOUZA, Anderson Freire de. A tutela da evidência no projeto de lei do novo código de processo civil : avanço ou retrocesso? **Informativo jurídico Consulex**, v. 25, n. 13, p. 6-9, 28 mar. 2011.

STRECK, Luiz Lênio. **O que é isto – decido conforme minha consciência?** 4 ed. Porto Alegre: Livraria do advogado, 2013.

TALAMINI, Eduardo. Tutela de urgência no projeto de novo código de processo civil : a estabilização da medida urgente e a "monitorização" do processo civil brasileiro. **Revista de processo**, v. 37, n. 209, p. 13-34, jul. 2012.

TARUFFO, Michele. **La prova dei fatti giuridici: nozioni generali**. Milano: A. Giuffre, 1992.

___________. Modelli di prova e di procedimento probatório. **Rivista de Diritto Processuale**, v. 45, p. 420-448, 1990, p 432.

___________. Un'alternativa alle alternative: modelli di risoluzione dei conflitti. **Revista de Processo**, v.32, n.152, p.319-331, out., 2007.

TARZIA, Giuseppe. **Les mesures provisoires en procedure civile**. Milano: A. Giuffre, 1985.

THEODORO JÚNIOR, Humberto. As liminares e a tutela de urgência. In: ALVIM, Arruda; ALVIM, Eduardo Arruda (Coord.) **Inovações sobre o direito processual civil. Tutelas de urgência.** Rio de Janeiro: Forense, 2003, p. 239-268.

___________, ANDRADE, Érico. A autonomização e a estabilização da tutela de urgência no projeto de CPC. **Revista de processo**, v. 37, n. 206, p. 13-59, abr. 2012.

___________. **Curso de Direito Processual Civil.** vol. I. 57. ed. Rio de Janeiro: Forense, 2016.

___________. Direito fundamental à duração razoável do processo. In: Armelin, Donaldo (Coord.). **Tutelas de urgência e cautelares: estudos em homenagem a Ovídio A. Baptista da Silva**. São Paulo: Saraiva, 2010.

___________. **O processo civil brasileiro no limiar do novo século.** Rio de Janeiro: Forense, 1999.

___________; OLIVEIRA, Fernanda Alvim Ribeiro de; NORATO REZENDE, Ester Camila Gomes (coord.). **Primeiras lições sobre o novo direito processual civil brasileiro (de acordo com o Novo Código de Processo Civil, Lei 13.105, de 16 de março de 2015).** Rio de Janeiro: Forense, 2015.

___________. **Processo Cautelar**. 25 ed. São Paulo: Leud, 2010.

___________. Responsabilidade civil – danos acarretados pelas medidas de urgência: cautelares e antecipatórias. In: Oliveira, Marcelo Andrade Cattoni de; Machado, Felipe Daniel Amorim (Coord.) **Constituição e Processo: A resposta do constitucionalismo à banalização do terror**. Belo Horizonte: Del Rey, 2009. p. 275-298.

___________. Tutela antecipada. Evolução. Visão comparatista. Direito brasileiro e direito europeu. **Revista de Processo**, v.33, n.157, p.129-146, mar., 2008.

___________. Tutela de segurança. **Revista de Processo**, v.22, n.88, p.9-30, out./dez., 1997.

___________. **Tutela jurisdicional de urgência: medidas cautelares e antecipatórias**. Rio de Janeiro: America Jurídica, 2001.

TOMMASEO, Ferrucio. **I provvedimenti d'urgenza, Struttura e limiti della tutela anticipatoria**. Padova: CEDAM, 1983.

TORRALBA, Alberto José Lafuente. La evolución de la tutela cautelar desde una perspectiva internacional: hacia la autonomia de las medidas anticipatorias. **Revista de Processo**, v.33, n.156, p.77-103, abr., 2008.

TUDA, Cláudio Takeshi; CÂMARA, Helder Morini; BARBOSA, Rafael Vinheiro Monteiro. O paradigma racionalista nas tutelas de urgência. In: ARMELIN, Donaldo. **Tutelas de urgência e cautelares**. São Paulo: Saraiva, 2010.

VIEIRA, José Marcos Rodrigues. A nova ordinariedade: execução para a cognição. **Revista da Faculdade Mineira de Direito**, Belo Horizonte, v.3, n. 5 e 6, p.115-123, 1º e 2º sem., 2000.

___________.Teoria geral da efetividade do processo. **Revista da Faculdade Mineira de Direito**, Belo Horizonte, v.1, n.1 , p.90-107, 1ºsem., 1998.

VIGORITI, Vincenzo. Notas sobre o custo e a duração do processo civil na Itália. **Revista de Processo**, v.11, n.43, p.142-148, jul./set., 1986.

VUITTON, Jacques; VUITTON, Xavier. **Lês referes**. Paris: LITEC, 2003.

WAMBIER, Teresa Arruda Alvim. O grau de coerção das decisões proferidas com base em prova sumária : especialmente, a multa. **Revista de processo**, v. 31, n. 142, p. 7-19, dez. 2006.

WATANABE, Kazuo. **Cognição no processo civil**. 4. ed., São Paulo: Saraiva, 2012.

ZANETI, Jr. Hermes. O problema da verdade no processo civil. In. **Revista de Processo**. v.29, n.116, p.334-371, jul./ago., 2004.

ZANFERDINI, Flávia de Almeida Montingelli. Sistema cautelar brasileiro e sistema cautelar italiano. **Revista Síntese de Direito Civil e Processual Civil**, Porto Alegre , v.3, n.16 , p.85-95, mar./abr. 2002.

ZAVASKI, Teori Albino. **Antecipação de tutela**. 4. ed. São Paulo: Saraiva, 2005.

___________. Antecipação de tutela e colisão de direitos fundamentais. In: TEIXEIRA, Sálvio Figueiredo (Coord.). **A reforma do Código de Processo Civil.** São Paulo: Saraiva, 1996, p 144-165.

___________. Medidas cautelares e medidas antecipatórias: técnicas diferentes, função constitucional semelhante. **Revista de Processo**, v.21, n.82, p.53-69, abr./jun., 1996.

___________. Reforma do sistema processual civil brasileiro e reclassificação da tutela jurisdicional. **Revista de Processo**, v.22, n.88, p.173-178, out./dez., 1997.

Impresso em outubro de 2017